오늘 급식 뭐예요?

1학기

저자 머리말

음식에 대한 이야기로
더욱 즐거운 식사 시간이 되길 바랍니다

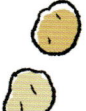

밥은 사랑이고 생명이다. 밥은 단순히 에너지를 섭취하기 위한 의미에 그치는 것이 아니라, 함께 식사하며 정담을 나누고 소통할 수 있는 최적의 매개체이기도 하다. 가족과 함께 식사를 하는 아이들이 정서적으로 안정되어 있고 지적 수준도 높다는 결과가 여러 연구를 통해 검증되고 있다. 자라나는 어린이, 청소년은 어떤 것을 어떻게 먹느냐에 따라 인성, 태도, 지능, 집중력, 근력, 저항력 등이 좌우된다.

사람은 태어나서 가장 먼저 가정에서 입맛과 식사 습관을 익히고 다음은 학교·직장 등과 같은 사회 집단을 통해 입맛과 식사 습관이 정착되는데, 좋아하는 음식과 좋아하지 않는 음식이 결정되는 시기가 바로 유년시절이다. 특히 초등학생 시기는 음식을 선택하는 능력과 입맛이 뚜렷하게 형성되는 시기이므로 이때 맛에 대한 바른 이해와 건강한 입맛을 갖는 것은 매우 중요하다. 따라서 아이들의 식생활에 중요한 영향을 끼치는 부모와 학교의 역할, 학교급식을 제공하는 영양교사의 역할 또한 중요해진다.

그런 의미에서 학교급식은 올바른 식습관 형성의 첫 길목이다. 학교급식을 통해 올바른 식재료 선택과 영양 정보를 습득하고 다양한 식재료를 접하면서, 고유의 맛과 질감을 느끼고 미각이 발달한다. 또한 음식을 통해 역사, 문화, 생활을 자연스럽게 배우게 된다. 이러한 음식에 대한 관심은 지적 호기심으로 이어지고 음식에 대한 소중함도 알게 된다.

우리 선조들이 예로부터 지켜오던 식사법 중 '식사오관(食時五觀)'이 있다. '이 음식이 어디에서 왔는가. 나는 이 음식을 먹을 만한 자격이 있는가. 입의 즐거움과 배의 만족에만 치우치지 않았는가. 한 수저의 밥과 나물도 좋은 약으로 생각하며 감사하라. 네 이웃을 생각하라.' 이렇게 5가지 생각을 하며 스스로 성찰하라는 뜻이다. 어렸을 때부터 밥상머리에서 어른으로부터 식사 예절뿐만 아니라 음식을 대하는 마음자세까지 배우고 익혔던 것이다. 오늘날 시대가 변하였어도 음식의 중요성은 달라지지 않았다. 따라서 우리도 아이들에게 음식을 대하는 올바른 품성을 갖도록 지도해야 한다.

맛있는 음식은 큰 즐거움이다. 음식을 눈으로 보고 맛있는 향을 맡으며 맛을 느끼고 씹는 소리를 듣고 또 음식의 촉감을 만져보기도 하며 오감을 통해 감동을 받는다. 음식은 그 어떤 예술보다 더 많은 사람들의 오감을 더욱 폭넓게

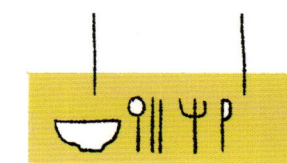      

만족시키기 때문에, 요리를 하는 사람들은 더 많은 부담과 평가를 받게 된다. 그래서 식단을 짜고 요리를 하는 사람들은 예술가나 다름없는 것이다. 음악가가 소리로, 화가가 그림으로 사람들에게 감동을 준다면, 영양사와 조리사는 식단을 구성할 때 하얀 캔버스 위에 그림을 그리는 마음으로 밥, 국, 반찬들을 넣고 그 속에 영양과 역사, 사회, 문화, 생활을 담으며 그 위에 색을 입힌다.

이번에 내게 된 책 〈오늘 급식 뭐예요?〉는 우리 학생들에게 점심 식사가 큰 즐거움, 음식에 대한 바른 품성을 기르는 시간, 다양한 문화를 접하는 기회가 되기를 바라는 마음으로 출간하게 되었다.

현재 근무하고 있는 서울상일초등학교에서 2014년 3월 2일부터 2015년 2월 12일까지 1년간 매월마다 생일 밥상, 세계음식 체험, 우리나라 향토음식 체험, 건강 채식 식단, 절기음식, 이벤트 데이에 그 취지를 되새기는 음식, 기본이 바로 된 매일 식단 등으로 다양하게 구성한 학교급식을 촬영해 구성했다. 그리고 옆에는 식사하기 전에 알아두면 좋을 음식의 유래, 역사, 문화, 생활 등 음식 관련 이야기를 함께 엮었다. 이 책을 통해 학교에서 영양 선생님들이 식단 구성의 고민을 덜고 영양교육 자료로 활용하는 데 작은 도움이 되었으면 하는 바람이다.

또 식단 짜는 업무를 전문적으로 하는 사람 외에도 매일매일 무엇을 먹을지, 어떤 밥상을 차릴지 고민하는 사람이라면 필요한 날의 식단을 참고하고 그 식단과 관련된 음식 이야기를 통해 자연스러운 밥상머리의 대화로 구성원 간 공감을 높일 수 있으리라 생각한다. 식사를 하며 자녀의 성적, 직장 문제, 가정 경제 등 민감한 주제의 이야기를 하다 보면 즐겁고 맛있어야 할 식사가 오히려 가족 간에 서로 상처를 받으며 끝나는 경우가 많다. 그러나 음식에 관련된 이야기는 더욱 맛있고 즐거운 식사 시간을 만들 수 있는 대화의 소재로 이용할 수 있다.

먼 훗날 우리 학생들이 학교급식에 대한 맛과 기억을 행복한 추억으로 떠올릴 수 있길 바라며, 꼬박 1년간 이 책을 만들기 위해 고생한 〈뉴트리앤〉 편집부와 상일초등학교 급식실 이근순, 유재숙, 임수경 조리사님들께 감사드린다. 마지막으로 사랑하는 엄마 정정현 여사께 이 책을 바친다.

2015년 7월 이 애 경

   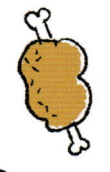

추천의 글 Ⅰ

상일초 명품 급식을 통해
어려서부터 건강하고 바람직한 식습관 체득하길…

최근 우리나라는 급속한 경제 성장과 지구촌 세계화 시대에 발맞춰 먹을거리가 다양하고 풍족해졌기 때문에, 이젠 무엇을 어떻게 먹어야 건강하고 균형 잡힌 영양 공급이 이루어지는지를 고민하는 시대가 되었다. 따라서 자라나는 어린이들을 건강하게 성장시키기 위해서 학교급식은 무엇보다 영양이 균형 잡힌 건강 식단 운영, 친환경 식자재 구입, 올바른 조리법 그리고 식생활 개선 교육이 우선되어야 한다.

우리 상일 급식은 어려운 가정환경으로 소외 받는 아동들을 위하여 생일 밥상, 다른 나라의 식문화 체험을 위한 세계음식의 날, 신토불이 우리 농산물로 차린 향토음식의 날, 육식을 선호하는 아동들에게 건강·환경을 다시 한 번 생각하게 하는 채식의 날, 매 절기마다 고유의 음식과 풍습을 배우는 절기음식의 날, 세상과 소통하는 이벤트 밥상, 올바른 먹을거리와 건전한 식습관을 형성하기 위한 기본 식단 등으로 구성하여 학생들에게 홍수처럼 밀려오는 다양한 먹을거리 중에서 가장 안전하고 건강한 먹을거리를 선택할 수 있도록 미래 세계화에 따른 다양한 식단 체험을 할 수 있는 명품 급식을 제공하게 되었다.

다가오는 미래에 우리는 조만간 건강 백세시대를 살아가게 될 것이다. 이를 위해 초등학교 시기는 건물 짓기로 보면 기초공사를 하는 시기이며, 튼튼한 건물을 짓기 위한 기초공사의 중요성은 말할 나위가 없을 것이다. 그러므로 초등학교 시기에 균형 잡힌 질 높은 영양 급식을 제공하는 것은 우리나라의 건강한 미래 인재를 양성하는 초석이 될 것이다.

양파 껍질을 벗기면 계속 새로운 속살이 나오듯이, 아동들이 매일 기대하는 그런 점심 식사가 제공되는 곳이 놀랍게도 상일초 명품 급식이다. 이 책이 발간되는 기회를 빌어 누구에게나 자랑하고 싶은 상일초 급식이 소개되니 정말 기쁘고 반가운 마음이다. 상일초 급식이 이렇게 발전하게 된 것은 학생들이 세계화 미래 사회에 잘 적응할 수 있도록 그에 대비하여 다양한 체험형 급식을 실시했기 때문이다.

우리는 지구촌 시대에 살아가고 있다. 이젠 정보통신만 가까워진 것이 아니라, 먹을거리도 가까워져서 우리 주위에 세계 여러 나라의 음식들이 범람하는 시대가 되었다. 그럴수록 우리는 건강한 식생활을 습관화하기 위해서 우리 조상의 신토불이 향토음식과 건강 채식, 그리고 세계 여러 나라의 음식 중에서도 건강을 위한 음식을 선별할 수 있는 교육을 어려서부터 학습할 필요가 있다. 올바른 식습관은 건강 백세시대를 준비하기 위한 첫걸음이다.

서울상일초등학교장 김 명 수

추천의 글 Ⅱ

이애경 선생님의 〈오늘 급식 뭐예요?〉 책 발간을 진심으로 축하합니다

학교급식은 성장기 학생들에게 영양을 골고루 제공함과 더불어 심신의 건전한 발달을 도모하는 데 중요한 역할을 담당하고 있는, 대한민국의 건강한 미래를 여는 열쇠입니다. 또한 학교급식에 대한 사회적 관심과 요구가 확대되고 있는 가운데, 이애경 선생님의 끊임없는 식단 개발 연구를 담은 학교급식 메뉴 관련 책 출간은 상당히 고무적인 일이라고 할 수 있습니다.

이애경 선생님의 26년간의 급식 업무에 대한 애정과 노력이 전부 담겼다고는 할 수 없겠지만, 그동안의 수많은 경험과 노하우가 담겨진 〈오늘 급식 뭐예요?〉는 학교급식 향상에 실질적인 도움을 주는 길라잡이가 될 것이라는 생각이 듭니다.

학교급식 식단이 건강밥상으로 발전할 수 있기를 바라는 영양 선생님들과, 우리 아이의 심신이 건강하게 자랄 수 있기를 소망하시는 학부모님들께 이 책은 좋은 영양 지침서가 되리라 봅니다.

풍부한 학교 현장의 경험을 바탕으로 제작된 이 한 권의 책을 통해 많은 영양 선생님의 발전과 함께 학교급식의 만족도가 향상되기를 바랍니다.

다시 한 번 이애경 선생님의 노력이 한 권의 책으로 결실을 맺어 세상에 발을 내딛게 된 것을 진심으로 축하합니다.

전국학교영양교사회장 김 진 숙

인터뷰

1년 치 학교급식 식단을 담은 책 〈오늘 급식 뭐예요?〉 펴낸 이애경 영양교사

"매일 반복되는 식단에 대한 고민과 재미있는 음식 이야기를 함께 나눠요!"

급식 식단을 구성하는 일은 영양 선생님의 가장 기본적인 업무이자 가장 고민 많은 업무 중 하나다. 고른 영양소와 적절한 칼로리 계산 등 하루 치 식단을 짜더라도 신경 써야 할 게 이만저만 아니다. 이런 영양 선생님의 고민을 조금이나마 덜어주고자 서울상일초등학교 이애경 영양교사가 학교급식 1년 식단을 그대로 담은 책을 펴냈다.

글 황태희 | 사진 조민정

서울 강동구에 위치한 상일초등학교의 급식은 푸짐하고 다양한 식단 구성으로 유명하다. 여기에는 이애경 영양교사의 끊임없는 고민과 공부 그리고 노력이 숨어 있다. 1년 치 식단 중 겹치는 메뉴가 거의 없는 것은 물론이고, 그때그때의 제철 식재료를 빠짐없이 활용하는 게 상일초등학교 급식의 특징이다. 이애경 선생님의 이러한 노하우를 담은 책이 나왔다. 아이들이 매일 그리고 제일 궁금해하는 질문 〈오늘 급식 뭐예요?〉라는 제목의 책이다.

이 책에는 2014년 3월 2일부터 2015년 2월 12일까지 상일초등학교에서 1년 동안 낸 급식 식단이 고스란히 담겨 있다. 학생들의 자존감을 높여주는 즐거운 '생일밥상'부터 우리의 것을 알고 기억하기 위한 '절기음식의 날'과 '향토음식의 날', 세계적인 인재로 발돋움하기 위한 '세계 음식의 날', 한 달에 한 번 환경과 건강을 생각해보는 '채식의 날'까지 특별한 식단이 수두룩한 데다 그 외의 날들 또한 하루도 허투루 구성한 식단이 없다. 여기에 이애경 선생님이 식단 구성을 위해 직접 공부하며 모은 자료를 바탕으로 쓴 재미있는 음식 관련 인문학 정보까지 담아 밥상을 앞에 두고 나눌 이야깃거리가 풍성하다.

표준 식단 구성부터 알아두면 든든한 정보까지

"영양사 업무를 시작하고 나서 생긴 한 가지 바람이 표준 식단이 있었으면 하는 것이었습니다. 모든 계절을 적용한 표준 식단을 구성해서 운영하고 싶은 마음이 있었는데, 쉽지 않더라고요. 표준 식단이란 우선 제철 식재료를 최대한 활용하고, 5대 영양소를 골고루 함유하며, 조리법도 다양하게 활용할 뿐만 아니라 색감이 살아 있는 식단을 말하죠. 그런데 다음 달 식단 짜기에 급급하다 보면 이 모든 조건을 충족하기가 어렵죠. 그래서 이번 책을 준비하며 표준 식단을 만들어보기로 결정을 하고, 학기가 시작되기 전인 2월에 미리 1년 식단표를 구성했습니다. 각 달에는 절기음식, 향토음식, 세계음식 등을 고르게 넣고 제철 식재료를 빠지지 않고 활용할 수 있도록 미리 뼈대를 세우는 작업을 했어요. 그러고 나서 나머지 식단은 그달이 시작하기 전달에 세부적으로 구성해서 한 달 식단표를 완성했죠.

각 식단은 가공식품 사용을 최대한 줄이고, 제철 식재료를 최대한 활용하는 메뉴로 구성했습니다. 또 조리 방법이나 요리에 사용하는 양념 등은 최소한으로 해서 학생들이 식재료 고유의 맛을 즐길 수 있도록 신경 썼습니다. 사실 일

반 초등학교에서 생채소 샐러드 등은 학생들이 선호하는 메뉴가 아니죠. 그럼에도 불구하고 우리 학교 학생들은 채소 샐러드도 거부감 없이 잘 먹는답니다. 그리고 이러한 식단 구성은 곧 미각 교육으로 이어지기 때문에 학생들이 자연스럽게 모든 메뉴를 골고루 잘 먹게 되는 것 같더라고요."

이어 이애경 선생님은 균형 잡힌 식단 구성도 중요하지만 전문직 업무인 만큼 영양 선생님이 전문 지식을 갖추는 것도 중요하다고 강조했다.

"평소 급식 일을 하면서 영양 전문가인데도 불구하고 전문 지식이 부족하다는 생각이 들더라고요. 그래서 2009년부터 본격적으로 전문 서적을 찾아 읽기 시작했어요. 조금 과장해서 말하면 '식(食)' 자가 들어간 책은 한 번씩 다 들춰본 것 같아요(웃음). 그리고 책을 읽으면서 반성도 많이 했어요. '내가 이런 것도 모르고 영양사 일을 하고 있었다니.' 그러면서 필요한 정보를 노트에 옮겨 적기 시작했는데, 어느 날 보니까 그렇게 정리한 내용이 꽤 많더라고요. 이렇게 모은 정보를 다른 영양 선생님들과 함께 나누면 어떨까 하는 생각이 들었고, 표준 식단과 함께 책을 구성하면 좋을 것 같아서 같이 실었습니다."

철저한 자료 조사를 바탕으로 한 식단 구성

상일초등학교 식단을 자세히 살펴보면 절기음식의 날, 세계음식의 날, 생일 밥상의 날, 채식의 날 등 다양한 주제로 구성한 식단이 굉장히 많다. 한 달에 기본적으로 6개 정도의 특별 식단이 있는데 메뉴도 예사롭지 않다.

"식단을 위해 도서관에서 조리책을 굉장히 많이 봐요. 또 요즘에는 인터넷의 요리 카페나 사이트 등에서 여러 가지 정보를 얻고 있어요. 단순히 식단을 구성하고 끝나는 것이 아니라 조리 방법까지 세심하게 챙겨야 하거든요. 그래서 식단 하나를 짜는 데도 굉장히 많은 시간이 걸려요. 특히 세계음식의 날 식단의 경우는 한 번 식단을 짤 때마다 2주 정도 걸려요. 예를 들어 이번 달에 멕시코 음식의 날을 준비하려고 하면 멕시코 대표 음식이 무엇인지, 해당 메뉴에 얽힌

문화와 역사 등에 대한 정보를 조사하고 각 메뉴를 급식에 적용할 수 있도록 레시피를 수정하기까지 결코 쉽지 않은 과정이에요. 하지만 급식이 곧 교육이라고 생각하면 어느 것 하나 소홀히 할 수 없어요. 점점 잊혀가는 우리 전통음식도 마찬가지죠. 절기음식과 향토음식 등을 통해 학생들이 우리 것에 대해 생각하고 기억할 수 있도록 하는 것이죠. 그리고 이런 특별한 테마가 있는 날은 메신저로 담임선생님께 학생을 교육할 수 있는 내용도 함께 전달해드려요. 저희 학교는 교실에서 급식이 이루어져 담임선생님의 역할도 중요해요."

이렇듯 다양한 테마를 정하고, 이에 맞는 식단을 구성하는 게 결코 쉬운 일은 아니다. 그럼에도 불구하고 이애경 선생님이 이를 놓지 못하는 것은 급식을 통해 세계를 배워나가는 학생들이 있기 때문이라고.

"하루는 한 학부모님이 학교에 오셔서 이야기하길 '우리 아이가 학교에서 세계음식의 날 급식을 먹었다며 집에 와서 그 나라 책을 찾아달라고 했다'는 거예요. 그 나라에 대해 더 알고 싶다면서 말이죠. 식단에 자기가 좋아하지 않는 메뉴가 나오더라도 세계 음식의 날은 계속했으면 좋겠다는 말도 했다고 하더라고요. 그 이야기를 들으니까 식단을 준비하느라 힘들었던 시간을 싹 보상받는 기분이 들었어요. 그래서 더 열심히 자료 조사를 하고 식단을 준비하게 됐죠."

조리실무사와의 단합도 맛있는 급식의 비결

사실 급식은 영양 선생님 한 사람만 잘해서 되는 것은 아니다. 급식 전반을 지휘하는 영양 선생님과 직접 조리를 담당하는 조리실무사들의 일명 '궁합'이 맞아야 더욱 맛있는 급식이 완성되는 법. 특히 매번 새로운 메뉴를 선보이는 상일초등학교 같은 경우에는 조리실무사와의 원만한 관계가 더욱 중요할 것이다.

"저는 조리실무사분들이 최대한 즐겁게 일할 수 있는 여건을 만들어주고자 노력하고 있어요. 가끔 밖에서 재미있는 이야기를 들으면 기억해두었다가 학교에 와서 조회 시간에 꼭 해드리고, 매일 급식을 시작하기 전에는 조리실무사들과 파이팅 구호를 함께 외치죠. 2013년에는 '학짜짜(학생이 짜다면 짜다)'를, 2014년에는 '눈으로 먹는 급식!'을 외쳤죠. 그리고 2015년에는 '집밥 급식'을 외친 후 업무를 시작하는데, 짧은 구호지만 그러고 나서 업무를 시작하면 일이 더욱 즐거워진답니다. 그리고 2016년에는 '찾아가는 급식'을 계획하고 있다.

그리고 어떤 일을 결정할 때 항상 조리실무사의 의견을 적극 반영해요. 예를 들어 식단을 짤 때도 혼자서 다 정하

는 게 아니라 조금 고민되는 부분이 있으면 조리실무사에게 '이 부분에 어떤 메뉴를 넣어야 할지 같이 생각해주세요'라고 말해요. 이렇게 함께 의견을 공유하면 조리실무사분들이 훨씬 책임감을 갖고 일에 임하더라고요. 급식의 질과 맛도 훨씬 좋아지고요. 대신 영양 선생님이 확실히 판단을 하고 결정을 내려야 할 때는 그렇게 할 수 있는 카리스마도 갖추고 있어야 급식을 좀더 효율적으로 운영할 수 있습니다. 참, 이를 위해서는 영양 선생님이 많이 아는 것도 중요하죠."

식탁에 즐거운 이야깃거리를 전해줄 〈오늘 급식 뭐예요?〉

"〈오늘 급식 뭐예요?〉는 사실 학교급식 외에도 가정에서 부모님과 아이들이 식탁에 둘러앉아 좀 더 즐거운 이야기를 나누며 식사를 했으면 하는 바람을 담은 책이에요. 가족끼리 식탁에 둘러앉아 '시험은 잘 봤니?' 등의 이야기를 나누기보다 '엄마가 오늘 알았는데 이 요리에는 이런 이야기가 있대'라는 대화를 하면 더욱 화기애애한 식사 시간이 되지 않을까요? 이것이 곧 밥상머리 교육과도 이어지는 것이라고 생각해요.

〈오늘 급식 뭐예요?〉는 식단과 관련한 다양한 식재료와 음식 등에 대한 재미있는 이야기를 많이 담았기 때문에 책 속 내용을 바탕으로 가정에서는 식사 시간을 즐겁게 풀어나갈 수 있고, 학교에서는 급식 시간에 영양교육 자료로 활용하면 좋을 것 같습니다.

또 매해 그리고 매달 더욱 건강하고 맛있는 급식을 제공하기 위해 식단 고민에 여념이 없는 우리 영양 선생님들도 이 책을 통해 조금이나마 도움을 받았으면 하는 바람입니다."

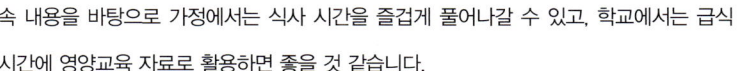

인터뷰를 진행하고 며칠 후 이애경 선생님으로부터 교육부에서 주최하는 '학교급식 현장 모범사례 공모전'에서 입상 했다는 낭보를 전해 들었다. 이번 입상이 학교급식에 대한 이애경 선생님의 노력과 열정이 인정을 받은 것 같아 〈뉴트리앤〉도 진심으로 축하 인사를 전했다.

교육부 '학교급식 현장 모범사례 공모전' 우수상 수상한
서울상일초등학교 급식의 특징

본 책에 실린 서울상일초등학교의 매월 급식 식단은 7가지 테마를 바탕으로 한 영양 식단으로, 일명 '레인보우 식단'이다.

레인보우 식단은 생일 밥상, 세계음식 체험, 향토음식 체험, 건강 채식 체험, 절기음식 체험, 창의적 식단 체험, 일반 건강 식단으로 구성되어 있다.

매월 첫날에 운영하는 '생일 밥상(3월 둘째 주 월요일 운영)'은 학교에서 다양한 생일상을 차려 함께 축하해줌으로써 학생들의 자존감을 세워준다. 그리고 세계화 시대에 발맞춰 다른 나라의 음식을 체험하고, 올바른 식문화를 익힐 수 있도록 마련한 '세계음식의 날'은 인도 음식, 멕시코 음식 등 1년 동안 총 10개국의 세계음식을 구성해 매월 둘째 주 수요일에 제공했다. 또 우리나라의 전통적인 신토불이 먹을거리를 이해하고 향토음식의 소중함과 조상의 지혜를 배울 수 있는 '향토음식의 날'을 매월 셋째 주 수요일에 운영했다. 매월 넷째 주 금요일에는 '건강 채식 식단'을 통해 육식을 선호하는 학생들에게 균형 잡힌 영양 섭취의 필요성을 체험할 수 있도록 했다. 이외에도 매 절기에는 '절기음식의 날'을 운영해 오랜 시간 전해 내려온 우리 조상들의 절기음식을 직접 체험하고 맛볼 수 있도록 구성했고, 김치데이, 숟가락 젓가락 데이 등 특별한 의미를 부여한 날에는 세상과 소통할 수 있는 '창의적 식단'을, 그리고 마지막으로 영양 균형을 맞춘 건강한 '일반 식단'으로 1년 192일 식단을 알차게 꽉 채웠다.

그 결과 서울상일초등학교의 레인보우식단은 2015년 5월 교육부가 전국의 초·중·고 학교급식과 관련해 안전하고 질 놓은 급식 제공 및 수요자 만족도 제고를 위해 주최한 '학교급식 현장 모범사례 공모전'에서 우수상을 수상했다.

〈오늘 급식 뭐예요?〉에 실린 레인보우 식단 미리 보기

레인보우	시기	급식 테마	관련 사진	추진 배경
빨	매월 첫날	생일상 차리기		어려운 환경의 학생들이 대다수이므로 생일상을 못 받는 아동들이 많다. 학교에서 매월 초 다양한 생일상을 차려서 축하해주면서 자존감을 세워준다.
주	둘째 주 수요일	세계음식 체험		세계화 시대에 발맞춰 다양한 다른 나라의 음식을 체험하여 글로벌한 식문화를 배우고 익힌다.
노	셋째 주 수요일	향토음식 체험		신토불이 우리 농산물로 가공한 우리 향토의 먹을거리를 배우고 소중함을 인식한다.
초	넷째 주 금요일	건강 채식 체험		육식만 선호하는 아동들에게 채식의 소중함을 인식하고 올바른 식습관을 기른다.
파	매 절기	절기음식 체험		매 절기마다 고유의 풍습을 배우고, 조상들의 소중한 절기음식을 체험한다.
남	세상과 소통하는 식단	창의적 식단 체험		재미있고 즐겁게 먹는 급식을 통해 세상과 소통한다.
보	베이직	일반 건강 식단		평소에 기초대사량에 따른 올바른 영양 공급 식단을 제공한다.

CONTENTS

MARCH · 016

- 3일 냉이 · 018
- 4일 밥 · 020
- 5일 수수부꾸미 · 022
- 6일 쑥 · 024
- 7일 나트륨 · 026
- 10일 미역국 · 028
- 11일 조기 · 030
- 12일 인도 음식 · 032
- 13일 돼지고기 · 034
- 14일 뱅어포 · 036
- 17일 세계 3대 진미 · 038
- 18일 원추리 · 040
- 19일 경기도 음식 · 042
- 20일 물 · 044
- 21일 어식백세 · 046
- 24일 꼬막 · 048
- 25일 방풍나물 · 050
- 26일 장아찌 · 052
- 27일 음식 조리 공식 · 054
- 28일 채식의 장점 · 056
- 31일 임연수어 · 058

APRIL · 060

- 1일 생일 케이크 · 062
- 2일 화전 · 064
- 3일 한식(寒食) · 066
- 4일 삼치 · 068
- 7일 쇠고기 · 070
- 8일 피망, 파프리카 · 072
- 9일 멕시코 음식 · 074
- 10일 문어 · 076
- 11일 도문대작 · 078
- 14일 주꾸미 · 080
- 15일 소금 · 082
- 16일 충청도 음식 · 084
- 17일 전통 부각 · 086
- 18일 인절미 · 088
- 21일 인구회자 · 090
- 22일 감자탕 · 092
- 23일 주먹밥 · 094
- 24일 25가지 음식 · 096
- 25일 채식의 날 · 098
- 28일 이순신 밥상 · 100
- 29일 가자미 · 102
- 30일 닭고기 · 104

MAY · 106

- 1일 귀 빠진 날 · 108
- 2일 어린이날 · 110
- 7일 불포화지방산 · 112
- 8일 어버이날 · 114
- 9일 연어 · 116
- 12일 활성산소 · 118
- 13일 인삼 · 120
- 14일 베트남 음식 · 122
- 15일 스승의 날 · 124
- 16일 짬뽕 · 126
- 20일 어두일미 · 128
- 21일 강원도 음식 · 130
- 22일 산성, 알카리성 · 132
- 23일 사골국물 · 134
- 26일 농식품인증마크 · 136
- 27일 다이어트 음식 · 138
- 28일 멸치 · 140
- 29일 꽃게 · 142
- 30일 역사 속 채식 · 144

JUNE · 146

- 2일 다리 밑 속설 · 148
- 3일 단오 · 150
- 9일 대장균 · 152
- 10일 사과 · 154
- 11일 매실 · 156
- 12일 항산화식품 · 158
- 13일 충무김밥 · 160
- 16일 오디 · 162
- 17일 콜레스테롤 · 164
- 18일 브라질 음식 · 166
- 19일 오징어 · 168
- 20일 죽순 · 170
- 23일 미나리 · 172
- 24일 오리고기 · 174
- 25일 평안도 음식 · 176
- 26일 앵두 · 178
- 27일 보릿고개 · 180
- 30일 월도프샐러드 · 182

JULY·AUGUST · 184

- 1일 돌잔치 · 186
- 2일 전복 · 188
- 3일 민어 · 190
- 4일 옥수수 · 192
- 7일 식품알레르기 · 194
- 8일 안동 찜닭 · 196
- 9일 중국 음식 · 198
- 10일 장어 · 200
- 11일 유두절 · 202
- 14일 복숭아 · 204
- 15일 월계수 잎 · 206
- 16일 함경도 음식 · 208
- 17일 빙수, 아이스크림 · 210
- 18일 복날 · 212
- 21일 병어 · 214
- 22일 견과류 · 216
- 23일 와플 · 218
- 24일 햄버거 · 220
- **7월 26일 ~ 8월 25일 여름방학**
- (8월) 27일 열대과일 · 222
- (8월) 28일 참깨, 들깨 · 224
- (8월) 29일 건강 채식법 · 226

월요일	화요일	수요일	목요일	금요일
3 차수수밥 굴두붓국 닭볶음 냉이봄동무침 아몬드채볶음 김구이 배추김치 딸기 645.9 Kcal / 냉이	**4** 발아현미밥 어묵매운탕 돼지갈비찜 콩다시마조림 시금치무침 배추김치 배 619.2 Kcal / 밥	**5** 김가루볶음밥 배춧국 오리훈제구이 무쌈 부추양파초무침 수수부꾸미 깍두기 포도 675.3 Kcal / 수수부꾸미	**6** 보리밥 쑥완자애탕국 가자미양념구이 궁중떡볶음 겨울초오이무침 배추김치 한라봉 632.6 Kcal / 쑥	**7** 울타리콩밥 콩비지찌개 멸치볶음 새송이어묵볶음 다시마강정 봄동달래겉절이 사과 619.7 Kcal / 나트륨
10 (생일 밥상) 쌀밥 대합미역국 소불고기 피망잡채 날치알전 배추김치 요구르트케이크 딸기 694.9 Kcal / 미역국	**11** 기장밥 얼큰버섯수제비 조기오븐구이 우엉조림 청포묵김무침 총각김치 참다래 616.2 Kcal / 조기	**12** (세계음식의 날) 강황쌀밥 커리 탄두리치킨 오리엔탈샐러드 난 강황피클 라씨 721.5 Kcal / 인도 음식	**13** 검정쌀밥 달래된장찌개 돼지고기양념구이 알감자조림 상추겉절이 배추김치 천혜향 633.3 Kcal / 돼지고기	**14** 혼합곡밥 햄모듬찌개 뱅어포땅콩조림 갑오징어숙회 미역/적·황파프리카 오이달래무침 방울토마토 619.5 Kcal / 뱅어포
17 차수수밥 냉이된장국 닭갈비 달걀찜 더덕유장구이 배추김치 포도 610.8 Kcal / 세계 3대 진미	**18** 녹두밥 육개장 삼치된장구이 미트볼가래떡조림 원추리고추장무침 채소샐러드 총각김치 배 641.9 Kcal / 원추리	**19** (향토음식의 날) 이천영양밥 숭늉 수원갈비구이 하남부추무침 양평모듬버섯볶음 강화순무김치 먹골배 632.2 Kcal / 경기도 음식	**20** 보리밥 바지락순두부찌개 갈비김치찜 늙은호박전 김자반 돌나물사과무침 포도 635.3 Kcal / 물	**21** 검정콩밥 대구탕 찹쌀등심탕수육 마늘종새우볶음 콩나물무침 배추김치 멜론 620.0 Kcal / 어식백세
24 잡곡밥 북엇국 닭강정 꼬막살무침 숙주나물무침 미나리무침 배추김치 파인애플 622.1 Kcal / 꼬막	**25** 현미밥 쇠고기콩나물국 비엔나양송이볶음 깐쇼새우 방풍나물무침 배추김치 배 632.9 Kcal / 방풍나물	**26** 옥수수밥 채소크림스프 수제등심돈가스 골뱅이무침 모듬장아찌 나박김치 귤 712.8 Kcal / 장아찌	**27** 율무밥 꽃게탕 쇠고기버섯볶음 냉이전 양배추깻잎무침 깍두기 토마토 633.4 Kcal / 음식 조리 공식	**28** (채식 식단) 기장밥 근대된장국 표고피망볶음 도라지정과 유부조림 달래봄동겉절이 경단 딸기 658.9 Kcal / 채식의 장점
31 통밀차조밥 얼큰쇠고기뭇국 임연수어양념구이 연두부/양념장 시금치양파무침 배추김치 포도 628.8 Kcal / 임연수어				

MARCH

새 학년, 새 학기가 시작되는 달.
봄기운 생생한 재료가 들어간 맛있고 영양 많은
학교급식으로 아이들 학교생활을 더욱 즐겁고
힘차게 해주는 것이 포인트!

03

03 03 Mon

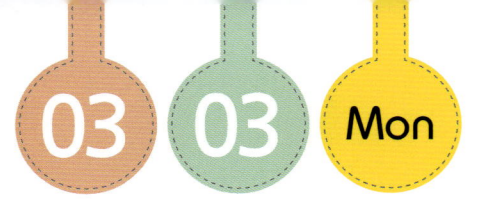

오늘의 식단

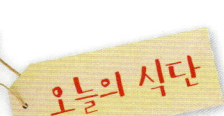

차수수밥

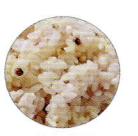

굴두붓국

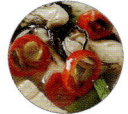

닭볶음

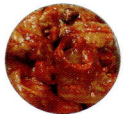

냉이봄동무침

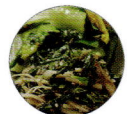

아몬드채볶음

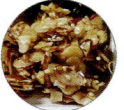

김구이

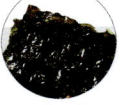

배추김치

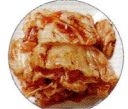

딸기

Today's Recipe

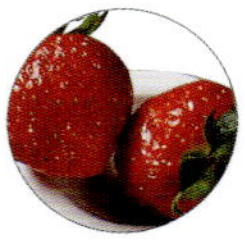

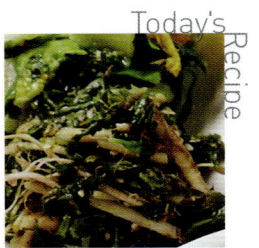

냉이봄동무침

겨울을 이겨낸 봄의 에너지가 듬뿍!

재료

냉이 15g, 봄동 15g, 다진 마늘 0.5g, 파 0.5g, 된장 3g, 국간장 1g, 참기름 1g, 깨소금 0.5g

냉이무침 만드는 법

1 냉이는 흙을 제거하고 깨끗하게 씻어 준비한다.
2 1을 소금물에 데친 후 찬물에 헹궈 물기를 제거한다.
3 된장에 고춧가루를 넣어 양념장을 준비한다.
4 조물조물 무쳐서 마지막에 참기름과 통깨를 살짝 넣어 마무리한다.

봄동무침 만드는 법

1 봄동은 깨끗하게 씻어 한 잎씩 떼어 준비한다.
2 1을 소금물에 데친 후 찬물에 헹궈 물기를 제거한다.
3 다진 마늘, 참기름, 국간장, 깨소금으로 조물조물 무친다.

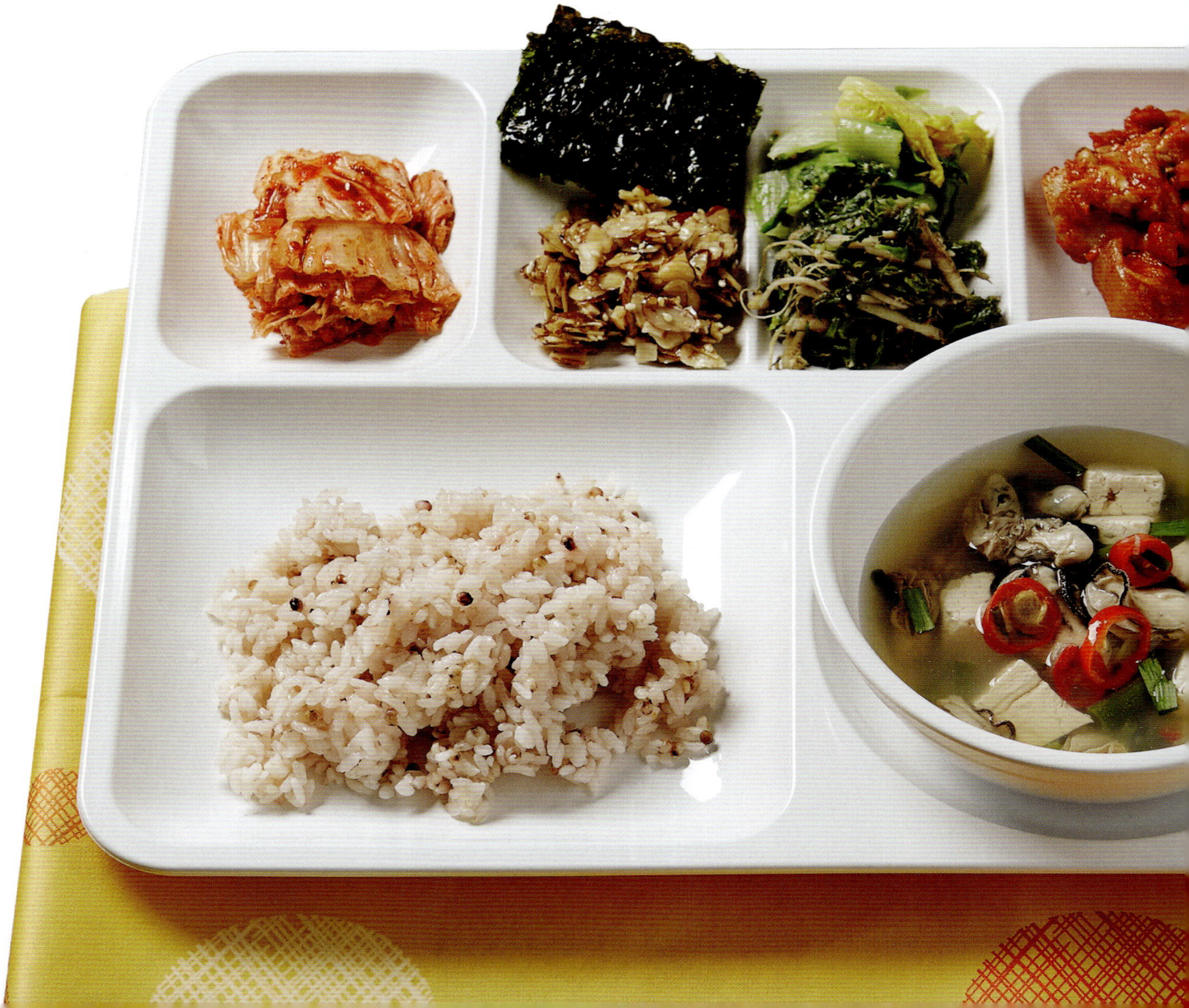

냉이의 봄맞이

645.9 Kcal

냉이는 줄기가 땅속에 바싹 붙어서 사방으로 퍼져 있어 '방석식물'이라고 부른다. 이것은 겨울의 추위를 조금이라도 피하려는 냉이의 겨울나기 수단이다.

봄의 전령사 냉이는 지방에 따라 내이, 나생이, 나상구라고 부르기도 하는데 〈본초강목(本草綱目)〉에는 '왕성하고 풍성한 풀'이라는 뜻으로 '제(薺)' 또는 '제채(薺菜)'라고 설명하였다. 냉이는 오래전부터 가난한 사람들의 식량으로 이용되었는데 맛이 부드러워 100살 먹은 노인도 냉이국을 먹을 수 있다고 해서 '백세갱(百歲羹)'이라 불렀으며 중국 〈시경〉에 인용될 정도로 식용의 역사가 길다.

냉이는 잠들어 있던 오장육부를 깨어나게 하고 입맛을 돋우는 대표적 봄나물로 소화기능을 증진시키며 간을 튼튼하게 한다. 냉이는 이른 봄부터 저절로 자라난 것이 향이 좋고 맛이 있는데, 어리고 연하며 색이 짙은 것을 골라서 신선할 때 바로 요리하는 것이 비타민이나 무기질의 손실이 덜하다.

냉이는 채소 중에서 단백질 함량이 가장 많은 것 중 하나로 시금치의 2배 이상이며, 칼슘과 철분이 많은 알칼리성 식품이다. 또한 봄나물 중 비타민 B_1이 제일 많아 피로 해소에 좋고 춘곤증 치료에 효과적이다. 특히 냉이의 잎 속에 비타민 A가 매우 많아 눈 건강에 좋은데, 냉이를 100g만 먹으면 성인이 하루에 필요한 비타민 A의 3분의 1을 섭취하게 된다.

냉이는 5~20cm 정도 자라며 3월부터 여름까지 흰 꽃을 피우는데 네 개의 꽃잎이 대칭으로 십자 모양을 이루는 십자화과 식물에 속한다. 열매 하나에 약 25개의 씨앗이 들어 있을 정도로 생명력이 강하다. 또 냉이는 두해살이 식물이다. 봄에 꽃이 피어 여름에 씨앗을 떨구면 가을에 싹이 올라와 겨울을 난다. 따라서 봄나물이라 하지만 싹이 올라오는 11월부터는 냉이를 먹을 수 있다.

여기서 잠깐! 냉이와 고추냉이는 무슨 사이?

일식집에서 흔히 '와사비'라고 부르는 고추냉이는 겨자과로 분류하는데, 꽃이 냉이와 비슷하다 해서 고추냉이라는 이름을 얻었다. 한국(울릉도)·일본·사할린섬 등 온대에서 난대 지방에 분포하며 흐르는 물에서 자라는 수생식물이다.

와사비는 비린 맛을 잡아주고 강력한 살충·살균 효과로 식중독을 예방해줘 생선회를 먹거나 초밥을 만들 땐 빠지지 않는 양념. 뿌리를 직접 갈아서 만든 것을 최고급으로 치며, 시중에서 판매하는 튜브형 와사비는 보통 줄기를 갈아서 만든다. 잎은 매운 맛이 덜해 상품성이 떨어지지만 생선회를 쌈 싸먹으면 약간 쌉싸래한 맛이 입맛을 개운하게 해줘 먹을수록 맛이 난다. 고추냉이의 매운 맛은 겨자와 비슷하지만 고추에 들어 있는 캡사이신과는 또 다른데, 혀를 자극하기 보다는 증기가 코로 올라오면서 자극하기 때문이다.

03 04 Tue

619.2 Kcal

오늘의 식단

발아현미밥

어묵매운탕

돼지갈비찜

콩다시마조림

시금치무침

배추김치

배

한국인의 주식
밥

콩다시마조림
콩에서 달콤 짭조롬한 바다 맛이 나네~

재료
대두 8g, 당근 3g, 건다시마 1g, 간장 2g, 물엿 1g,
매실청 0.5g, 청주 0.5g, 포도씨유 0.5g,
참기름 0.3g, 참깨 0.3g

만드는 법
1. 대두는 깨끗이 씻은 후 물을 넉넉히 붓고 삶는다.
2. 건다시마는 물에 30분 정도 불린 후 가로세로 1cm 길이로 썬다.
3. 당근은 1cm 길이로 깍둑 썬다.
4. 다시마를 불린 물에 간장, 포도씨유, 청주, 매실청을 넣고 한소끔 끓인다.
5. 4에 물엿과 1~3의 재료를 넣고 졸인다.
6. 5에 참깨와 참기름을 넣고 마무리한다.

밥은 우리나라 사람이 일생동안 가장 많이 먹는 음식으로 단순한 먹을거리 이상의 위대함과 신성함을 갖고 있다. 우리 조상은 쌀을 농부가 여든여덟 번(八十八=米)의 손길과 정성을 들여야 수확할 수 있는 귀한 것으로 여겼고, 나를 존재하게 하고 삶을 지탱하게 하는 힘의 원천인 밥이 보약이며 밥심으로 살아간다고 생각했다.

쌀은 영양이 풍부하고 순한 맛을 지녀 여러 가지 반찬과도 잘 어울리는 음식이어서 한국인의 주식으로 자리 잡게 되었다. 따라서 쌀은 모든 교환 수단의 기본으로 화폐의 기능을 하기도 했으며 가장 기본적이고 중요한 제물(祭物)이기도 했다.

우리나라는 신석기시대부터 벼농사를 지었지만 쌀밥은 아주 귀한 음식이어서 높은 신분층에서나 먹을 수 있었으며, 평민들은 꽁보리밥에 시래기국, 짠지, 혹은 간장을 반찬으로 먹는 것이 예사였다. 지금처럼 아침, 점심, 저녁 하루 세 끼를 먹게 된 지는 얼마 안 됐으며 보통 두 끼를 먹었다. 특히 지난해 가을에 추수한 곡식이 바닥나고 여름에 보리를 수확하기 전, 보릿고개라 불리는 봄철에는 굶는 일이 흔했다. 그래서 "밥 먹었니?", "진지 잡수셨어요?"라는 인사말도 생겨난 것이다.

우리 민족은 이렇게 밥을 하늘이라 생각하고 귀하게 여겼기 때문에 밥을 먹을 때 밥 한 알이라도 흘리면 어른들이 호통을 쳤다. 그래서 '밥 한 톨이라도 흘리면 천벌 받는다', '밥값도 못한다', '밥줄 떨어진다', '밥 빌어다가 죽 쑤어 먹을 놈' 등 밥이 들어간 속담도 많이 탄생했다.

산이 많고 척박한 농토를 가진 우리나라 땅에서 벼는 그나마 높은 생산성을 낼 수 있는 주요 작물이다. 벼를 재배해서 100명을 먹일 수 있는 땅에 밀을 심으면 75명, 목장을 만들어 가축을 키우면 9명을 먹일 수 있다고 한다. 요즘은 농업 기술 발달에 따라 쌀 수확이 늘었지만 식생활이 서구식으로 바뀌어 밥 대신 고기, 빵, 라면 같은 음식을 많이 먹으면서 건강이 나빠지고 있는 추세라 안타깝다.

쌀의 배아에는 '쌀 속의 진주'로 통하는 옥타코사놀이란 성분이 있는데 옥타코사놀은 대륙을 이동하는 철새의 에너지원을 연구하던 학자들이 발견한 물질이다. 철새가 그 먼 거리를 단 한 번도 쉬지 않고 날아갈 수 있는 것이 바로 옥타코사놀 덕분이었던 것. 철새가 먹이 중 쌀눈에 들어 있는 옥타코사놀을 섭취하면 근육 내 글리코겐의 함량이 30% 가까이 증가한다. 사람도 활동할 때 근육과 간에 저장된 글리코겐을 에너지원으로 사용하는데, 이것이 부족하면 피곤함을 느끼게 되며 밥을 충분히 섭취하게 되면 기운이 다시 살아나게 된다.

03 05 Wed

675.3 Kcal

오늘의 식단

김가루볶음밥

배춧국

오리훈제구이

무쌈

부추양파초무침

수수부꾸미

깍두기

포도

오늘의 급식 이야기

기름에 지지는 떡
수수부꾸미

수수부꾸미는 수수가루와 찹쌀가루를 섞어서 뜨거운 물로 익반죽한 후 팥소를 넣고 기름에 지진 떡이다. 곡창지대이며 잡곡이 많이 나는 경기도의 전통 떡으로, 모양이 반달같고 은은한 붉은 색을 띠며 구수한 맛이 난다.

수수부꾸미는 〈조선무쌍신식요리제법〉(1943년)에 '북꾀미'라는 이름으로 처음 등장하는데 '소를 넣고 반으로 접어 다시 지지는 것이 특징'이라고 설명하고 있다. 이후 〈우리나라 음식 만드는 법〉(1958년)에 요즘과 같이 '부꾸미'라는 이름이 나오며 '차전병을 법대로 만들어 거피팥에 꿀과 계핏가루를 볶아 계피떡처럼 소를 넣고 보시기로 반달처럼 떠서 꿀을 찍어 먹는다'는 기록이 남아 있다.

전래동화 〈해와 달이 된 오누이〉에서 썩은 밧줄을 잡고 오르다 수수밭에 떨어진 호랑이 때문에 붉은색을 띤 곡식이 되었다는 수수는 귀신이 싫어하는 붉은색이 액막이 역할을 한다고 하여 오곡밥, 고사떡, 수수팥떡 등 무병장수를 기원하는 특별한 음식으로 사랑받았다. 뿐만 아니라 수수는 가장 먼저 여무는 곡식이었고 찰기가 있어 찹쌀처럼 쫄깃한 맛이 나기 때문에 밥에 넣어 먹거나 떡을 해 먹기 좋은 고마운 곡식이었다.

그런데 기름에 지지는 것을 떡이라고 할 수 있을까? 답은 그렇다. 우리나라는 예로부터 '기름에 지지는 떡'으로 화전이나 주악이 있었으며, 수수부꾸미도 그 일종으로 추운 겨울에 먹음으로써 지방과 에너지를 쉽게 섭취할 수 있었다. 기름에 지지는 떡은 '전병(煎餠)'이라고도 하는데, 찹쌀 등을 익반죽하여 지진 전병은 조금만 시간이 지나도 떡이 눌어붙고 볼품없어지기 때문에 기름에 지진 후 모양을 잡아 다시 한 번 지져야 하고, 또 상에 낼 때는 서로 달라붙지 않도록 꿀이나 시럽을 발라서 내야 한다. 어떤 일을 잘하지 못할 때 '젬병'이라고 하는 말이 바로 모양내기 힘든 '전병'에서 유래되었다는 재미난 이야기도 있다.

김가루볶음밥
고소한 볶음밥 속에 갖은 **영양이 가득~**

재 료
쌀 44g, 찹쌀 7g, 우엉 10g, 당근 10g, 오이 10g, 단무지 10g, 부추 0.3g, 쇠고기 등심 10g, 김가루 0.2g, 참기름 1g, 참깨 0.5g
우엉·쇠고기 양념장 : 간장 2g, 참기름 0.5g, 매실청 0.5g, 물엿 0.5g, 청주 약간

만드는 법
1 쌀과 찹쌀을 섞어 고슬고슬하게 밥을 짓는다.
2 우엉은 잘게 썰어 간장, 물엿으로 조린다.
3 당근, 오이, 단무지, 부추를 잘게 다져 센 불에 살짝 볶는다.
4 쇠고기는 가늘게 채 썰어 양념하여 볶는다.
5 1에 2, 3, 4와 김가루, 참기름, 참깨를 넣고 골고루 섞는다.

여기서 잠깐!
누워서 떡 먹기의 어려움

우리나라 속담에 '누워서 떡 먹기'라는 말이 있다. 하기 쉬운 일을 빗대어 말할 때 쓰는 속담이다.
그러나 실제로 해보면 누워서 떡 먹기는 생각처럼 쉬운 일이 아니다. 쫄깃하고 차진 식감 때문에 잘 씹히지 않고 잘 넘어가지 않아 목구멍에 걸리기 일쑤니 누워서 떡을 먹는 것은 절대 해서는 안되는 일이다.
그런데 왜 이런 속담이 생겼을까? 우리 조상은 해마다 보리고개를 넘길 만큼 식량이 넉넉하지 못했고 끼니 걱정 없이 배불리 먹어보는 것이 소원이었기 때문이다. 그러니 떡은 감히 바라지도 못할 사치한 음식이었을 터.
따라서 누워서 떡먹기란 진짜 누워서 떡을 먹는다는 뜻이 아니라 편안한 휴식과 풍족한 식량을 상징적으로 표현한 말로, 후대에 와서 쉽고 편한 일을 뜻하는 말이 된 것이다.

03 06 Thu

오늘의 식단

- 보리밥
- 쑥완자애탕국
- 가자미양념구이
- 궁중떡볶음
- 겨울초오이무침
- 배추김치
- 한라봉

632.6 Kcal

곰도 사람으로 만든 쑥의 약효

쑥완자애탕국
이른 봄 어린 쑥의 향긋한 내음이 폴폴~

재료
쑥 5g, 쇠고기 10g, 두부 10g, 콩가루 6g, 달걀 10g, 실파 0.7g, 다시마 3g, 다시멸치 3g, 청주 2g, 소금 약간

쇠고기 양념장: 간장 0.2g, 다진 파 0.3g, 다진 마늘 0.3g, 후춧가루 0.01g, 참기름 0.1g, 참깨 0.1g

만드는 법
1. 이른 봄에 나는 어린 쑥으로 2/3은 살짝 데쳐 꼭 짜서 곱게 다지고 1/3은 깨끗이 씻어 놓는다.
2. 두부는 물기를 꼭 짜고 으깬다.
3. 다시멸치와 다시마를 물에 넣고 우려서 육수를 만든다.
4. 곱게 다진 쇠고기를 분량의 양념장 재료와 섞는다.
5. 4에 삶아서 다진 쑥과 두부를 버무려 완자로 빚는다.
6. 육수에 소금으로 간을 한 뒤 팔팔 끓이다가, 완자를 콩가루에 굴린 후 달걀물을 입혀 국에 하나씩 넣는다.
7. 한소끔 끓어 완자가 떠오르면 씻어 놓은 쑥과 파를 띄워 그릇에 담아낸다.

쑥은 추운 겨울을 이겨내고 아직 다 녹지 않은 땅을 비집고 나와 다른 식물보다 먼저 푸른 싹을 틔우는 식물이다. 히로시마에 원자폭탄이 투하된 후 그 폐허의 땅을 가장 먼저 뚫고 피어났다고 전해질 정도로 강인한 생명력을 가진 식물이 바로 '쑥'이다. 건강하게 잘 자라는 아이들을 보고 "쑥쑥 잘 큰다"고 말하는데 "쑥쑥"이 자라기 어려운 곳에서도 잘 견디며 잘 자라는 쑥의 모습에서 따온 말이라는 얘기가 있을 정도.

쑥은 예전부터 몸을 보하는 음식, 또는 약으로 사용됐다. 단군신화에 곰이 100일 동안 쑥을 먹고 웅녀가 됐다는 이야기가 나오듯, 그만큼 오래 전부터 쑥이 우리나라에서 식용으로 사용되어 왔음을 알 수 있다. 강한 자생력 덕분에 '모든 풀의 왕초'라는 별명을 가진 쑥은 우리나라 건국 설화에 마늘과 함께 등장할 정도로 역사가 길고 약효도 많이 알려진 대표적 허브 식물로, 혹자는 '자연이 인간에게 베푼 가장 값진 선물의 하나'라고 찬사를 보낸다.

쑥에는 비타민 A와 C, 철분 등이 많이 함유되어 있어 건강에 좋으며 향긋하고 씁쌀한 맛이 있어 겨우내 잃어버린 입맛을 살리기에 제격이다. 한방에서는 쑥을 따뜻한 성질의 약재로 분류하는데(단, 인진쑥은 차가운 성질) 복부를 따뜻하게 해주면서 장이 허해서 오는 설사에 큰 도움을 준다. 몸의 냉기를 없애 수족 냉증과 대하증을 풀고 자궁을 따뜻하게 해 특히 여성에게 좋다고 알려져 있으며, 그래서 '봄쑥은 처녀 속살을 키운다'는 속담까지 있을 정도다.

국화과에 속하는 여러해살이풀인 쑥은 우리나라 전역의 들이나 산기슭에서 저절로 잘 자라는데 참쑥, 산쑥, 덤불쑥, 물쑥, 인진쑥 등 종류가 매우 많다. 우리가 흔히 먹는 부드럽고 어린 쑥은 '애쑥', '참쑥'이라 부르며 떡에 넣거나 국을 끓여 먹을 때 사용한다. 쑥으로 끓인 국은 '애탕'이라 부르는데, 조선시대에는 임금님 수라상에 오른 음식이기도 하다. 애탕을 끓일 때는 쑥을 너무 잘게 썰어 완자로 빚으면 풋내가 많이 나므로 손으로 적당한 크기로 뜯어 사용하는 것이 좋다. 또 너무 오래 끓일 경우 색이 칙칙해지고 향이 달아나 맛이 덜하므로 주의해야 한다.

쑥대가 쑥쑥 올라오고 잎이 넓은 것은 약으로 쓰는 '약쑥'인데 바닷가나 섬 지방에서 자란 것이 약효가 좋다고 알려져 있으며 '인진쑥'이 유명하다. 인진쑥은 끈질기고 강인한 생명력을 가지고 있어서 눈이 내리는 한겨울의 추위에도 살아남아 '사철쑥'이라 부르며, 여름에 더위를 먹어 고생할 때 인진쑥 생즙을 냉수에 타서 마시면 증상이 없어진다고 하여 '더위지기'라고도 한다. 인진쑥은 강화도, 거문도, 제주도 등의 쑥이 유명한데 특히 생긴 모양을 따서 '사자발쑥'이라 불리는 강화도 쑥이 약효가 뛰어난 것으로 알려져 있다.

03 07 Fri

오늘의 식단

울타리콩밥

콩비지찌개

멸치볶음

새송이어묵볶음

다시마강정

봄동달래겉절이

사과

619.7 Kcal

짠 맛의 주인공 나트륨

나트륨(Sodium, Na)이 음식의 간을 맞추는 데 매우 중요한 역할을 하기 때문에 흔히 '나트륨=소금'이라고 생각하기 쉽다. 그러나 나트륨은 많은 자연식품에 존재하는 성분이며, 그중 소금에 가장 많이 함유되어 있다는 설명이 보다 정확하다. 소금(NaCl, 염화나트륨) 1g에는 나트륨 400mg과 염소 600mg이 함유되어 있다. 우리가 건강을 유지하는 데 필요한 나트륨 최소 요구량은 500mg(소금1.3g). 즉, 자연식품에 들어 있는 나트륨 섭취만으로도 충분한 셈이다.

기본적으로 나트륨은 우리 몸속에서 다양한 기능을 한다. 혈액의 삼투압 또는 체액량을 조절하고, 체내 산·알칼리성 평형에 관여하며, 신경세포와 근육세포에 외부 자극을 전달하여 정상적인 근육의 흥분성 및 과민성을 유지하는 데 도움을 준다. 하지만 나트륨을 과잉 섭취하면 고혈압, 심장질환, 뇌졸중, 신장질환, 골다공증, 위장질환, 당뇨병 등의 발생률이 높아진다. 이런 질환은 치료의 차원이나 비용절감 면에서 사전예방이 매우 중요하며 효과적이다.

때문에 인체에 적정한 나트륨을 섭취해야 하는데 세계보건기구에서 권장하는 일일 나트륨 권장량은 2000mg, 소금으로는 5g 정도이니 1/2큰술, 진간장으로는 1큰술, 된장과 고추장은 2½큰술이다. 하지만 우리 국민의 하루 평균 나트륨 섭취량은 4,831mg으로 세계보건기구(WHO) 섭취 권고량 2,000mg의 2.4배 이상이다. 찌개, 김치, 젓갈 등 짠 음식 외에도 면과 빵 등에도 많이 들어 있는 나트륨을 매일 먹으니 당연한 결과다.

그렇다면 어떻게 나트륨 섭취량을 줄일 수 있을까. 일단 나트륨 섭취를 줄이기 위해서는 가급적 싱겁게 먹는 습관을 들이는 것이 중요하다. 짠맛을 내는 양념과 조미료 대신 후춧가루, 마늘, 고춧가루, 생강, 식초, 겨자 등으로 맛을 내고 식품 자체의 맛을 살려서 싱겁게 조리하는 것이 좋다.

봄동달래겉절이
아삭하게 입맛 살리는 **매콤한 반찬**

재료
봄동 20g, 달래 4g, 실파 1g, 멸치액젓 1g, 참기름 0.5g, 고춧가루 1g, 매실청 1g, 참깨 0.5g, 다진 마늘 0.5g, 찹쌀가루 0.5g

만드는 법
1 봄동의 밑동을 잘라내고 먹기 좋게 손질하여 소금으로 살짝 절인다.
2 실파도 송송 썰어 준비한다.
3 달래는 깨끗이 손질해 먹기 좋게 잘라 놓는다.
4 찹쌀풀을 만든다.
5 절인 봄동은 물에 한 번 헹구어 채반에 올려 물기를 뺀다.
6 4에 멸치액젓, 매실청, 고춧가루, 다진 마늘, 실파, 설탕을 넣어 양념을 만든다.
7 5에 6을 넣고 살살 무친다.
8 마지막에 참깨와 참기름을 넣는다.

우리가 자주 먹는 식품에 나트륨은 얼마나 들어 있을까?
세계보건기구(WHO)에서는 하루에 나트륨을 2,000mg(●)미만으로 먹을 것을 권장하고 있다.

식품	나트륨		식품	나트륨
칼국수 1그릇	2,900mg		배추김치 100g(10조각)	1,500mg
우동, 라면 1그릇	2,100mg		김밥 1줄	1,000mg
물냉면 1그릇	1,800mg		멸치볶음(멸치15g)	650mg
된장찌개 1그릇	950mg		돼지불고기(등심50g)	650mg
참치김치찌개 1그릇	900mg		동치미 1그릇	600mg
배추된장국 1그릇	750mg		오징어젓갈 15g	600mg
자반고등어찜 1토막	1,500mg			

※자료 출처 : 식약청

03 10 Mon

오늘의 식단

쌀밥

대합미역국

소불고기

피망잡채

날치알전

배추김치

요구르트케이크

딸기

694.9 Kcal

Today's Recipe

대합미역국
대합을 넣어 깔끔하고 **개운한 맛!**

재료
대합살 15g, 미역 1.5g, 참기름 1g, 맛술 1g, 매실청 0.3g, 국간장 2g, 마늘 0.5g

만드는 법
1. 건미역은 물에 불려 씻어 2cm 길이로 썰어둔다. 이때 물에 너무 오래 담그면 흐물흐물해지므로 주의한다.
2. 대합살은 손질하여 깨끗이 씻고 잘게 다진다.
3. 참기름, 맛술, 매실청에 대합살을 볶다가 미역도 함께 볶는다.
4. 3에 물을 넣고 끓이다가 국간장과 마늘로 간을 한다.

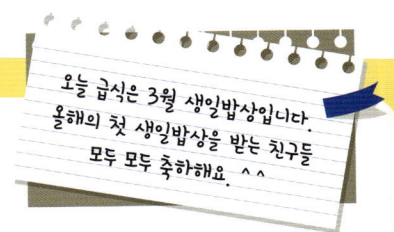

오늘 급식은 3월 생일밥상입니다.
올해의 첫 생일밥상을 받는 친구들
모두 모두 축하해요. ^^

생일날 미역국을 먹는 이유

미역국은 칼슘과 요오드 등의 무기질과 비타민이 풍부하게 들어 있어 성장기 어린이와 산모에게 특히 좋은 음식으로, 피를 맑게 하고 신경과 골격 형성에 좋으며 자궁 수축과 모유 분비를 돕는다.

미역은 바다 속에서 서식하는 1년생 바닷말로 몸은 암갈색을 띠고 있으며 외관적으로는 줄기, 잎, 뿌리의 분화가 뚜렷하고 겨울과 봄에 걸쳐서 번성한다. 고문헌 〈해동역사〉에 '신라의 깊은 바다에서 해초와 다시마가 난다'라고 적혀 있으며, 〈고려사〉에 '곽전(藿田=미역)을 하사하였다'는 사실이 적혀 있어 고려시대에 왕의 하사품이 될 정도로 보편화되었음을 알 수 있다.

당나라 때 서적 〈초학기〉에는 '고래가 새끼를 낳으면 미역을 뜯어 먹어 산후의 상처를 낫게 하는 것을 보고 고려 사람들이 산모에게 미역을 먹인다'고 적혀 있듯, 우리나라는 산모의 산후조리에 미역을 이용하는 풍습이 아주 오래 전부터 내려왔다. 그뿐만 아니라 아기가 태어나면 쌀로 밥을 지어서 세 그릇을 수북하게 담고 미역국 세 그릇을 퍼서 삼신할머니에게 올리는 삼신상을 차린 뒤 순산을 감사하고 아기의 장수를 빌었다. 그리고 생후 삼칠일(21일)이 되면 아기 머리맡에 삼신상을 다시 차려서 아기의 건강을 감사드렸다. 또한 백일과 돌날에도 미역국과 쌀밥을 올렸고, 이후 생일상에 빠져서는 안 되는 음식이 되었다.

미역국은 아기에게 빼앗긴 칼슘, 모유 분비를 촉진하는 요오드, 출산 시 출혈로 인해 빠져나간 철분, 산모에게 생기기 쉬운 변비를 예방하는 식이섬유가 풍부하므로 산모에게는 훌륭한 산후조리 음식이다.

03 11 Tue

616.2 Kcal

오늘의 식단

기장밥

얼큰버섯수제비

조기오븐구이

우엉조림

청포묵김무침

총각김치

참다래

오늘의 급식 이야기

사람의 기를 돋우는 조기

Today's Recipe

조기오븐구이
담백하고 부드러운 **고단백 저칼로리**

재료
조기 50g, 튀김가루 3g, 청주 0.3g, 포도씨유 1g, 굵은 천일염 2g, 식초 1g

만드는 법
1 조기를 해동하여 깨끗이 씻고 마지막에 소금과 식촛물에 10분간 담근다.
2 1의 조기를 채반에 받쳐 물기를 뺀다.
3 2의 조기에 포도씨유를 골고루 바르고 튀김가루를 묻혀준다.
4 오븐용 코팅 팬에 기름을 바른 후 3을 가지런히 놓는다.
5 예열(250℃)한 오븐에서 조리(콤비 210℃ 20~25분)한다.
6 조리 중간에 오븐 문을 열고 청주를 분무기로 한 번씩 뿌려준다.

조기는 예로부터 관혼상제에 빠지지 않았는데, 이는 조상을 대신해 후손들에게 사덕(四德)을 강조하기 위함이었다. 조기의 사덕이란 이동할 때를 정확히 아는 '예(禮)', 소금에 절여져도 굽히지 않는 '의(義)', 염치 있고 부끄러움을 아는 '염(廉)', 더러운 곳에는 가지 않는 '치(恥)'가 그것이다.

조기는 순우리말이며 한자어로는 석수어(石首魚), 석어(石魚)라 한다. '석수어(石首魚)'의 속명이 조기(助氣)인데, 이는 사람의 기(氣)를 도와(助)준다는 의미를 갖고 있으며 조선 후기 〈송남잡지〉에는 조기 대가리에 돌 같은 다이아몬드형의 뼈가 있어 석수어(石首魚)라 불렀다는 이야기가 있다.

조기는 양질의 단백질이 많고 흰 살 생선에 비해 지질이 6.2% 정도로 많아 부드러우며 칼슘은 갈치의 5배, 철분은 1.8배, 비타민 B_2는 2.3배, 엽산은 2.4배 정도로 많아서 아이들의 발육이나 노인들의 원기회복에 좋은 식품이다.

절약 정신이 투철하다 못해 지나칠 정도로 인색했던 자린고비는 조기를 천정에 매달아 놓고 밥을 먹을 때 한 번씩만 쳐다보게 했다는 이야기로 유명하다. 자린고비의 어원은 어떤 구두쇠가 제사 때 쓰는 지방(紙榜)의 종이가 아까워 불태우지 않고 접어 두었다가 두고두고 쓰는 바람에 지방 속의 '죽은 아비 考(고)' 자와 '죽은 어미 妣(비)' 자가 때에 절었다 해서 '절은 고비'라는 말이 '자린고비'로 바뀌었다는 설이 있다. 또 하나는 충북 음성이 고향인 조륵이 평생 부지런하게 일하고 절약해 만석꾼 살림을 일궜는데, 회갑을 맞을 당시 전라도와 경상도 지역에 심한 가뭄이 들자 재산을 풀어 기근을 구제했다. 이에 도움을 받은 사람들이 조륵의 공을 기려 '慈仁考碑(자인고비)'라는 송덕비를 세웠고, 자인고비가 자린고비가 됐다는 설이다. 원래 자린고비는 자신에게 철저하고 남에게 베푸는 사람을 일컬었는데 후대에 와서 남에게 인색한 사람을 이르는 말이 되었다는 것이다.

여기서 잠깐! 참조기와 다른 종류 조기를 구분하는 법

〈자산어보〉에는 조기가 때를 따라 물을 쫓아오므로 추수어(追水魚)라 하였다. 조기는 남쪽 끝 이어도 부근에서 월동을 한 후 추자도와 흑산도를 지나 곡우 즈음 법성포 앞 칠산도 앞바다에서 산란을 하고 5~6월에 연평도, 7~8월에 평안북도 앞 대화도까지 거슬러 올라갔다가 다시 남해로 내려오기를 반복한다. 칠산도 앞바다에서 곡우 무렵 산란을 하는 조기를 '곡우살이'라고 부르는데, 법성포 사람들은 이때 잡은 조기로 만든 굴비를 '오사리굴비'라 하여 최고로 쳤다.

721.5 Kcal

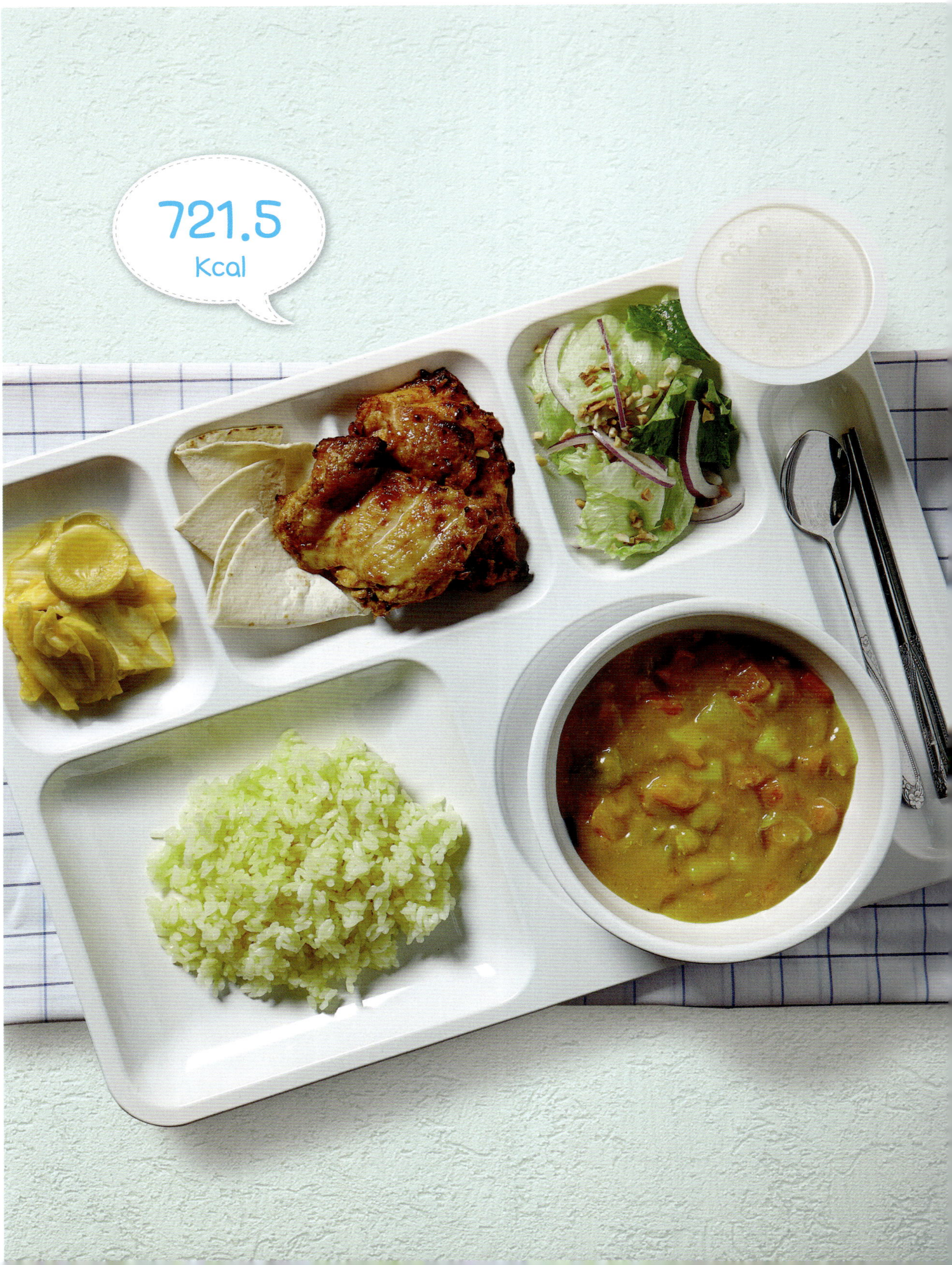

강황쌀밥

커리

탄두리치킨

오리엔탈샐러드

난

강황피클

라씨

Today's Recipe

탄두리치킨
인도 전통 화덕 탄두르에서 구운 맛!

재료
닭다리(넓적다리살) 80g, 플레인 요거트 10g, 생 파슬리 0.3g, 마늘 1g, 생강 0.5g, 올리브유 2g, 칠리소스 2g, 인델리 카레(데미) 2g, 올스파이스 분말 0.03g, 청주 1g, 허브솔트·후춧가루 약간씩

만드는 법
1. 닭고기는 깨끗이 씻어 물기를 뺀 후 칼집을 넣고 준비한 플레인 요거트의 2/3 정도 양에 1시간쯤 담가둔다.
2. 파슬리는 깨끗이 세척한 후 다진다.
3. 남은 플레인 요거트에 2와 마늘, 생강, 올리브유, 칠리소스, 인델리 카레, 올스파이스 분말, 청주, 허브솔트, 후춧가루를 넣어 소스를 만든다.
4. 1에 3의 소스를 골고루 버무린 후 1시간 재워둔다.
5. 4를 그릴 망에 올리고 오븐에서 초벌구이(180℃ 20분) 한다.
6. 5을 오븐에서 꺼내 색을 보고 자리를 바꿔가며 2차 구이(180℃ 10분) 한다.
7. 마지막으로 6을 오븐에서 3차 구이(220℃ 5분) 한다.

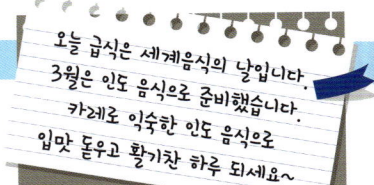

오늘 급식은 세계음식의 날입니다.
3월은 인도 음식으로 준비했습니다.
카레로 익숙한 인도 음식으로
입맛 돋우고 활기찬 하루 되세요~

향신료의 맛이 강한 인도 음식

인도 요리 하면 제일 먼저 머릿속에 떠오르는 것이 커리와 그 안에 들어가는 향신료들. 인도 요리의 특징을 이야기해주는 향신료의 종류는 정말 다양한데 겨자, 카르다몸, 큐민, 샹황, 생강, 고수, 정향 등은 인도에서 옛날부터 써온 향료들이며, 외국에서 인도로 전파된 것도 있다. 대표적인 것이 16세기 포르투갈인들이 인도에 들여온 고추, 무슬림을 전파한 중앙아시아 페르시아인들이 들여온 샤프란이다. 인도 요리에는 이들 향료를 적당히 혼합한 마살라(Masala)라는 기본 양념을 쓰는데 보통 카르다몸, 계피, 정향 등 5~6가지 기본적인 향료들을 섞어서 만들며 지방에 따라 혹은 만드는 사람들에 따라 아주 다양하다.

예전부터 신비로운 대륙으로 인지된 인도는 외세의 침략을 자주 받게 되었는데, 그에 따라 외세의 문화나 식재료도 전파되었다. 탄두리(Tandoori)라는 특수한 화덕에서 요리를 만드는 방법도 페르시아인들에 의해 전해진 것. 기름이 쫙 빠져 담백하고 고소한 탄두리치킨뿐 아니라, 주식으로 먹는 '난' 역시 탄두리에서 구워낸 것이다.

인도는 다인종의 나라일 뿐만 아니라 중동 및 서양 문화의 영향을 고루 받아 지역과 종교에 따라 음식도 매우 다양하다. 인도 요리는 아주 단순화시켜 북부와 남부 요리로 나눌 수 있는데, 커다란 인도 대륙의 북쪽으로 갈수록 옛날 무굴제국의 영향으로 아주 다양하고 성대한 형태의 음식들이 많다. 그리고 북부 사람들은 일찍부터 외지에서 들여온 밀가루로 된 빵을 먹는 관습이 지배적이다. 반면 남부 지역은 쌀농사를 기반으로 한 농경문화가 지배적이라 조금은 소박한 형태로 쌀을 주식으로 하는 요리들이 많다. 그러나 모든 음식에 향신료를 사용해 장시간 조리함으로써 향신료가 잘 스며들어 깊은 맛이 난다. 인도에서 음식을 먹을 땐 오른손으로 식사하고 왼손은 식탁 위로도 올리지 않는 게 예의다.

03 13 Thu

633.3 Kcal

오늘의 식단

검정쌀밥

달래된장찌개

돼지고기양념구이

알감자조림

상추겉절이

배추김치

천혜향

돼지고기 사용설명서

돼지고기는 우리나라 사람들이 가장 좋아하는 식재료 중 하나다. 머리부터 발끝까지 버릴 것 하나 없이 우리 식탁을 풍요롭게 해주는 돼지고기의 각 부위별 명칭과 특징을 알아보자.

목심 : 목에서 등으로 이어지는 부위로 삼겹살 다음으로 소비가 많은 부위다. 지방이 적당히 있어 구이용으로 적합하며 수육, 장조림, 찌개, 카레 등에 두루 사용한다.

등심 : 목심에 이어지는 등 쪽 갈비뼈에 붙어 있는 부위로 고깃살이 지방으로 덮여 있어 육질이 부드럽고 풍미가 좋다.

안심 : 등 뼈 배쪽에 붙은 살코기로 담백하고 육질이 부드러우며, 돼지고기 전체 부위 중 칼로리가 가장 낮다. 지방이 적어 맛이 담백하기 때문에 두툼하게 썰어 고기 자체의 맛을 살리는 요리가 알맞다.

갈비 : 옆구리 늑골(갈비)의 총 13늑골 중 첫 번째부터 다섯 번째 늑골 부위를 말하며 안심에 버금가는 부드러운 육질이 특징이다. 소갈비와 달리 살코기가 적고 크기가 작아 깔끔하게 정형해 주로 바베큐용으로 사용한다.

갈매기살 : 갈매기살은 갈비뼈 안쪽의 횡경막을 이루는 부위다. 지방이 가장 적은 부위로 맛이 쫄깃하고 담백하며 짙은 고기향이 매력적이다. 숯불에 구워 먹으면 실제로 새고기 맛과 비슷한 맛이 난다는 사람도 있다.

항정살 : 목과 앞다리를 연결하는 부위인 항정살은 살코기 사이에 촘촘히 박혀 있는 지방 때문에 돼지고기 특유의 고소함뿐 아니라 식감이 아삭아삭해 씹는 맛이 좋다.

가브리살 : 등겹살을 또 다른 말로 가브리살이라 한다. 가브리살은 목살과 등심 사이(등심 안쪽 끝)의 연결부위로 오각형 모양이며 육색은 짙은 선홍색을 띤다. 육질은 지방이 적어 질길 것 같지만 예상외로 부드럽다. 항정살과 비슷한데 차이점은 가브리살 살이 조금 더 붉다는 것이다. 가브리살은 부드럽고 끝맛이 산뜻해 구이용으로 적합하다.

부채살(낙엽살) : 앞다리 어깨뼈 안쪽에 있는 부위로 고기를 잘랐을 때 드러난 단면이 낙엽처럼 생겨 '낙엽살'이라고 부른다. 살 한가운데 힘줄이 박혀 있는 것이 특징이며 쫄깃하면서도 부드러운 육질이 특징이다. 돼지고기 힘줄에 콜라겐이 많기 때문에 피부미용에 신경 쓰는 여성이 먹으면 좋다.

돼지고기양념구이
고소하고 영양 풍부해 인기 최고

재료
돼지앞다리살 30g, 돼지목살 30g, 양파 10g, 파인애플 0.5g, 생강 0.5g, 마늘 1.5g, 대파 2g
양념장 : 매실청 1g, 물엿 2g, 청주 1g, 참기름 1g, 스테이크 소스 2g, 간장 2g, 고추장 10g, 고춧가루 1g, 후춧가루 0.05g

만드는 법
1 양파 1/2, 파인애플, 생강, 마늘은 손질해 믹서에 간다.
2 양파 1/2과 대파는 채 썬다.
3 분량의 양념장 재료를 섞는다.
4 1과 2에 양념장을 넣어 골고루 버무려 50분 정도 재운다.
5 볶음팬에 4를 넣고 볶는다.

03 14 Fri

Today's Recipe

뱅어포땅콩조림
키 쑥쑥, 뼈 튼튼! 칼슘 풍부한 **영양 반찬**

재료
뱅어포 8g, 땅콩 3g, 물엿 3g, 참깨 0.2g, 참기름 0.3, 청주 0.3g 맛술 0.3g

만드는 법
1. 뱅어포를 2x2cm 크기 정사각형으로 썰어 오븐에서 찜으로 쪄낸다.
2. 땅콩은 볶음 솥에서 살짝 볶아준다.
3. 2에 뱅어포를 넣어 버무린다.
4. 3에 참깨, 참기름을 넣어 마무리한다.

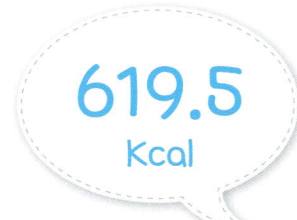

619.5 Kcal

오늘의 식단

혼합곡밥

햄모듬찌개

뱅어포땅콩조림

갑오징어숙회

미역/적·황파프리카

오이달래무침

방울토마토

오늘의 급식 이야기

뱅어 대신 실치로 만든 **뱅어포**

뱅어는 살이 투명한 생선이다. 그래서 한자로 白魚(백어)라 썼는데, 이것이 훗날 뱅어로 변했다. 뱅어는 하얀 국수 면발처럼 가늘어서 '실치'라고 부르기도 하는데, 사실 실치와 뱅어는 전혀 다른 물고기다.

실치는 '베도라치'라고 하는 생선의 치어다. 실치가 뱅어라는 이름으로 잘못 알려진 것은 갑작스러운 산업화로 뱅어가 우리나라에서 거의 사라졌을 무렵, 뱅어를 구하지 못한 생산업자가 실치로 포를 만들어 팔기 시작하면서 부터다. 그 이후 자연스럽게 실치포는 뱅어포라는 이름을 얻게 되었다. 그러니까 우리가 뱅어포로 알고 먹는 것은 사실은 실치포인 셈이다.

실치는 자타공인 칼슘의 왕이다. 칼슘 하면 제일 먼저 떠오르는 우유나 멸치보다 실치의 칼슘 함유량이 사실은 더 높다. 따라서 실치는 어린이 성장 발육을 돕고 뼈를 튼튼하게 만드는 데 큰 도움이 된다.

또 실치를 햇볕에 말리는 과정에서 칼슘과 인의 흡수를 돕는 비타민 D가 생성되기 때문에 실치를 포로 만들어 먹으면 칼슘 흡수율을 더욱 높일 수 있다. 실치는 고등어처럼 등 푸른 생선에 풍부한 오메가-3 지방산이 들어 있다. 오메가-3 지방산은 혈중 콜레스테롤 수치를 떨어뜨리고 두뇌 발달을 돕는 이로운 영양소다. 따라서 한창 공부해야 할 학생의 두뇌 발달을 돕고 집중력을 향상시키는 데도 매우 이로운 식품이다.

보통 실치는 말려서 포로 만들어 먹는데, 봄에 아주 잠깐 날 것으로 먹을 수 있는 시기가 있다. 바로 3~4월 크기가 작을 때다. 작은 실치는 살이 연하고 부드러워 회로 먹기에 적합하다. 각종 채소와 함께 새콤달콤하게 버무리면 고소한 맛이 일품이다. 5월로 넘어가면 실치의 뼈가 억세져 회로 먹을 수 없고 전부 햇볕에 말려 포로 만든다.

이렇게 만든 실치포는 기름에 살짝 볶아서 먹으면 밥반찬으로 아주 그만이다. 또 다시마를 비롯한 해조류나 각종 견과류를 넣고 짭조름하게 조림을 해 먹으면 씹는 맛도 좋고 다양한 영양소를 서로 보충할 수 있어서 더없이 좋다.

03 17 Mon

610.8 Kcal

오늘의 식단

차수수밥

냉이된장국

닭갈비

달걀찜

더덕유장구이

배추김치

포도

세계의 3대 진미

세계 3대 진미로 유명한 푸아그라, 캐비아, 트러플(송로버섯).

그중 거위 간 요리로 알려진 푸아그라는 '기름진 간'이라는 뜻으로 부드럽고 풍미가 강한 고급 음식이다. 푸아그라의 역사는 기원전 2500년 경 고대 이집트로부터 비롯됐다. 겨울이 되면 이집트 나일강변에는 추위를 피해 날아온 야생거위와 오리가 가득했는데, 겨울을 나고 북쪽으로 돌아가는 장거리 여행에 대비하기 위해 야생 철새들은 엄청난 양의 무화과를 먹었다. 이때 이집트 사람들은 거위들이 간에 살찌면서 지방질이 잔뜩 저장된다는 사실을 발견했고, 더 많은 지방간을 생산하기 위해 거위에게 강제로 무화과를 먹여 간에 지방을 축적하는 기술을 개발했다. 이것이 바로 오늘날 푸아그라의 기원이다. 처음 이 방법을 사용할 당시만 하더라도 기러기나 닭과 같이 다양한 가금류에 시도했지만 이후 사육하기 쉬운 오리와 거위에만 국한되었다. 결국 억지로 음식을 먹여 살을 찌운 푸아그라는 달팽이 요리와 함께 전 세계 미식가들로부터 호평을 받아 현재의 명성을 얻게 되었다. 그러나 거위 입에 깔때기를 꽂고 콩을 강제로 먹여 키운 지방간을 먹는다는 점에서 동물학대라는 비난도 있다.

캐비아는 철갑상어의 알이다. 주로 소금에 절여 병조림으로 가공돼서 나오는데 단백질이 30%, 지질이 20%나 되는 고열량 식품으로, 씹으면 고소하고 독특한 풍미가 있어 탄산이 있는 음식과 먹으면 더욱 맛있게 즐길 수 있다. 또 비타민이 풍부해 다이어트를 할 때 부족한 비타민을 보충할 수 있고, 필수 아미노산이 풍부하다. 철갑상어에서 알을 추출하는 과정은 어렵고 중요하다. 캐비아를 추출하기 위해서는 우선 살아 있는 철갑상어의 배를 갈라 얇은 막으로 쌓여 있는 알집을 꺼내야 한다. 보통 한 마리의 철갑상어에서 알이 차지하는 비중은 체중의 약 10% 정도. 철갑상어가 스트레스를 받으면 과도한 아드레날린이 분비되어 알에 영향을 미치기 때문에 조심스럽게 추출해야 한다. 이처럼 캐비아는 지구상에 존재하는 음식 가운데 가장 '섹시한 맛'이라 불리긴 하지만 채취하는 과정이 잔인해 푸아그라와 함께 동물학대의 논란이 되고 있기도 하다.

프랑스 루이 14세가 즐겼다는 트러플은 버섯이라 생각하기 어려운 흙덩이 같은 모양이지만 강하고 독특한 향을 가지고 있어 소량만으로도 음식 전체의 맛을 좌우한다. 인공 재배가 전혀 되지 않고 땅 속에서 자라나기 때문에 채취하기도 어렵다. 트러플을 채취할 때는 개와 돼지를 이용하는데, 예전에는 페로몬 성분에 민감한 돼지에게 냄새를 맡게 해 찾았으나 트러플을 좋아하는 돼지의 식욕 때문에 요즘은 주로 훈련된 개를 이용해 채취한다.

더덕유장구이
향긋한 더덕에 고소한 참기름 **맛이 일품**

재료
더덕 12g, 잘게 썬 실파 0.5g, 참깨 0.3g
유장 : 간장 3g, 참기름 0.5g, 카놀라유 0.5g, 매실청 1g

만드는 법
1 더덕은 반으로 갈라 부드럽게 두드린다.
2 분량의 재료를 섞어 유장을 만든다.
3 더덕에 유장을 발라 적당히 재운다.
4 3을 오븐에서 굽는다(190℃ 10분).
5 4에 잘게 썬 실파와 참깨를 뿌린다.

03 18 Tue

원추리고추장무침
쌉싸래한 봄나물 향이 식판에 솔솔

재료
원추리 20g, 깨소금 0.3g, 소금 약간
양념 : 고추장 3g, 고춧가루 0.5g, 국간장 1g, 매실청 0.5g, 참기름 1g

만드는 법
1 원추리는 깨끗이 손질한다.
2 끓는 물에 소금을 넣고 1을 살짝 데친 후 찬물에 담갔다 물기를 꼭 짠다.
3 2를 먹기 좋은 크기로 썬다.
4 분량의 양념 재료를 골고루 섞은 후 3을 넣고 버무린다.
5 4에 깨소금을 솔솔 뿌려 마무리한다.

오늘의 식단

녹두밥

육개장

삼치된장구이

미트볼가래떡조림

원추리고추장무침

채소샐러드

총각김치

배

641.9 Kcal

오늘의 급식 이야기
근심을 잊게 하는 원추리

원추리는 '넘나물'이라고도 하며 우리나라 산기슭에서 자라는 다년생 초본이다. 여름에는 꽃을 따서 술을 담그거나 김치를 담가 먹었고, 밥할 때 원추리 꽃을 넣어 향기가 나는 밥을 짓기도 했다.

원추리의 어린 순은 식감이 연하고 맛이 달착지근해 데쳐서 무쳐먹기에 좋다. 또 정월 대보름에 어린 순을 넣고 국을 끓여 먹기도 했는데, 원추리가 근심스러운 일을 모두 떨치게 해준다고 생각했기 때문이다. 실제로 원추리는 마음을 안정시키고 스트레스와 우울증에 좋다고 알려져 있다. 〈도경본초〉에는 원추리를 이용해 김치를 만들어 먹으면 오장을 편하게 하며, 몸이 가벼워지고 눈이 밝아진다고 기록되어 있다.

그러나 원추리에는 '콜히친'이라는 독성 성분이 들어 있는데 성장할 수록 콜히친이 많아져 독성이 강하게 나타난다. 따라서 원추리를 먹을 때는 어린 순만 채취해 끓는 물에 충분히 데친 후 다시 찬물에 2시간 이상 담갔다가 조리하는 것이 안전하다. 봄나물이 많이 나오기 시작하면 종종 봄나물 식중독에 걸리는 사람들이 뉴스에 나오곤 하는데, 많은 경우 원추리 나물 때문이다.

원추리 꽃을 먹을 경우 꽃이 피기 전에 봉오리를 수확하는 것이 가장 맛이 좋다. 원추리 꽃에는 카로틴 성분이 토마토보다 50배 넘게 들어 있어 노화 촉진과 암 발생 원인인 활성산소를 억제해 노화 방지와 암 예방에 좋다. 또 비타민 A, B, C가 풍부해 피부를 윤기 있게 만들고 피로 해소에 좋다. 원추리 꽃은 말려서 차로도 먹는다. 마실 때 원추리 꽃잎 2~3장을 찻잔에 담고 끓는 물을 부어 우려 마시면 향이 감미롭고 마음이 차분해진다.

> **여기서 잠깐!**
> **원추리의 꽃말을 아시나요?**
>
> 봄에는 어린 싹을, 여름에는 그 꽃을 따 김치나 나물로 먹는 원추리는 '망우초(忘憂草)'라고도 부른다. 근심을 잊을 만큼 아름다운 꽃을 피운다고 하여 붙은 이름. 그래서 원추리의 꽃말도 '지극한 사랑'이다. 하지만 이 꽃은 보통 하루에 한 송이씩 피고, 그날 피었던 꽃은 저녁이면 시들어 그 아름다움을 쉽게 잃는다. 그 아름다움이 하루를 넘지 못한다고 하니 괜스레 서글픈 마음이 드는 것도 사실. 원추리의 영어 이름이 'a day lily(하루 백합)', 학명이 '하루의 아름다움'이란 뜻을 가진 'Hemerocallis'인 것도 그런 이유에서 비롯된 게 아닐까 하는 추측을 해볼 수 있다. 원추리는 '득남초'나 '의남초'라는 이름으로도 불린다. 예부터 '꽃을 몸에 지니고 다니면 아들을 낳을 수 있다'는 속설이 있어 지어진 이름이다. 실제로 원추리는 자양강장 효과가 뛰어나니 속설이 사실일 가능성도 크다.

03 19 Wed

632.2 Kcal

오늘의 식단

이천영양밥

숭늉

수원갈비구이

하남부추무침

양평모듬버섯볶음

강화순무김치

먹골배

Today's Recipe

수원갈비구이
소금 양념으로 깔끔한 맛이 일품!

재료
한우 소갈비 90g, 배 3g, 양파즙 3g, 다진 파 1g, 다진 마늘 1g, 생강 0.3g, 맛술 0.3g, 청주 0.3g, 파인애플(생과) 1g, 파인애플 통조림 2g, 매실청 0.3g, 참기름 1g, 송송 썬 실파·소금·후춧가루·참깨 약간씩

만드는 법
1. 한우 소갈비는 4×5×0.5cm 크기로 썬다.
2. 손질한 갈비는 찬물에 30분 정도 담가 핏물을 뺀다.
3. 파인애플(생과)은 껍질을 벗기고 적당한 크기로 자른다.
4. 양파, 배는 소독하여 세척하고 배는 껍질을 벗긴다.
5. 파인애플(생과), 양파, 배, 파인애플 통조림을 믹서에 간다.
6. 2의 갈비를 키친타월로 꾹꾹 눌러 물기를 제거한 후 5의 과일즙을 1/2만 갈비에 넣어 30분 정도 재워둔다.
7. 나머지 과일즙에 다진 마늘, 다진 파, 생강즙, 맛술, 청주, 참기름, 소금, 후춧가루를 넣고 고루 섞어 양념장을 만든다.
8. 6에 7의 양념장을 넣고 손으로 조물조물 무쳐 30분 정도 다시 재워둔다.
9. 볶음 솥에 8을 넣고 뚜껑을 열고 조금씩 조리듯이 굽는다.
10. 갈비가 완성되면 송송 썬 실파와 참깨를 뿌린다.

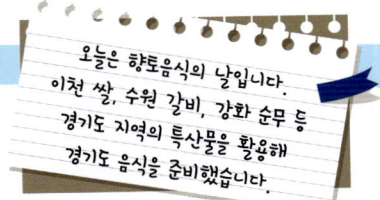

오늘은 향토음식의 날입니다.
이천 쌀, 수원 갈비, 강화 순무 등
경기도 지역의 특산물을 활용해
경기도 음식을 준비했습니다.

각양각색 경기도 음식

경기도 음식은 대체적으로 소박하고 수수하며, 양념을 많이 쓰지 않고 양은 푸짐한 편이다. 경기도는 지리적으로 서울을 둘러싸고 있을 뿐 아니라 강원도, 충청도, 황해도와 접하고 있어 접하고 있어 각 지방의 다양한 음식이 유입되어 경기도 향토 음식으로 동화되거나 다시 전국적으로 퍼져나갔는데 대표적인 경기도 음식으로는 이천 영양밥과 수원 갈비가 있다.

이천 영양밥은 비옥한 평야와 구릉으로 이루어진 경기도 이천에서 생산된 이천 쌀과 이천에서 생산되는 각종 식재료를 돌솥에 넣고 만든 음식. 특히 이천에서 생산된 쌀은 조선시대 성종이 여주 세종 영릉에 성묘하고 돌아가던 중에 이천에서 수라를 들고 밥맛을 칭찬하면서 '진상미'가 되었다고 전해진다. 또 이천 쌀은 물, 기후, 토질 등 좋은 조건에서 재배되어 맑고 투명하며 일반 쌀에 비해 니아신, 칼륨 등이 많이 들어 있어 영양도 뛰어나다.

수원 갈비는 화성 축조를 위해 팔도의 사람들이 모여들면서 자연스레 조선 최대의 우시장이 생겨났는데, 화춘옥이라는 식당에서 해장국에 갈비를 푸짐하게 넣어 팔다가 갈비를 소금에 재워서 숯불에 구운 요리를 선보인 것이 시초다. 간장 대신 소금으로 양념한 갈비가 입소문이 나면서 많은 갈비집들이 등장했고, 1985년에는 수원 갈비가 향토음식으로 지정되기에 이르렀다.

이 외에도 대표적인 경기도 향토음식으로 조랭이떡국, 개성 편수, 공릉 장국밥, 여주 산병, 개성 우매기, 이천 게걸무김치 등이 있다.

03 20 Thu

오늘의 식단

보리밥

바지락순두부찌개

갈비김치찜

늙은호박전

김자반

돌나물사과무침

포도

635.3 Kcal

3월 22일 '세계 물의 날'

물은 인류가 살아가는 데 있어 꼭 필요한 요소다. 그러나 최근 인구와 경제활동의 증가로 수질이 오염됨에 따라 전 세계적으로 먹는 물이 부족해졌고, UN은 물의 소중함을 일깨우기 위해 매년 3월 22일을 '물의 날'로 지정했다.

UN은 1960년대부터 세계 물 문제 해결을 위한 노력을 기울여왔다. 1965년부터 국제 수문 10개년 사업을 벌여 세계 수자원의 개발과 관리 방안을 조사했으며, 1967년에는 세계 물 평화회의, 1972년에는 민간 환경회의를 열었다. 1977년에는 수자원회의 개최로 '국제 음용수 공급 및 위생설비 보급 10개년 계획'을 실시했다. 이어 1992년 12월, 날로 심각해지는 물 부족과 수질오염을 방지하고 물의 소중함을 되새기기 위해 제47차 UN 총회에서 매년 3월 22일을 '세계 물의 날'로 제정하고 선포, 각국의 동참을 요구했다.

UN이 세계 물의 날을 제정하면서 세운 목표는 '식수공급과 관련된 문제의 인식', '수자원의 보존과 식수 공급의 중요성에 대한 인식의 증대', '세계 물의 날 행사와 조직과정에 있어 정부, 국제기구, 비정부기구 및 민간 부분의 참여와 협력 증진'이다. 우리는 아직까지 물을 쉽게 구하고 쓸 수 있지만, 우리나라처럼 물을 쉽게 구할 수 있는 나라는 많지 않다. 중동이나 북아프리카와 같은 사막 지형이 많은 곳은 물 부족이 심해 많은 이가 고통에 시달리고 있다. 마실 물이 없어 수십 리를 걸어 하루 먹을 물을 길어오는 사람도 있고, 동물의 배설물이 섞인 물을 어쩔 수 없이 마셔야 하는 사람도 있다. 실제로 아프리카는 기근보다 물로 인한 생명의 위협이 더욱 크다고 한다. 깨끗한 물만 마셔도 고통은 줄어들고 사망률도 현저히 낮아지기 때문에 많은 구호 단체에서는 물 부족 국가에 우물 만들기 프로젝트를 실시하고 있다.

무한한 자원인 줄 알았던 물. 매일 물의 소중함을 느낄 순 없겠지만 적어도 '물의 날' 만큼은 지구촌 곳곳에서 벌어지고 있는 물 부족 현상과 수질오염의 심각성을 깨닫고 물이 우리 삶에서 얼마나 소중한지 한 번 되새겨 보는 건 어떨까.

Today's Recipe

돌나물사과무침
사과가 아삭아삭 새콤달콤 봄나물

재료
돌나물 6g, 사과 15g, 참기름 0.3g, 참깨 0.2g
양념 : 국간장 0.6g, 멸치액젓 0.6g, 고춧가루 1g, 설탕 0.5g, 레몬즙 0.5g, 매실청 0.3g

만드는 법
1 돌나물은 소독해 깨끗이 씻는다.
2 사과는 소독해 세척한 후 0.5x2cm 크기로 껍질째 채 썬다.
3 분량의 재료를 섞어 양념을 만든다.
4 1과 2에 양념을 넣고 살살 버무린다.
5 4에 참기름과 참깨를 넣어 마무리한다.

여기서 잠깐! 알칼리수 vs. 산성수

+ **체내에 과잉 생성된 활성산소를 말끔히 씻어주는 '알칼리수'** – 체내에 과잉 생성된 활성산소는 몸속에서 산화 작용을 일으켜 세포를 손상시키고 노화와 암, 아토피피부염 같은 질병을 일으키는 원인이 된다. 알칼리수는 물을 전기분해해서 생기는 pH 7.5~10의 알칼리성을 띤 물로, 체내에 빨리 흡수되고 환원 작용을 돕기 때문에 활성산소를 배출하고 신진대사를 활발하게 만든다.

+ **피부 재생과 오염 물질 제거에 탁월한 '산성수'** – 산성수에는 염소, 인, 황 등의 미네랄이 들어 있어 살균 효과가 크다. 따라서 산성수로 몸을 씻으면 피부 재생을 돕고 피부 질환을 예방할 수 있다. 또 도마, 식기, 행주 등을 씻을 때 사용하면 일반 물보다 더 큰 살균 효과를 볼 수 있다.

03 21 Fri

620.0 Kcal

오늘의 식단

검정콩밥

대구탕

찹쌀등심탕수육

마늘종새우볶음

콩나물무침

배추김치

멜론

100세까지 건강하게 어식백세

대구탕
담백하면서도 속 시원해지는 맛

재료
대구살 50g, 무 20g, 미더덕 10g, 양파 5g, 파 2g, 미나리 2g, 청·홍고추 각각 0.6g씩, 다시마 2g, 소금(천일염) 2g, 식초 1g
양념 : 다진 마늘 1g, 다진 생강 0.3g, 고춧가루 2g, 맛술 1g, 새우젓 1g, 국간장 1g

만드는 법
1 대구살은 깨끗이 씻어 소금과 식초를 넣은 물에 담가 비린내를 제거한 후, 타공 팬에 담아 물기를 뺀다.
2 다시마를 우려 다시마 국물을 만든다.
3 무, 양파, 미나리, 파, 청·홍고추는 세척해 먹기 좋은 크기로 썬다.
4 미더덕은 손질한 후 깨끗하게 씻는다.
5 2의 육수가 끓으면 1, 3(미나리와 청·홍고추 제외), 4와 양념의 1/2를 넣고 끓인다.
6 5가 적당히 끓었으면 청·홍고추와 나머지 양념을 넣고 끓인다.
7 6에 미나리를 넣고 불을 끈다.

'어식백세(魚食百歲)'는 '100세까지 우리 수산물을 먹으며 건강하게 살자'는 건강 캠페인이다. 최근 일본 후쿠시마 원전 사고로 일본 수산물에 대한 방사능 유출 논란이 지속되고 있는 가운데, 국내 수산물도 안심할 수 없다는 목소리도 있지만 영양분이 풍부한 생산과 수산물은 성장기 학생은 물론 성인들에게 꼭 필요한 식품이다.

무병장수는 모든 이의 소망이다. 그러나 조선왕조실록에 의하면 조선시대 왕들의 평균 수명은 44세로 기록돼 있다. 가장 오래 산 왕은 82세까지 산 영조였고, 그 다음으로 태조가 73세까지 장수했다. 세종대왕도 53세로 승하해 장수한 왕으로 손꼽힌다. 불로초를 구하던 진시황도 49세까지 밖에 살지 못했다. 세상의 가장 좋은 것을 누리고 살았던 이들도 백세까지 사는 것은 무리였나 보다. 어떻게 하면 백세까지 무병장수할 수 있을까.

초식을 주로 하는 동물의 수명은 30~60년이지만, 육식을 주로 하는 사자나 호랑이 등은 10~15년밖에 살지 못한다. 반면, 물고기를 주로 먹는 두루미나 학의 수명은 90년, 거북이는 150년 이상을 살고 고래 또한 70년까지 산다고 한다. 몇 년 전에는 물속의 미생물이나 해초류 등을 먹고 사는 조개 중에서 507년 된 것이 발견되어 화제가 되기도 했다.

바닷속에는 2만여 종의 물고기가 서식한다. 이 중 식용하는 것은 300여 종. 우리나라 밥상에는 150여 종의 물고기가 오른다. 여기에 조개류, 갑각류, 연체류 등 수산물까지 포함하면 그 종류는 상당히 많다. 생선을 비롯한 수산물은 간단하게 삶거나 굽는 정도로도 충분히 본연의 맛을 살릴 수 있다. 날 것으로 먹고 삶아 먹고 구워 먹고 튀겨 먹고, 바람에 말리거나 소금에 절여서 먹기도 한다.

생선을 비롯한 수산물이 이렇게 사랑받는 이유는 맛도 맛이지만, 양질의 영양소를 함유하기 때문이다. 두뇌 발달에 좋은 DHA와 EPA를 다량 함유하며 양질의 단백질과 비타민이 들어 있어 기력 회복과 성인병 예방에도 좋은 효과를 볼 수 있다.

종류가 많은 만큼 맛도 영양도 다양한 생선과 그 밖의 수산물. 백세까지 건강하게 살고 싶다면 우리 몸에 이로운 수산물을 가까이 하자.

03 24 Mon

오늘의 식단

잡곡밥

북엇국

닭강정

꼬막살무침

숙주나물무침

미나리무침

배추김치

파인애플

622.1 Kcal

오늘의 급식 이야기

개펄의 보약
꼬막

꼬막은 조개 특유의 풍미와 쫄깃한 살을 떼어 먹는 재미가 있어 많은 사람이 좋아하는 식재료다. 특히 11월에서 이듬해 4월까지가 제철이다. 전남 순천만과 보성만에서 국내 유통량의 절반 이상이 생산되는데, 다른 곳에 비해 벌교 꼬막이 맛있는 이유는 벌교의 물이 깊고 개펄이 차지기 때문이다.

고단백 저지방의 알칼리성 식품인 꼬막에는 필수아미노산이 풍부하고, 히스티딘과 니아신 성분이 많이 함유되어 있다. 특히 철분과 천연 헤모글로빈이 풍부해 빈혈 증상이 나타나기 쉬운 여성에 아주 이로운 식품이다. 또 저지방, 저칼로리 식품으로 다이어트에 도움이 되며 소화 흡수가 잘되기 때문에 회복기 환자를 위한 영양식으로도 좋다. 칼슘도 풍부하게 들어 있어 성장기 학생들이 먹으면 좋은 효과를 볼 수 있다.

꼬막이라고 해서 다 같은 꼬막이 아니다. 참꼬막은 껍데기 줄이 17~20개, 새꼬막은 30개 안팎, 피꼬막은 40개 정도다. 새꼬막은 1~2년이면 먹을 수 있지만, 참꼬막은 성장이 더뎌 적어도 3년은 지나야 맛을 볼 수 있다. 참꼬막은 살이 야들야들하면서도 쫄깃해 씹는 맛이 좋다. 반면 새꼬막은 좋게 말하면 참꼬막보다 차지고, 나쁘게 말하면 조금 질기다. 겉보기엔 골이 얕고 깨끗한 새꼬막이 더 맛있어 보이지만 맛은 참꼬막이 훨씬 좋다. 그래서 벌교 사람들은 새꼬막은 꼬막으로도 치지도 않는다. 새꼬막을 '개꼬막'이나 '똥꼬막'이라 부를 정도라고.

꼬막은 어떻게 삶느냐에 따라 맛이 천지 차이가 난다. 꼬막은 적당히 씻어 소금물에 두어 시간 정도 해감하면 된다. 해감하는 시간이 길어지면 꼬막 특유의 맛이 덜하기 때문에 물에 오래 담가두면 안 된다. 또 꼬막을 삶을 때는 찬물이나 뜨거운 물에 바로 넣으면 식감이 좋지 않다. 물이 끓으면 찬물을 조금씩 넣어 온도를 조금 낮춘 후 해감한 꼬막을 넣고 3~5분간 서서히 익힌다. 삶다가 보면 한두 개 정도 입을 벌리는 데, 그때 바로 불을 끄고 체에 밭친 다음 상온에서 식힌다.

잘 삶은 꼬막을 쉽게 까는 방법이 있다. 꼬막의 두 껍질이 벌어진 부분을 손으로 잡고, 젓가락 하나를 껍데기가 맞붙어 있는 뒷부분에 끼운 다음 한쪽으로 슬쩍 비튼다. 그러면 연결 부분이 떨어지면서 쉽게 꼬막을 맛볼 수 있다. 따끈한 꼬막은 그대로 먹어도 맛있고, 좀 식힌 후에 간장 양념을 해 밥반찬으로 먹어도 좋다.

꼬막살무침
쫄깃쫄깃 씹는 맛이 좋아

재료
꼬막살 15g, 오이 10g, 양파 3g, 당근 3g
양념장: 다진 파 0.5g, 다진 마늘 0.5g, 매실청 0.5g, 고춧가루 0.4g, 간장 2g, 참기름 0.4g, 참깨 0.1g

만드는 법
1. 꼬막살은 끓는 물에 데쳐 물기를 뺀다.
2. 양파, 오이, 당근은 깨끗이 씻어 곱게 채 썬다.
3. 분량의 양념장 재료를 섞는다.
4. 데친 꼬막 위에 3의 양념장을 얹는다.

03 25 Tue

632.9 Kcal

오늘의 식단

현미밥

쇠고기콩나물국

비엔나양송이볶음

깐쇼새우

방풍나물무침

배추김치

배

오늘의 급식 이야기
풍을 예방하는 방풍나물

방풍은 풍을 예방하는 효능이 뛰어나다고 해서 붙여진 이름으로 원래 이름은 갯기름나물이다. 방풍은 미나리과의 다년초 식물로 성질이 따뜻할 뿐만 아니라 맛이 달고 독이 없어 식용으로 널리 쓰인다. 또 방풍은 중풍을 예방할 뿐 아니라 피부질환, 감기, 관절염, 신경성 질환에도 뛰어난 효능이 있어 한약재로도 많이 이용한다. 열이 많은 사람에게는 열을 내려주고, 호흡기 질환이나 기관지염에도 효과가 탁월해 특히 성장기 학생들이 자주 섭취하면 도움을 받을 수 있다.

방풍은 쌉싸래하면서도 특유의 독특한 향기가 뛰어나 고기를 먹을 때 상추나 쑥갓과 함께 쌈으로 먹으면 고기의 누린내를 없애 음식 맛을 더욱 좋게 한다. 또 연한 잎은 날것으로 먹기도 하고 생선회에 곁들이거나 샐러드, 비빔밥, 무침, 볶음 등으로 먹는다.

방풍이 많이 나는 강릉에서는 겨울에 어린잎을 뜯어다가 방풍죽을 끓여 먹었다고 한다. 허균의 〈도문대작〉에 "방풍나물로 죽을 끓여 먹으면 입안에 향미가 가득해 사흘이 지나도록 가실 줄 모른다"고 적혀 있을 만큼 그 맛이 뛰어나다. 최근에는 방풍나물의 효능이 알려지면서 방풍떡, 방풍나물장아찌, 방풍나물두부, 방풍나물식혜, 방풍나물효소 등 다양한 요리로 접할 수 있게 되었다.

방풍나물 열매는 술을 담가 먹으며 뿌리는 한약재로 이용한다. 방풍 뿌리는 주로 가을에 캐 햇볕에 말려서 쓰는데 방풍의 에탄올 성분이 심한 감기 증상을 치료하는 데 도움을 준다. 또한 통증을 가라앉히는 데 쓰이며 호흡기에 좋아 황사 대비 식품으로 사용한다. 방풍을 달여 하루에 세 번 복용하면 중풍 예방과 두통을 진정시키는 효과를 볼 수 있다.

Today's Recipe
방풍나물무침
먹고 나면 입안에 **봄 냄새가 가득**

재료
방풍나물 20g, 깨소금 0.2g
양념 : 된장 1g, 고추장 1g, 들기름 0.7g, 다진 마늘 0.3g, 다진 파 0.3g

만드는 법
1 방풍나물은 손질해 깨끗이 씻어 데친 후 물기를 뺀다.
2 분량의 양념 재료를 섞는다.
3 1에 2를 넣고 살살 버무린 후 깨소금을 뿌린다.

여기서 잠깐! 허균을 감동시킨 방풍죽

방풍죽은 김장김치가 맛있게 익는 겨울에 어린 방풍의 새순을 뜯어 끓인 음식이다. 강릉에서 많이 끓여 먹는다고 해 강릉방풍죽이라고도 부른다. 방풍죽에 대한 이야기는 조선시대 허균이 지은 〈도문대작〉에 잘 기록되어 있다. 소문난 미식가로 알려진 허균이 여러 음식 중에 진미로 손꼽은 음식이 방풍죽이다. 허균의 외가는 방풍이 많이 나는 강릉이다. 2월이면 강릉 사람들은 이슬을 맞으며 새벽에 나가 막 돋아난 방풍의 새순을 뜯어 방풍죽을 끓여 먹었다고 한다. 방풍죽은 곱게 찧은 쌀로 끓이는데, 쌀이 반쯤 익으면 방풍의 새순을 넣고 더 끓인 후 차가운 사기그릇에 담아서 반쯤 식었을 때 먹는다. 이렇게 끓인 방풍죽은 향기가 뛰어나 사흘이 지나도 그 향이 입안에 가득하다고 한다.

농식품종합정보시스템에 보면 강원도 향토음식의 하나인 방풍죽 만드는 법이 자세히 나와 있다. 방풍을 깨끗이 씻어 국물을 우려낸 뒤 물은 그대로 두고 방풍만 건져내어 채 썬다. 쌀은 방풍을 삶아낸 물에 끓인다. 쌀이 퍼지면 덧물을 붓고 잘 저어주며 한소끔 끓이면서 고명으로 쓸 방풍만 남겨 두고 나머지를 넣어 끓인다. 그릇에 담은 뒤 채 썬 방풍을 고명으로 얹어 소금을 곁들여 먹으면 된다.

712.8 Kcal

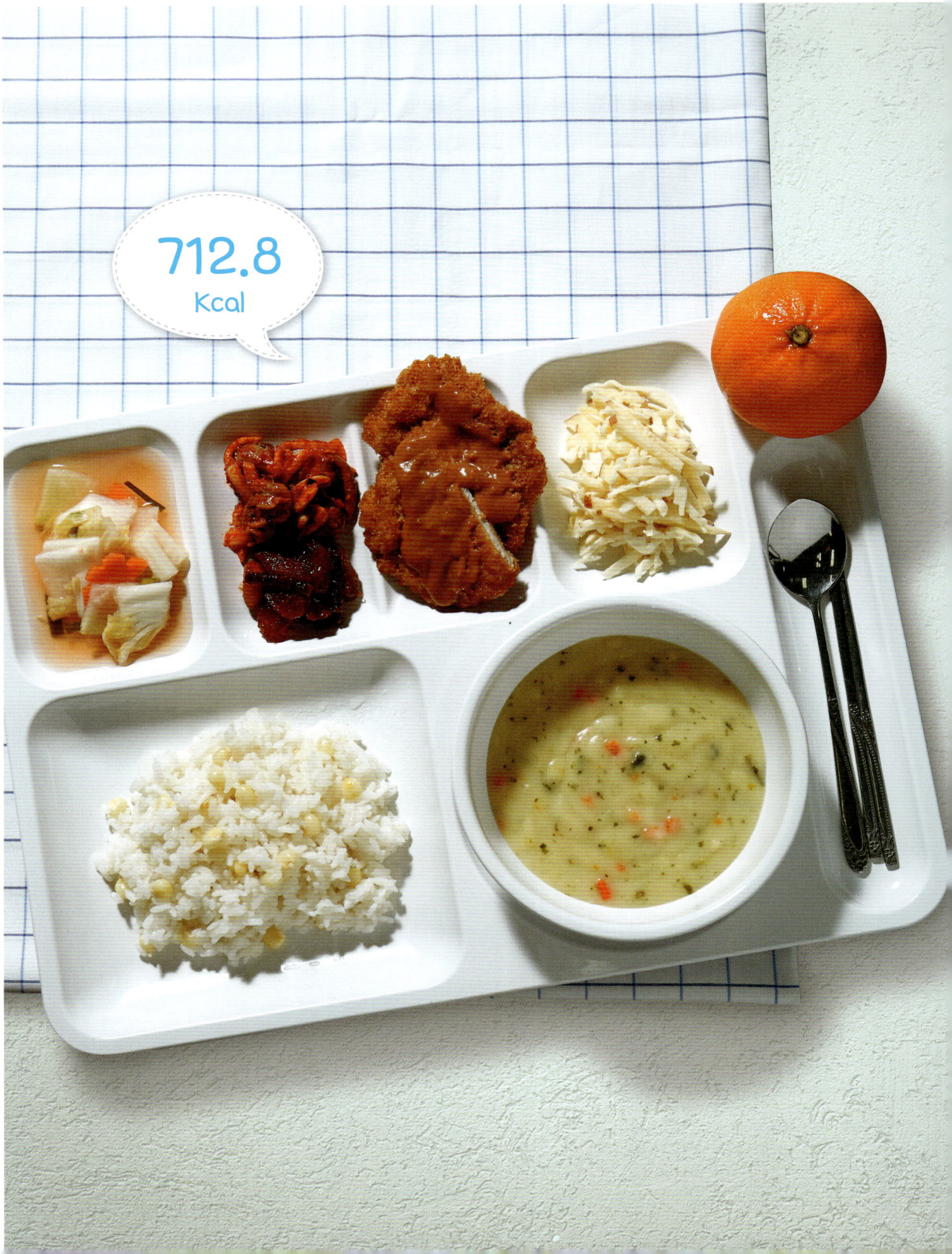

옥수수밥

채소크림스프

수제등심돈가스

골뱅이무침

모듬장아찌

나박김치

귤

기다림의 맛 장아찌

장아찌는 기다림이 필요한 음식이다. 프랑스의 인류학자 레비스트로스는 동양 3국 음식의 특징을 이렇게 설명했다. 중국음식은 '불', 일본음식은 '칼', 한국음식은 '발효', 즉 곰삭힘이라는 것이다. 이처럼 한국의 전통음식은 김치를 비롯해 고추장·된장과 같은 장류, 젓갈류, 식초류, 장아찌에 이르기까지 대부분 발효식품이다.

우리 선조들은 제철 식재료가 가장 맛있는 계절에 식재료를 채취해 장아찌로 만들어 영양소 손실 없이 먹을 수 있도록 지혜를 발휘했다. 날로 먹는 채소라면 무엇이든 장아찌의 재료가 될 수 있지만 수분이 많고 섬유소가 적은 것은 절임이 잘 안 되거나 맛이 덜할 수 있으니 주의해야 한다.

장아찌 재료로 가장 많이 쓰이는 채소는 무, 오이, 풋고추, 마늘, 마늘종, 깻잎, 더덕, 도라지, 고춧잎, 무말랭이, 콩잎, 표고버섯, 송이버섯 등이다. 채소 외에 김, 미역, 다시마 등의 해초와 굴비, 북어 등의 해산물 그리고 두부와 각종 묵으로도 장아찌로 만들어 먹을 수 있다.

특별한 장아찌도 있다. 대부분 특산물을 이용한 것인데 감이 많이 나는 고장에서는 덜 익은 감을 고추장에 박아 감장아찌를 만들어 먹었고, 더덕이 많이 나는 지방에서는 더덕장아찌를 만들어 먹는 식이다. 그밖에 토마토, 사과, 참외 등 이색적인 장아찌도 많다.

장아찌는 간단해 보여도 손이 많이 가는 음식이다. 가장 만들기 쉽다는 무장아찌만 해도 제대로 만들려면 3년을 기다려야 한다. 가을에 거둬들인 무를 소금에 절여 독에 담아 겨울을 난 뒤 이듬해 봄에 꺼내서 고추장이나 된장에 박는다. 두세 달 지나면 무에서 나온 물이 독에 괴는데, 이때 물은 따라 버리고 무는 다시 새 장에 박아 남아 있던 수분과 소금기가 완전히 빠져나오게 한다. 그러는 사이 다시 가을이 되면 또 건져내 다시 새 장에 박아 겨울을 난다. 이렇게 장을 세 번씩 바꿔가며 익혀낸 무장아찌는 꼬들꼬들하면서도 깊은 풍미가 있다. 또 몇 년을 놔두어도 색과 맛이 변하지 않고 그 풍미가 더욱 깊어진다. 보통 장아찌를 먹을 때는 다진 마늘이나 참기름을 넣어 무쳐 먹는데, 제대로 발효시킨 장아찌는 오히려 아무런 양념을 하지 않고 먹어야 그 맛을 제대로 느낄 수 있다.

수제등심돈가스
바삭한 튀김옷 속에 돼지고기가 쏘옥

재료
돼지고기 등심(돈가스 용) 45g, 생빵가루 7g, 건빵가루 7g, 식용유 3g
밑간 : 밀가루 3g, 치킨 파우더 5g, 달걀 12g, 우유 3.5g, 다진 마늘 0.3g, 청주 0.5g, 생강 0.1g, 후춧가루 0.05g

만드는 법
1. 돼지고기 등심은 핏물을 제거한 후, 분량의 재료로 밑간해 24시간 숙성시킨다.
2. 1에 생빵가루와 건빵가루를 섞어 골고루 입힌다.
3. 2를 175~180℃의 식용유에서 노릇하게 튀긴 후 기름을 뺀다.

03 27 Thu

냉이전
향긋한 냉이가 고소한 전으로 탄생

재료
냉이 12g, 부침가루 10g, 밀가루 2g, 물·식용유 적당량

만드는 법
1 냉이는 다듬어 깨끗이 씻은 후 먹기 좋은 크기로 썬다.
2 부침가루, 밀가루, 물을 섞어 반죽을 만든다.
3 1과 2를 골고루 섞는다.
4 팬에 식용유를 두르고 3을 한 숟가락씩 올려 노릇하게 부친다.

오늘의 식단

633.4 Kcal

 율무밥

 꽃게탕

 쇠고기버섯볶음

 냉이전

 양배추깻잎무침

 깍두기

 토마토

오늘의 급식 이야기
음식 맛을 좌우하는 조리공식

음식은 개인의 미각, 음식의 온도, 조리 방법, 딱딱한 정도, 후각 성분 등 여러 요소에 의해 맛이 좌우되는 종합 과학이다. 특히 아무리 맛깔나게 차려진 음식이라도 온도가 맞지 않으면 맛은 반감된다. '밥은 봄처럼, 국은 여름처럼, 장은 가을처럼, 술은 겨울처럼'이라는 속담이 있듯이 모든 음식은 적정 온도일 때 최적의 맛을 낸다.

따라서 따뜻한 음식은 60~70℃, 차가운 음식은 5~12℃ 정도를 유지하는 것이 좋다. 또 쓴맛은 40~50℃, 짠맛은 30~40℃, 매운맛은 50~60℃, 단맛은 30~40℃, 신맛은 35~40℃일 때 가장 제 맛을 낸다고 한다. 냉장 주스는 8~10℃, 우유는 5℃가 적정하다. 물은 10~15℃에서 목 넘김이 좋고 맛있게 먹을 수 있다. 과일은 대개 미지근한 온도보다 시원한 온도에서 더 달게 느껴진다. 하지만 온도가 너무 낮으면 단맛은 덜 느껴지고 차가운 자극이 다소 불쾌하게 느껴지므로 주의해야 한다.

대체로 온도가 상승하면 단맛은 증가하고 쓴맛은 감소한다. 특히 요리의 맛을 결정하는 데 기본이 되는 짠맛은 온도가 올라갈수록 약하게 느껴지고 식으면 강하게 느껴지기 때문에, 찌개나 국이 뜨거울 때 간을 맞추면 음식이 식었을 때 짜게 느껴지므로 조리 시 간을 싱겁게 맞추는 것이 좋다.

조리할 때 들어가는 양념에도 숨은 비밀이 있다. 설탕은 조리 시 설탕 분자로 나뉘는데 재료를 부드럽게 하고 다른 양념들이 잘 스며들게 하는 효과가 있기 때문에 제일 먼저 넣는 것이 좋다. 소금은 나트륨 이온과 염소 이온으로 나뉘는데 식품 속의 수분을 밖으로 내보내고 단단하게 굳히는 효과가 있기 때문에 소금을 먼저 넣게 되면 다른 양념이 잘 스며들기 어렵다. 또 식초는 단백질을 응고시키고 가열하게 되면 산미가 날아가므로 처음에 넣는 것은 좋지 않다.

간장은 콩이 발효하여 나는 맛 성분과 향이 있어 음식의 맛을 더욱 감칠맛 나게 한다. 된장에는 미생물이나 유익한 발효균이 들어 있고 구수한 향이 있으므로 너무 오래 가열하는 것보다 마무리 단계에서 넣고 살짝 끓이는 것이 좋다. 참기름은 일반적으로 맨 마지막에 넣어야 맛과 향을 살릴 수 있다. 하지만 수분 함량이 높은 채소나 나물류는 설탕이나 소금을 먼저 넣으면 수분이 빠져나와 참기름이 잘 배지 못하므로 참기름을 먼저 넣고 무쳐야 한다. 따라서 양념은 설탕-소금-식초-간장-된장-참기름 순으로 넣어 조리하는 것이 좋다.

03 28 Fri

오늘의 식단

658.9 Kcal

기장밥

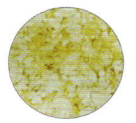
근대된장국

표고피망볶음

도라지강정

유부조림

달래봄동겉절이

경단

딸기

Today's Recipe

재료
도라지 20g, 튀김가루 4g, 식용유 2g
소스 : 고추장 3g, 물엿 2g, 매실청 1.5g, 물 8g

만드는 법
1 도라지는 4cm 길이로 잘라 30분간 소금물에 담가 쓴맛을 제거한다.
2 1의 도라지를 주물러 씻은 후 물기를 제거하고 튀김가루를 묻힌다.
3 180℃의 식용유에서 2를 바삭하게 튀긴다.
4 분량의 소스 재료를 고루 섞는다.
5 튀긴 도라지를 4에 넣고 살살 버무린다.

도라지강정
강정 양념으로 감칠맛이 일품!

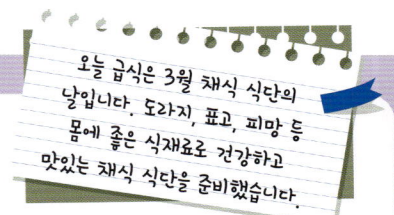

오늘 급식은 3월 채식 식단의 날입니다. 도라지, 표고, 피망 등 몸에 좋은 식재료로 건강하고 맛있는 채식 식단을 준비했습니다.

채식으로 환경도 건강하게!

채식 식단은 건강한 식생활뿐 아니라 환경오염을 줄일 수 있는 1석2조의 식단이다. 고기 1kg을 얻으려면 소·돼지에게 곡물 8~10kg이 필요하고, 고기 1kg을 얻는 데 발생하는 이산화탄소량은 자동차가 250km를 운행하며 발생하는 양과 같으며, 가축을 기르는 목장에서 발생하는 가축의 배설물, 항생제 사용 등에 따른 오염은 전 인류가 활동하며 배출하는 오염수보다 더 많은 양이다. 따라서 육류 대신 채식을 위주로 한 식사를 하면 가축 사육으로 발생하는 환경오염을 줄일 수 있다.

한국은 세계적으로 채소 섭취량이 높은 국가에 해당하는데 최근에는 채식 열풍까지 더해져 채식에 대한 관심이 더욱 높아지고 있다. 채식주의에도 등급이 있는데 가장 엄격한 채식주의자를 일컫는 비건(vegan)은 달걀, 우유, 벌꿀 등 모든 동물성 식품을 식단에서 배제한 사람들을 일컫는다. 그 다음이 유제품은 먹는 락토(lacto), 동물의 알은 먹는 오보(ovo), 그 아래 단계가 달걀과 우유, 치즈, 요구르트 등 유제품까지 먹는 락토오보(lacto-ovo), 페스코(pesco)는 생선까지 먹는 채식주의자를 일컫는다. 국내 채식주의자들은 대부분 락토 또는 락토오보에 속한다.

그렇다면 채식을 하면 우리 몸에는 어떤 점이 좋은 것일까? 채식주의자들이 손꼽는 첫 번째 장점은 건강 유지와 질병 예방·치유다. 채식에는 동물성 식재료가 함유하고 있는 유해 성분이 없으며, 체내 독소를 제거해주는 역할을 한다는 것. 두 번째는 자연의 맛을 즐길 수 있다는 점이고, 세 번째는 환경오염을 줄일 수 있다는 점을 꼽을 수 있다.

03 31 Mon

628.8 Kcal

오늘의 식단

통밀차조밥

얼큰쇠고기뭇국

임연수어양념구이

연두부/양념장

시금치양파무침

배추김치

포도

껍질이 고소한 임연수어

임연수어양념구이
껍질은 고소, 살은 담백한 일등 **밥반찬**

재료
임연수어 50g, 식초 2g, 참깨 0.2g,
허브솔트·후춧가루·올리브유 적당량
양념 : 간장 2g, 고추장 3g, 케첩 3g,
매실청 0.5g, 청주 0.5g, 다시마 국물 6g,
다진 마늘 05g, 생강즙 0.5g, 참기름 0.3g

만드는 법
1 임연수어는 깨끗이 씻어 식촛물에 담갔다 물기를 뺀다.
2 1에 허브솔트와 후춧가루를 뿌리고 올리브유를 바른다.
3 2를 오븐에서 애벌구이(195℃ 15분) 한다.
4 분량의 양념 재료를 섞어 냄비에 넣고 끓인다.
5 3에 4를 골고루 바른다.
6 5를 오븐에서 2차 구이(150℃ 5분)한 후, 참깨를 뿌린다.

임연수어는 이면수, 새치, 가르쟁이라고도 불리는 생선이다. 한자는 임연수어(林延壽魚)이지만, 〈신증동국여지승람〉에는 한자어로 음이 같은 임연수어(臨淵水魚)라고 기록되어 있으며, 〈전호지〉에는 이면수어(利面水魚)라 하였다. 〈난호어목지〉에는 임연수(林延壽)라는 사람이 이 고기를 잘 낚았다고 하여 그의 이름을 따서 임연수어(林延壽魚)라 적고, 한글로 '임연슈어'라 한다고 기록하고 있다. 임연수어 새끼는 청색을 띠기 때문에 일본에서는 '홋케'라고 하는데, 한자는 고기 어(魚)변에 꽃 화(花)를 더한 글자이다. 임연수어는 깊은 수심에 서식하다 산란기가 되면 얕은 연안으로 접근하는데, 봄에서 초여름 사이 임연수어 떼가 수면 가까이 나타나 빙빙 도는 모습이 큰 꽃 모양 같다고 해서 붙여진 이름이다.

임연수어는 수심 100~200m 정도의 수온이 낮은 바다의 바위나 자갈로 된 암초 지대에 주로 서식한다. 산란기는 9월부터 이듬해 2월이며, 조류의 흐름이 좋은 연안의 암초 지역에서 알을 낳는다. 임연수어는 잡식성 어류로서 바다 밑바닥에 사는 생물을 주로 잡아먹는다. 바다 밑바닥에 살기 때문에 그물의 아랫부분이 바다 밑바닥에 닿도록 내린 후 어선으로 그물을 끌어서 잡으며, 커다란 수건 모양의 그물로 둘러싸서 우리에 가둔 후 그물을 차차 좁혀 가며 잡기도 한다.

임연수어는 껍질이 도톰하고 맛이 좋아 애첩도 모르게 먹는다는 이야기도 있고, 천석꾼이 임연수어 껍질을 끼니마다 챙기느라 3년 만에 가산을 탕진했다는 이야기도 전해지는 재미난 물고기다. 임연수어는 대부분 깨끗이 손질한 후 소금을 뿌려 기름에 노릇노릇하게 구워 먹거나 바삭하게 튀겨 먹는다. 그래야 고소한 껍질 맛을 그대로 느낄 수 있기 때문. 생선을 잘 먹지 않으려는 어린아이에게는 카레가루를 조금 뿌려 구워주면 향이 좋아 맛있게 먹을 수 있다. 잘 구운 임연수어 껍질은 따로 벗겨 그 위에 밥을 올려 싸 먹기도 하는데, 고소하고 기름진 껍질 맛이 입맛을 살려준다.

살이 담백한 임연수어는 양념구이로 먹어도 맛있다. 기름에 노릇하게 애벌구이한 임연수어에 매콤달콤한 간장 양념을 덧발라 한 번 더 구우면 밥반찬으로 좋은 양념구이가 된다. 임연수어는 비린내가 거의 나지 않고 식감이 부드러워 회, 튀김, 전, 조림, 매운탕 등 다양한 방법으로 조리해 먹을 수 있다.

월요일	화요일	수요일	목요일	금요일
	1 (생일 밥상) 기장밥 바지락미역국 쇠고기엿장조림 생선전 부추잡채 배추김치 오렌지 브라우니 691.4 Kcal / 생일 케이크	2 (절기음식) 봄나물된장비빔밥 홍합뭇국 녹두묵무침 화전 쇠고기강된장 열무김치 참외 617.8 Kcal / 화전	3 (절기음식) 차수수밥 양파감잣국 주꾸미볶음 달걀말이 고사리/도라지나물 깍두기 쑥개떡 사과 630.1 Kcal / 한식(寒食)	4 클로렐라밥 버섯매운탕 삼치무조림 해바라기씨볶음 파래김구이 닭가슴살들깨샐러드 배추김치 참다래 631.2 Kcal / 삼치
7 현미밥 참치김치찌개 쇠고기장조림 새송이고추장볶음 새싹두부샐러드 깻잎김치 방울토마토 619.2 Kcal / 쇠고기	8 토마코펜밥 연두부달걀국 방어칠리소스구이 햄파프리카볶음 두릅/브로콜리숙회 양념초고추장 배추김치 파인애플 612.7 Kcal / 피망, 파프리카	9 (세계음식의 날) 멕시칸볶음밥 옥수수수프 퀘사디아 수제양파고추초절임 멕시칸콩샐러드 나박김치 열대모듬과일 713.4 Kcal / 멕시코 음식	10 검정쌀밥 시금치된장국 돈육강정 들깨머위나물 문어샐러드 총각김치 바나나 633.6 Kcal / 문어	11 혼합곡밥 바지락칼국수 메추리알조림 청경채오이무침 해물파전 배추김치 키위 631.5 Kcal / 도문대작
14 기장차조밥 쑥국 주꾸미미더덕찜 스팸전 취나물무침 배추김치 망고 623.4 Kcal / 주꾸미	15 보리밥 애호박고추장찌개 닭마늘간장조림 진미채볶음 돌나물겨자냉채 깍두기 블루베리 620.9 Kcal / 소금	16 (향토음식의 날) 공주 비빔밥 괴산 올갱잇국 서천 주꾸미볶음 금산 인삼튀김 천안 호두장아찌 배추김치 한산 모시떡 논산 딸기 687.8 Kcal / 충청도 음식	17 차수수밥 쇠고기전골 갈치무조림 세발나물무침 미역자반/우엉부각 열무김치 딸기 628.4 Kcal / 전통 부각	18 약콩밥 우렁된장찌개 편육 달래김무침 당근/오이/상추쌈 양념쌈장 보쌈김치 인절미 645.3 Kcal / 인절미
21 녹두밥 다시마뭇국 닭찜 매운어묵볶음 쑥갓무침 배추겉절이 참외 618.7 Kcal / 인구회자	22 잡곡밥 감자탕 쥐어포고추장볶음 두부전 애호박전 삼색냉채 배추김치 사과 633.8 Kcal / 감자탕	23 김말이주먹밥 호박우동어묵국 떡볶이 오징어다리튀김 무/오이피클 배추김치 청포도 705.8 Kcal / 주먹밥	24 풋완두콩밥 게맛살달걀탕 함박스테이크 프렌치마늘토스트 양상추샐러드 오이지무침 석박지 681.4 Kcal / 25가지 음식	25 (채식 식단) 콩나물밥/부추양념 김국 채식볼강정 삼색묵어린잎무침 배추김치 크랜베리설기 참다래 614.4 Kcal / 채식의 날
28 (이벤트 밥상) 보리밥 연포탕 민어전 고사리나물 취나물무침 침채 모약과 참외 645.4 Kcal / 이순신 밥상	29 현미밥 콩나물김칫국 가자미살카레구이 마늘종베이컨볶음 두릅된장무침 총각김치 딸기 628.2 Kcal / 가자미	30 영양닭죽 주꾸미소면무침 단호박튀김 울외장아찌 나박김치 포도 오미자요구르트 703.9 Kcal / 닭고기		

APRIL

봄기운이 완연해지는 4월. 사르르 풀린
날씨 덕분에 활기 넘치는 아이들의 야외활동이
잦아지는 만큼 피로 해소와 원기 충전을
책임질 수 있는 식단 구성이 필수!

04

04 01 Tue

오늘의 식단

691.4 Kcal

기장밥

바지락미역국

쇠고기엿장조림

생선전

부추잡채

배추김치

오렌지

브라우니

Today's Recipe

부추잡채
기력 돋우는 부추로 만든 영양만점 잡채!

재료
당면 8g, 부추 5g, 양파 6g, 표고버섯 6g, 햄 6g, 진간장 3g, 설탕 1g, 매실청 1g, 맛술 1g, 참기름 1g, 참깨 0.5g, 후춧가루·식용유 약간씩

만드는 법
1 당면은 8cm 길이로 잘라 물에 담근다.
2 부추는 깨끗이 씻고 4cm 길이로 썰어 팬에 살짝 볶는다.
3 양파와 표고버섯, 햄도 채 썬 뒤 팬에 살짝 볶는다.
4 냄비에 당면이 잠길 정도로 물을 붓고 식용유와 진간장을 넣어 삶는다.
5 4가 끓어오르면 불을 끄고 식힌다.
6 당면과 부추, 양파, 표고버섯, 간장, 맛술, 매실청, 설탕을 고루 버무린다.
7 마지막에 참기름, 참깨, 후춧가루를 뿌려 마무리한다.

즐거운 날, 왜 케이크를 먹을까?

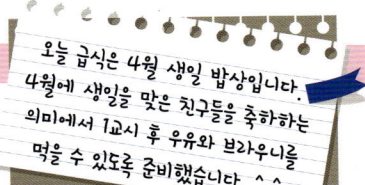

오늘 급식은 4월 생일 밥상입니다. 4월에 생일을 맞은 친구들을 축하하는 의미에서 1교시 후 우유와 브라우니를 먹을 수 있도록 준비했습니다. ^^

케이크는 생일을 비롯한 각종 파티의 테이블 메인에 빠지지 않는다. 크고 작은 축제에 어김없이 등장하는 화려한 케이크. 사람들은 왜 크림을 바른 빵에 촛불을 꽂고 불을 붙여 소원을 비는 것일까.
그 의미를 알기 위해선 고대 그리스로 거슬러 올라가야 할 만큼 케이크의 유래는 꽤나 오래됐다. 그리스인들은 수렵과 달의 여신인 아르테미스가 아이들의 건강을 지켜준다고 믿었다. 그래서 아기를 출산하거나 자녀의 생일 때 아르테미스 신전을 찾아가 꿀을 바른 달 모양의 빵에 초를 꽂아 불을 켜고 자녀의 행복을 기원했다. 고대 사람들은 연기에 소원을 빌면 그 연기가 신에게 전해져 소원이 이뤄진다고 믿었다.
이 관습은 중세 독일에서 생일을 맞은 어린이에게 촛불을 켠 케이크를 선물하면서 본격적으로 대중화되었다. 어린이를 위한 생일 축하 행사인 '킨테 페스테'라는 이벤트가 있었는데 자녀의 생일날 아침에 케이크에 촛불을 켠 후 저녁식사 때 온 가족이 케이크를 함께 먹을 때까지 계속 켜 놓았다. 이때 촛불을 실제 나이보다 하나 더 꽂아 밝게 했는데 이는 '생명의 등불'을 의미했다.
사람들은 생일 케이크의 촛불에 소원을 빌고 단숨에 끄는 소소한 이벤트를 하며 행복을 느낀다. 탄생의 기쁨을 함께하는 생일 케이크는 근본적으로 축하의 의미가 있기 때문에 약혼, 결혼 등의 다양한 경사에서 없어서는 안 될 필수 음식이 된 것이다. 유구한 역사를 지닌 생일 케이크인 만큼 돌아오는 생일엔 좀 더 경건하고 기쁜 마음으로 촛불을 불어보는 것은 어떨까.

04 02 Wed

617.8 Kcal

오늘의 식단

봄나물된장비빔밥

홍합뭇국

녹두묵무침

화전

쇠고기강된장

열무김치

참외

Today's Recipe

봄나물된장비빔밥
봄내음 물씬 풍기는 채소 가득 건강 밥상!

재료
돌나물 6g, 냉이 6g, 봄동 8g, 유채나물 8g, 어린잎채소 6g, 상추 6g
강된장: 된장 8g, 쇠고기 20g, 땅콩가루 3g, 파인애플 통조림 1.5g, 다진 파 1g, 다진 마늘 1g, 맛술 0.5g, 매실청 1g, 참기름 2g, 깨소금 1g, 다시마 0.3g, 멸치 0.3g, 물 2g

만드는 법
1. 돌나물과 어린잎채소는 깨끗이 씻어 물기를 뺀다.
2. 상추는 깨끗이 씻어 1cm 길이로 채 썬다.
3. 냉이, 봄동, 유채나물도 깨끗이 씻어 끓는 물에 데친 뒤 찬물에 헹궈 물기를 꼭 짜고 참기름과 깨소금으로 무친다.
4. 쇠고기는 가로세로 1cm로 깍둑 썰기 해 파, 마늘, 맛술, 참기름을 넣고 볶는다.
5. 4에 나머지 강된장 재료를 넣어 더 볶는다.

고운 화전 부치며 봄을 맞다

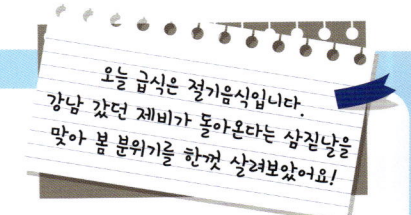
오늘 급식은 절기음식입니다. 강남 갔던 제비가 돌아온다는 삼짇날을 맞아 봄 분위기를 한껏 살려보았어요!

화전을 부쳐 먹는 음력 3월 3일 삼짇날은 강남 갔던 제비가 돌아온다는 날로, 제비뿐 아니라 동면을 하던 뱀도 깨어나고 각종 나비와 새들이 본격적으로 활동을 시작하는 때다. 우리 조상들은 9대 속절(俗節) 가운데 하나인 삼짇날에 진달래 화전을 부쳐 먹으며 봄을 맞이했다. 진달래꽃을 뜯어서 찹쌀가루에 반죽해 참기름을 발라 둥글게 지지는 것이 화전인데, 이 풍습은 고려시대부터 이어졌다. 이후 조선시대 때는 궁중에서 화전놀이가 행해지기도 했다. 삼짇날에 중전이 나인들을 이끌고 비원에 나가 진달래꽃을 얹은 화전을 부쳐 먹었다는 이야기가 전해지는데, 말하자면 지금의 소풍 같은 개념이라고도 볼 수도 있다.

또 오늘날의 백일장같이 화전가 짓기 대회가 열리기도 했다. 화전놀이가 단순히 화전을 부쳐 먹는 단순한 개인적 여가나 놀이가 아니라 국가적 행사이기도 했던 셈. 화전놀이를 준비하는 과정은 대갓집의 혼례나 환갑잔치에 버금갈 만큼 화려하고 그 규모가 컸다. 남자들만큼 활동적인 생활을 하지 못했던 여자들에게 이날만큼은 온전한 자신들만의 시간이었다. 그런데 화전을 꼭 삼짇날에만 먹은 것은 아니다. 물론 삼짇날에 잔치를 하며 대대적으로 화전을 먹었지만, 기본적으로 우리 조상들은 봄에는 진달래꽃과 찔레꽃, 여름에는 황장미꽃, 가을에는 황국과 감국잎 등을 곱게 올린 화전을 계절에 맞게 일상적으로 즐겨왔다. 맛과 멋을 아는 우리 민족의 감성이 화전에도 스며 있는 듯하다.

04 03 Thu

오늘의 식단

630.1 Kcal

차수수밥

양파감잣국

주꾸미볶음

달걀말이

고사리나물

도라지나물

깍두기

쑥개떡

사과

Today's Recipe

고사리/도라지나물
대표 나물들의 환상적인 호흡!

재료
고사리나물 : 고사리 10g, 마늘 0.5g, 대파 0.7g, 들기름 0.5g, 참기름 0.5g, 깨소금 0.6g, 국간장 1g
도라지나물 : 도라지 10g, 마늘 0.5g, 대파 0.7g, 들기름 0.5g, 참기름 0.5g, 깨소금 0.3g, 소금 0.5g

고사리나물 만드는 법
1 깨끗이 씻어 삶은 고사리를 4cm 길이로 썬다.
2 고사리에 국간장, 참기름, 들기름을 넣고 버무려 20분간 재운다.
3 파와 마늘을 다진 후 2의 고사리를 중간 불로 볶는다.
4 고사리에 간이 들고 부드러워지면 다진 파와 마늘을 넣고 한 번 섞는다.
5 불을 끄고 깨소금을 뿌려 마무리한다.

도라지나물 만드는 법
1 가는 실채 도라지는 소금으로 주물러 물에 씻어 4cm 길이로 썬다.
2 도라지에 소금, 참기름, 들기름을 넣고 버무려 20분간 재운다.
3 2의 도라지를 중간 불로 볶는다.
4 도라지에 간이 배고 부드러워지면 다진 파와 마늘을 넣고 한 번 섞는다.
5 불을 끄고 깨소금을 뿌려 마무리한다.

한식(寒食)에는 불을 금하라!

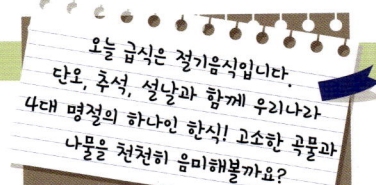
오늘 급식은 절기음식입니다. 단오, 추석, 설날과 함께 우리나라 4대 명절의 하나인 한식! 고소한 곡물과 나물을 천천히 음미해볼까요?

한식(寒食)은 동지로부터 105일째 되는 날로, 추석·설날·단오와 함께 4대 명절 중 하나로 손꼽힌다. 이날은 산소에 가서 차례를 지내고 묘가 헐었으면 잔디를 입히고 봉분을 개수하기도 했다. 성묘갈 때 약주, 과일, 포, 식혜, 떡, 국수, 탕, 적 등을 가져 갔으며 한식을 전후하여 쑥탕, 쑥떡, 쑥단자 등을 먹었다.

한식에 불을 쓰지 않고 찬 음식을 먹는다는 유래에 관해서는 중국으로부터 두 가지 설이 전해진다. 이 날은 비바람이 심하기 때문에 불을 금하고 찬밥을 먹는 습관에서 유래했다는 설과, 다른 하나는 개자추의 전설에서 유래했다는 이야기가 있다. 중국 진나라 충신 개자추는 문공이 객지에서 굶주릴 때 자신의 허벅지 살을 떼어 먹이고 충성을 다해 모셨는데 왕위에 오른 문공이 개자추의 공을 잊고 오히려 모함을 하자 면산에 가서 숨었다. 이에 문공(文公)이 개자추의 충성을 알고 불렀으나 나오지 않자, 불을 지르면 도리 없이 나오리라 생각하고 불을 놓았다. 그러나 개자추는 뜻을 굽히지 않은 채 나오지 않고 불에 타서 죽고 말았다. 그 후로 그를 애도하는 뜻에서 이 날은 불을 쓰지 않기로 하고 찬 음식을 먹었다는 이야기다.

고려시대에 우리 조상들은 한식날을 최고의 명절로 여겨 관리들에게 성묘를 하도록 휴가를 주었고, 성묘뿐 아니라 잔디를 다시 입히거나 묘 둘레에 나무를 심는 등 조상에 대한 예를 갖추었다. 또 이날만은 어떠한 죄수에게도 형을 집행하지 않도록 금지했다.

조선시대에는 궁궐 내 의장을 담당하는 병조가 버드나무와 느릅나무를 비벼 새 불을 일으켜 임금에게 바치면 임금은 이 불을 정승, 판서, 문신과 무신, 고을의 수령에게 나누어주었다. 수령들은 한식날에 이 불을 백성에게 나누어주었는데, 묵은 불을 끄고 새 불을 기다리는 동안 밥을 지을 수 없어 찬밥을 먹었다.

04 04 Fri

삼치무조림

불포화지방산 가득한 **등푸른 생선!**

재료
삼치 40g, 무 20g, 대파 2.5g, 풋고추 1g, 홍고추 1g, 소금·식초 약간씩
양념 : 물 6g, 고춧가루 2g, 마늘 1g, 생강 0.3g, 양조간장 5g, 매실청 1g, 맛술 1g, 청주 1g, 후춧가루 0.03g

만드는 법
1 삼치는 깨끗이 손질해 씻은 후 마지막에 소금, 식초 물로 헹궈 물기를 뺀다.
2 무는 가로세로 3cm, 두께 1cm로 썰고 대파, 풋고추, 홍고추는 1cm 길이로 어슷하게 썬다.
3 분량의 양념 재료를 섞어 조림양념장을 만든다.
4 무에 조림장의 1/3을 넣어 버무린 뒤 냄비에 깐다.
5 4 위에 나머지 양념장을 바른 삼치를 올리고 강한 불에서 익히다 중간 불로 줄이고 대파, 풋고추, 홍고추를 넣은 뒤 국물을 끼얹어가며 자작하게 조린다.

오늘의 식단

631.2 Kcal

클로렐라밥

버섯매운탕

삼치무조림

해바라기씨볶음

파래김구이

닭가슴살들깨샐러드

배추김치

참다래

사대부가 기피한 생선 삼치

'4월 삼치 한 배만 건지면 평양감사도 부럽지 않다'는 속담이 있을 정도로 이맘때 삼치 맛이 좋아 높은 가격에 팔렸음을 짐작할 수 있다. 삼치는 우리나라 전 해역에서 잡히는데 서해에서는 마어(麻魚), 동해와 통영에서는 망어(亡魚)라고 부른다.

삼치는 고등어과에 속하는 등푸른 생선으로 고등어보다 지방은 적고 수분이 많아 살이 부드럽고 잔가시가 없어 아이들이 먹기에 좋은 생선이다. 게다가 오메가-3, EPA, DHA와 같은 불포화지방산이 많아 심혈관 및 노인성 치매를 예방하고 어린이들의 뇌세포 구성에 도움을 준다. 또 삼치에는 비타민 B군의 일종인 나이아신이 풍부한데, 나이아신이 부족하면 입 주위나 피부에 염증이 생긴다. 나이아신은 물에 녹는 성질이 있어 삼치조림을 먹을 때는 국물까지 함께 먹는 것이 좋다.

조선후기 문신인 서유구가 지은 어류학 기술서 〈난호어목지〉에 삼치는 "어민은 즐겨 먹으나 사대부는 입에 대지 않을 뿐 아니라 기피했다"는 대목이 있다. 삼치의 또 다른 이름인 '망어'에 '망할 망(亡)'자가 붙기 때문. 삼치가 망어라는 이름을 얻은 유래는 이러하다.

옛날 어느 지방의 관찰사로 부임한 사람이 동해에서 잡힌 삼치를 먹고 그 맛에 푹 빠졌다. 관찰사는 자신을 이곳에 보내준 한양의 정승에게 고마움의 표시로 크고 윤기가 나는 삼치를 여러 마리 골라 선물했다. 강원도에서 수레에 실어 보낸 삼치는 여러 날이 지난 후 정승 집에 도착했다. 삼치를 받아든 정승은 먹음직스러운 삼치를 보고 감탄했으나, 막상 밥상에 오른 삼치를 먹고는 비위가 상해 몇 날 며칠 밥을 제대로 먹지 못했다. 운반하는 도중에 삼치가 모두 상한 것이다. 이에 화가 난 정승은 삼치를 보낸 관찰사를 좌천시키고 말았다. 이후 후세 사람들은 삼치를 망어로 부르게 되었으며, 사대부들은 삼치가 벼슬길을 망치는 망할 고기라 해서 멀리했다고 한다.

삼치는 성질이 급해 잡히자마자 죽는다. 또 살이 연하고 지방질이 많아 다른 생선에 비해 부패 속도가 빨라서 겉으로는 싱싱해 보여도 속이 상한 경우가 종종 있다. 구입할 때는 눈이 맑고 투명하며 등 부분에 윤기가 있고 눌렀을 때 탄력이 있는지 살펴야 한다. 삼치는 알레르기를 유발하는 히스티딘 함량이 고등어에 비해 2배 가량 적게 들어 있으며 후쿠시마 원전 사고로 먹는 데 어려움이 있는 고등어를 대체할 수 있는 등푸른 생선이다.

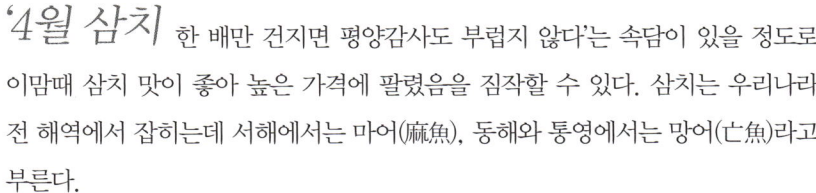

04 07 Mon

619.2 Kcal

오늘의 식단

현미밥

참치김치찌개

쇠고기장조림

새송이고추장볶음

새싹두부샐러드

깻잎김치

방울토마토

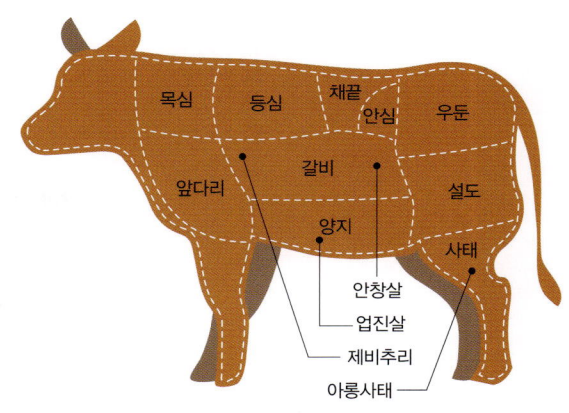

오늘의 급식 이야기

맛이면 맛
영양이면 영양
쇠고기!

쇠고기장조림
힘이 불끈 솟는 **쇠고기**와
짭조름한 양념의 어울림

재료
한우 사태살 20g, 한우 우둔살 30g,
꽈리고추 1g, 양파 10g, 된장 3g, 대파 3g,
생강 1g, 참기름 1g, 청주 1g
조림장 : 마늘 0.8g, 생강 0.3g, 물엿 1g,
흑설탕 3g, 파인애플 통조림 1g, 매실청 1g,
참깨 0.2g, 진간장 3g

만드는 법
1 냄비에 된장, 대파, 양파, 생강, 청주를 넣고
 끓이다 쇠고기를 넣고 삶는다.
2 쇠고기가 익으면 손으로 찢는다.
3 조림 솥에 쇠고기와 분량의 조림장, 동량의
 1의 육수를 넣고 국물을 끼얹으며 조린다.
4 중간쯤 꽈리고추를 넣고 더 조린다.
5 마지막에 참기름과 통깨를 뿌린다.

쇠고기 맛은 두말하면 잔소리! 하지만 부위별 특징을 알면 쇠고기를 더 맛있게 즐길 수 있다.

등심 : 대표 쇠고기 부위로 적당한 떡심과 풍부한 마블링이 형성돼 있어 육질이 곱고 연하며, 살코기와 지방의 양이 적당히 고르게 분포되어 육즙이 가장 진할 뿐 아니라 맛이 달고 고소하다.

안심 : 소 한 마리당 약 2% 정도 밖에 얻을 수 없는 최고급 부위로 거의 사용하지 않는 근육이라 부드럽고 결이 고우며 적당한 지방층이 형성되어 풍미가 좋다. 깊은 육즙 맛도 일품. 따라서 스테이크, 바비큐, 안심 쌀국수, 샐러드 등 많은 음식에 어울리는 부위이며, 어린이 성장 발육을 도와 이유식으로도 많이 쓰인다. 필수 아미노산을 충분히 갖춘 양질의 단백질원으로 위장 기능을 보호해 기력 회복에도 탁월한 효능이 있다.

채끝살 : 쇠고기 본래의 맛을 느낄 수 있는 최상의 부위다. 지방이 적고 살코기가 많으며 육질이 적당히 발달해 구이, 불고기, 바비큐, 전골 등에 이용하면 좋다.

업진살 : 양지 뒷부분에 위치한 부위로 풍부한 육즙과 지방과 살코기가 적절하게 교차되어 있어 환상적인 마블링을 자랑한다. 따라서 구이용으로 으뜸! 하지만, 소 한 마리당 손바닥만큼만 나올 정도로 희귀하다. 돼지 삼겹살처럼 고기와 지방이 층을 이루고 있어 '우삼겹'이라는 애칭으로도 불린다.

안창살 : 갈비와 내장을 잇는 안심살 옆에 폭 7cm 정도의 T자 모양을 하고 있으며, 내장을 붙들고 있는 근육이다. 안창살 또한 소 한 마리당 2쪽 정도 나오는 희소가치가 높은 특수 부위다.

토시살 : 역시 소 한 마리에서 550g 정도 밖에 나오지 않으며, 부위 가운데 연한 힘줄이 있어 살코기와 맛이 잘 어우러진다. 안심 밑에 위치해 있으며 팔에 끼는 토시 모양을 하고 있어 토시살이라는 이름이 붙었다.

제비추리 : 갈비와 목뼈 부분이 접합되는 부분에 있는 부위로 제비가 날개를 편 모양처럼 날씬하게 생긴 모양을 하고 있다.

아롱사태 : 소의 뒷다리 아킬레스건에 연결된 근육 부위이며 한 마리에 4점 정도 나올 만큼 양이 적다.

04 08 Tue

Today's Recipe

햄파프리카볶음
햄은 건강하게, 채소는 맛있게!

재료
무항생제쌀햄 10g, 양파 5g, 청피망 2g, 적파프리카 2g, 노랑 파프리카 2g, 주황 파프리카 2g, 올리브유 0.5g, 참기름 0.5g, 참깨 0.5g, 소금 약간

만드는 법
1 햄은 가로 1.5cm, 세로 1.5cm, 두께 0.5cm 크기로 썰어 끓는 물에 데친다.
2 피망과 파프리카는 깨끗이 씻은 뒤 1.5cm, 세로 1.5cm, 두께 0.5cm 크기로 썰어 올리브유와 참기름을 두른 볶음솥에서 살짝 볶는다.
3 2에 1의 햄을 넣고 볶다가 소금으로 간하고 참깨를 솔솔 뿌린다.

오늘의 식단

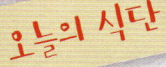
토마코펜밥

연두부달걀국

방어칠리소스구이

햄파프리카볶음

두릅/브로콜리숙회

양념초고추장

배추김치

파인애플

612.7 Kcal

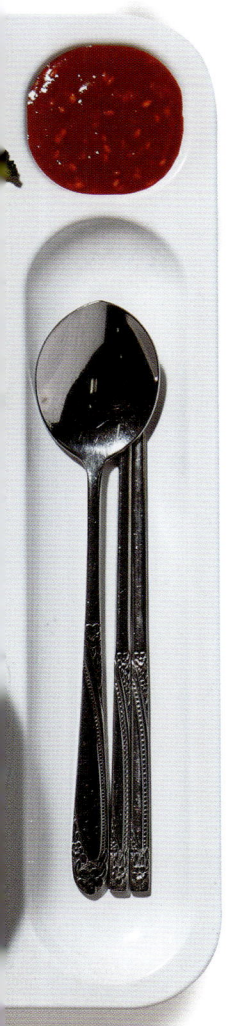

오늘의 급식 이야기

다른 듯 같은
피망과
파프리카

피망은 가지과 식물로 남아메리카가 원산지다. 15세기 말 콜럼버스가 피망을 유럽으로 가지고 돌아와 세계에 퍼졌다고 하는데, 파프리카는 이 피망이 개량된 것이다. 피망은 유럽에서 일본을 거쳐 우리나라에 유입됐다. 우리는 보통 피망과 파프리카를 다른 채소로 인식하는 경향이 있다. 일본으로부터 수입할 때 일본 사람들이 녹색 둥근 고추를 피망이라 부르고 색이 있는 고추들은 파프리카라 불렀기 때문. 이러한 일본의 엉터리 외래어가 품종 수입과 함께 우리나라에 잘못 전해지게 된 것이다. 사실상 피망은 파프리카와 동일한 종이며 이름이 다르게 된 데는 외래어가 전해지면서 이름을 혼용했기 때문이라는 다소 허무한 이유가 있다.

이 두 작물의 차이를 굳이 찾자면 피망은 '단고추'이고 파프리카는 '착색 단고추'다. 파프리카는 빨강, 노랑, 주황, 초록, 보라 등 다양한 색이 있는 반면, 피망은 빨강과 초록 두 가지. 파프리카가 피망보다 과피가 두껍지만 식감은 더 부드럽고 단맛이 강해 샐러드용으로 많이 쓰이며, 피망은 생으로 먹으면 약간의 단맛과 함께 매운맛이 강해 음식의 맛을 낼 때 주로 쓰인다.

파프리카의 색깔별 영양을 살펴보면, 파프리카는 색이 붉을수록 뇌세포 보호, 항암효과가 탁월하고 엽산과 같은 성분도 있어 임산부에게 좋다. 녹황색 채소에 풍부한 베타카로틴 성분은 미백효과가 탁월하며 빨강, 주황, 노랑, 초록의 순서로 많이 함유돼 있다. 비타민 C는 100g당 130mg으로, 파프리카 1개에는 한국인 1일 비타민 C 필요량의 6.8배나 들어 있다. 빨강 파프리카의 비타민 C는 멜라닌 색소의 생성을 막아줘 색소 침착이나 검버섯, 주근깨, 기미 등에 많은 효과가 있다. 파프리카의 비타민 C는 레몬의 2배, 오렌지의 3배, 키위의 4배, 당근의 20배에 달하는 것으로 밝혀졌다.

노랑 파프리카는 단맛이 강하며 스트레스 해소와 생체리듬을 강화하고 눈 건강에도 효과가 있다. 주황 파프리카는 파프리카 생산량 중 5% 밖에 되지 않지만 피부 염증 해소와 철분 흡수를 도와 다른 파프리카에 비해 미백 효과나 피부 탄력 등의 미용에 좋다. 또한 눈에 영양을 공급해주며, 피로 해소에 탁월해 겨울철 감기 예방에도 도움이 된다. 특히 다른 색에 비해 단맛이 강해 과일처럼 먹을 수 있다.

초록 파프리카는 캡사이신 성분이 함유돼 있어 다른 파프리카보다 칼로리가 낮아 다이어트 식품으로 이용할 수 있다. 섬유질이 풍부해 변비 예방에 좋고 소화를 원활하게 해주며, 철분이 다량 함유돼 빈혈 예방에도 효과가 있다.

04 09 Wed

오늘의 식단

멕시칸볶음밥

옥수수수프

퀘사디아

수제양파고추초절임

멕시칸콩샐러드

나박김치

열대모둠과일

713.4 Kcal

Today's Recipe

멕시칸콩샐러드
Hola hola! Mexico!

재료
강낭콩 5g, 작두콩 5g, 완두콩 3g, 샐러리 5g, 마요네즈 3g, 꿀 1g, 레몬즙 0.5g, 소금·흰 후춧가루 약간씩

만드는 법
1 강낭콩, 작두콩, 완두콩은 전날 물에 불려 놓는다.
2 1의 콩은 소금을 넣고 푹 삶아 건진 뒤 식힌다.
3 샐러리는 깨끗이 씻어 물기를 제거하고 1cm 길이로 썬다.
4 콩, 샐러리, 마요네즈, 꿀, 레몬즙, 흰 후춧가루를 섞어 고루 버무린다.

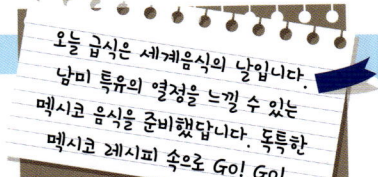

오늘 급식은 세계음식의 날입니다. 남미 특유의 열정을 느낄 수 있는 멕시코 음식을 준비했답니다. 독특한 멕시코 레시피 속으로 Go! Go!

남미의 열정을 급식으로!

멕시코는 마야, 톨테크, 아스텍의 인디오 문명이 발생한 지역으로 1521년 에스파냐의 식인 지배를 받다가 1821년 코르도바 협정에 의해 독립했다. 멕시코 요리의 3대 재료는 옥수수, 콩, 고추다. 200여 종의 작고 매운 멕시코 고추는 다양한 소스를 만드는 데 이용된다. 그리고 멕시코 음식을 논하며 결코 빠뜨릴 수 없는 것이 있으니 다양한 메뉴에 활용할 수 있는 토르티야가 그 주인공이다.

물에 불린 옥수수를 으깬 것을 '마사'라 부르는데, 이를 얇게 원형으로 구운 것이 토르티야다. 토르티야를 이용한 요리는 무척 다양한데, 우리나라에서 맛볼 수 있는 대표적인 메뉴는 타코, 부리토, 케사디야 등이다. 그런데 이는 멕시코 전통이라기 보다는 약간 미국식으로 변형된 형태라고 할 수 있다.

타코는 토르티야에 고기, 해물, 채소 등 각종 재료를 얹고 살사 소스를 뿌려 돌돌 말아먹는다. 고기 타코인 경우에는 기호에 따라 라임즙을 뿌리기도 한다. 타코는 음식 이름인 동시에 토르티야로 싸서 먹는 방법을 말하기도 한다.

부리토는 토르티야에 콩과 고기를 얹어 네모 모양으로 만들어 구운 후 소스를 발라 먹는 요리. 쇠고기, 닭고기, 쌀밥, 치즈, 사워크림, 양상추 등 취향에 따라 다양한 재료를 넣어도 좋은 간단한 식사대용식이다.

케사디야는 토르티야를 접거나 토르티야 두 장을 준비해 치즈를 녹여 붙여서 만든 멕시칸 샌드위치. 식재료와 소스에 따라 손쉽게 새로운 맛을 낼 수 있어 학교급식에서 아이들이 좋아하는 메뉴다. 멕시코 음식 중에서도 케사디야는 퓨전 요리로 다양하게 응용해 먹곤 하는데, 고추장이나 김치 등 우리나라의 매콤한 재료를 더해 색다른 맛을 낼 수 있어 더욱 매력적이다.

04 10 Thu

633.6 Kcal

오늘의 식단

검정쌀밥

시금치된장국

돈육강정

들깨머위나물

문어샐러드

총각김치

바나나

오늘의 급식 이야기

선비들이 사랑한 문어(文魚)

문어(文魚)란 이름은 문어 대가리가 민머리어서 민어라 불리다가 변한 것이란다. 또 선비들이 숭상하던 글월 문(文)이란 글자가 들어 있는데가, 빨판이 찰싹 잘 달라붙어 시험을 앞둔 오늘날의 찹쌀떡과 같은 의미를 갖기 때문에 선비들이 문어를 즐겨 먹었다는 재미난 이야기도 전해진다. 반면, 문어의 사촌격인 '낙지'는 '낙제'와 이름이 비슷해 과거를 준비하는 선비들에게 기피의 대상이 되기도 했다고. 하지만 서양에서는 우리나라와 달리 문어를 '악마의 생선'이라고 일컬으며 부정적인 이미지로 인식하는 것이 재미있다.

문어는 바닷가 주변에서 주로 먹을 것 같지만 의외로 우리나라에선 바닷가에서 먼 경북 내륙 지방에서 문어를 즐겨 먹는다. 도대체 어떤 연유일까? 일단 문어가 다른 해산물처럼 쉽게 상하지 않는다는 장점을 가졌기 때문으로 본다. 조선시대 보부상은 문어를 찐 다음 등짐으로 울진, 영덕 등 동해안 항구에서 태백산맥을 넘어 안동과 영주로 가져다 팔았다. 험한 산을 넘는 데 성공한 문어는 선비가 많은 안동과 영주 지역에서 더욱 인기를 끌게 된 것이다. 비늘이 없는 생선은 제사상에 올리지 못했지만 먹물이 있는 문어만은 예외일 정도다.

문어는 맛과 영양도 최고다. 오징어와 마찬가지로 타우린이 풍부해 익힌 문어를 꼭꼭 씹어 먹으면 감칠맛과 단맛을 느낄 수 있다. 이 타우린 성분은 콜레스테롤을 억제하는 작용을 해 혈액이 맑아지게 하며 더불어 혈액 순환을 원활하게 한다. 이에 따라 고혈압이나 뇌졸중, 동맥경화와 같은 각종 혈관계 질환을 개선하고 예방하는 데 도움을 준다. 또 문어에 함유된 DHA와 EPA 성분은 두뇌발달과 성장발육에 효과가 있기 때문에 성장기 아이들이 섭취하면 좋다.

문어는 질기거나 끈적거리는 경우가 있기 때문에 구입과 조리에 있어 주의를 기울여야 한다. 반점이 있고 빨판에 탄력이 있는 것이 신선한 것이며 몸에 끈적끈적한 점액이 있으면 부패한 것이다. 또 삶았을 때 껍질이 벗겨져도 신선도가 떨어진 것이다. 문어를 삶을 때는 식초와 청주, 무를 넣으면 부드러운 문어를 맛볼 수 있다.

문어샐러드
해독 작용 뛰어난 타우린 **성분이 가득!**

재료
문어 20g, 양상추 10g, 세발나물 2g, 청주 약간
오리엔탈 드레싱 : 올리브유 1g, 간장 1g, 레몬즙 0.5g, 매실청 0.5g, 식초 0.5g, 참기름 0.5g, 깨소금 0.5g

만드는 법
1 문어는 소금으로 바락바락 주물러 씻는다.
2 냄비에 물을 넣어 끓이다 식초, 청주를 넣고 1의 문어도 넣는다.
3 문어가 다 익으면 식힌 후 저민다.
4 양상추는 깨끗이 씻어 한입 크기로 썬다.
5 세발나물도 깨끗이 씻어 물기를 제거한다.
6 문어, 양상추, 세발나물과 분량의 오리엔탈 드레싱을 살살 버무린다.

04 11 Fri

631.5 Kcal

오늘의 식단

혼합곡밥

바지락칼국수

메추리알조림

청경채오이무침

해물파전

배추김치

키위

오늘의 급식 이야기

〈홍길동전〉 저자 허균의 작품 〈도문대작〉

청경채오이무침
아삭아삭! 생생한 채소 느낌 그대로!

재료
청경채 6g, 오이 6g, 달래 0.4g, 마늘 0.5g, 참기름 0.5g, 참깨 0.5g, 매실청 0.5g, 멸치액젓 0.5g, 고춧가루 1.5g

만드는 법
1. 청경채, 오이, 달래를 깨끗이 씻어 한 입 크기로 썬다.
2. 마늘은 다지고 참기름, 매실청, 멸치액젓, 고춧가루와 섞어 양념장을 만든다.
3. 1과 2를 고루 버무린다.
4. 참깨를 솔솔 뿌려 마무리한다.

〈도문대작〉은 〈홍길동전〉으로 유명한 허균이 1611년 조선 팔도의 명물 토산품과 별미 음식을 소개한 조선 최초의 음식과 식재료 품평서다. 이 책은 허균이 바닷가인 전라북도 함열에 귀양 가 있던 시기에 지은 것으로, 유배지에서 거친 음식만을 먹게 되자 이전에 먹었던 맛있는 음식을 생각나는 대로 서술했다고 전해진다. 자신이 접해 보았던 각 지역의 식품을 종류별로 분류하고, 조리법이나 맛 등에 대한 간략한 평가를 덧붙였다.

〈도문대작〉이란 푸줏간 앞에서 입을 크게 벌려 고기 씹는 시늉을 해본다는 뜻이다. 제목은 위나라 조조의 셋째아들 조식이 오질(위나라 정치가)에게 "푸줏간을 지나면서 크게 씹으면 비록 고기를 먹지 못한다 할지라도 귀하고 유쾌한 일이다"라고 말한 데서 따온 말이다.

식욕은 인간의 생존과 관계되는 가장 본능적인 욕구다. 그러나 유교 문화권에서 식욕은 절제해야 할 대상이었다. 당대에는 체면을 중시하는 사대부가 맛있는 음식을 떠올리며 침을 삼킨다는 것은 쉽게 상상하기 어려운 장면이었을 터. 그런데도 허균은 맛있는 음식을 먹고 싶어 하는 욕망을 당당히 밝히며 자신이 먹어본 각종 음식들을 종류별로 하나하나 기록했다. 온갖 산해진미를 나열해 적어 놓고 "때때로 보며 한 점의 고기로 여기려 한다"고 솔직하게 표현하고 있다.

〈도문대작〉에서 소개한 별미음식은 모두 125개 항목으로, 미식가였던 허균이 귀양처에서 주린 배로 밤을 지새우며 지난 날 먹었던 맛있는 음식에 대한 강렬한 기억의 저술을 통해 각 지방 특산물이 생생하게 표현된다. 한 번 먹으면 사흘 동안 향기가 가시지 않는다는 강릉 방풍죽을 비롯해 전주의 백산자, 안동의 다식, 여주의 차수떡, 경주의 약밥, 의주의 대만두, 금강산의 석이병, 장의문(지금의 자하문) 밖의 두부, 충주 수박, 예천 모과, 보은 대추, 삼척 자두, 제주 표고 등 전국을 망라하는 향토음식 항목들이다.

그 시대에는 결코 흔하지 않았던 파격적인 맛 비평서이며 서양의 음식평론서보다 1세기나 앞선 〈도문대작〉은 맛집 소개 또는 유명 음식에 대한 평을 찾아볼 수 있는 요즘의 예능 프로그램이나 잡지, 블로그의 원조였던 셈이다.

오늘의 식단

기장차조밥

쑥국

주꾸미미더덕찜

스팸전

취나물무침

배추김치

망고

623.4 Kcal

오늘의 급식 이야기

가을에 낙지가 있다면, 봄엔 주꾸미!

주꾸미는 무기력한 봄철 컨디션을 회복시켜주는 식품이다. 산란기인 4~5월을 앞두고 3월부터 알을 품기 시작하는데, 산란기에는 영양분을 많이 비축하고 있기 때문에 이때가 부드럽고 맛이 좋다. 봄 주꾸미에는 밥알처럼 생긴 알이 머릿속에 꽉 차 있어 톡톡 터지는 식감을 느낄 수 있다. 주꾸미는 주로 회나 끓는 물에 데쳐 간단하게 먹거나 초무침이나 고추장으로 양념해 볶아 먹는다.

주꾸미는 8개의 다리가 달려 있는 것이 문어, 낙지와 비슷하나 길이가 짧은 것이 특징. 크기도 70cm까지 자라는 낙지에 비해 20cm 정도로 작다. 주꾸미는 흔히 '쭈꾸미'로 부르지만 '주꾸미'가 정확한 이름이다. 〈자산어보〉에는 주꾸미를 '죽금어'라 기록했고 한자로 '웅크릴 준'자를 써 '준어'라 일컫기도 했는데, 한낮에 주꾸미가 바위 틈이나 소라 껍데기 속에 웅크리고 있는 모습에서 나온 이름으로 추측한다.

서해안에서는 주꾸미를 잡을 때 전통적 방식인 소라껍질을 이용한다. 소라껍질을 매단 한 틀의 주낙(전라남도 여수시에서 낙지·복어·장어 등을 잡기 위해 낚시를 이용하여 만든 어구)에는 보통 3000개 가량의 소라껍질이 약 50cm 정도 간격으로 매달려 있다. 이를 바다에 던지면 야행성인 주꾸미가 빈 소라껍질을 집으로 이용해 들어간 다음 조개껍질이나 유리조각, 각종 플라스틱 조각 같은 것으로 뚜껑을 만들어 덮고 지낸다. 이와 같은 생태적 특성을 이용해 주꾸미를 잡는 장비를 일명 '소라빵', '소라단지'라고 한다.

주꾸미는 불포화지방산과 필수아미노산이 다량 함유돼 있어 콜레스테롤 저하, 간장 해독, 성인병 예방과 피로 해소에 탁월한 효능이 있다. 지방이 1%밖에 들어 있지 않은 주꾸미는 100g당 47kcal의 저칼로리 식품으로 최고의 다이어트 식품이기도 하다. 오징어나 문어와 같이 타우린도 다량 함유하고 있으며 철분이 많아 빈혈에 특효가 있고 스태미나 증진에도 좋다. 특히 주꾸미 먹물에는 항종양 활성이 강한 알렉신 등의 뮤코다당류가 포함돼 있어 항암효과 외에도 방부작용과 위액 분비 촉진작용을 도우며, 여성의 생리불순 해소에도 탁월한 효과가 있다.

나른한 봄의 입맛을 돋우고 피로를 해소하는 주꾸미는 그야말로 제대로 된 약식동원의 효과를 볼 수 있는 훌륭한 식재료라 할 수 있다.

Today's Recipe

주꾸미미더덕찜
쫄깃하고 아삭한 **식감의 향연**

재료
주꾸미 30g, 미더덕 3g, 콩나물 20g, 미나리 3g, 양파 3g, 실파 1g, 녹말가루 1g, 찹쌀가루 1g
양념 : 고춧가루 1g, 다진 마늘 1g, 간장 1g, 매실청 1g, 청주 1g, 참기름 0.5g, 참깨 0.3g

만드는 법
1 주꾸미는 소금을 넣고 끓인 물에 데친다.
2 미더덕은 깨끗이 손질해 씻는다.
3 콩나물은 깨끗이 씻어 삶은 뒤 찬물에 헹궈 체에 밭친다.
4 미나리, 실파, 양파는 깨끗이 씻은 뒤 4cm 길이로 썬다.
5 분량의 양념 재료를 섞는다.
6 녹말가루와 찹쌀가루를 물에 갠다.
7 볶음 솥에 주꾸미, 미더덕, 콩나물, 양념장을 넣어 살짝 볶는다.
8 7에 6과 미나리, 실파, 양파를 넣어 익힌 후 참기름으로 향을 내고 참깨를 뿌린다.

04 15 Tue

Today's Recipe

돌나물겨자냉채

식욕을 돋우는 나물과 소스의 만남

재료
돌나물 7g, 빨강 파프리카 3g, 노랑 파프리카 3g, 사과 6g, 설탕 2g
소스 : 레몬즙 0.3g, 식초 0.3g, 매실청 0.3g, 머스터드소스 2g

만드는 법
1 돌나물은 깨끗이 씻어 체에 밭쳐 물기를 뺀다.
2 깨끗이 씻은 파프리카는 먹기 좋은 크기로 채 썬다.
3 사과는 깨끗이 씻어 가로세로 2cm, 두께 0.5cm 크기로 썰어 설탕물에 헹군다.
4 분량의 소스 재료에 돌나물, 파프리카, 사과를 버무린다.

620.9 Kcal

오늘의 식단

보리밥

애호박고추장찌개

닭마늘간장조림

진미채볶음

돌나물겨자냉채

깍두기

블루베리

오늘의 급식 이야기

최고의 음식 최악의 음식
소금

소금은 봉급을 의미하는 라틴어 'salarium'에서 파생한 말이다. 고대 로마시대에 소금의 가치는 대단해서 군인들의 급료를 소금으로 지불했는데 오늘날까지도 봉급자를 '샐러리맨(salary man)'이라고 한다.

소금은 인간이 살아가는 데 매우 중요한 역할을 한다. 음식의 맛을 내고 저장성을 높여줄 뿐 아니라 인체의 생리 기능에도 반드시 필요하다. 사람 몸속에는 소금이 100g(체액 내 염분 농도 0.9%) 정도 있는데 하루에 12~13g의 소금을 섭취해야 생명을 유지할 수 있다. 만약에 소금이 부족하면 신진대사가 원활하지 못해 몸속의 노폐물이 독소로 변해 근육을 경직시키고 피로를 느끼게 되며 면역력이 약해져 여러 질병에 걸리기 쉽다.

반대로 소금을 많이 섭취하면 노폐물이 우리 몸에서 빠져나가지 못하게 해 부종을 일으키고 세포의 수분이 혈관으로 빠져나오면서 혈관이 팽창, 고혈압에 걸릴 위험이 커지고 신경과민, 불면증, 혈액순환 장애 등의 부작용이 일어나기도 한다.

사람은 단맛, 짠맛, 신맛, 쓴맛, 감칠맛을 느낄 수 있는데 그중 다른 맛은 여러 재료를 통해서 맛볼 수 있지만 짠맛은 오직 소금을 통해서만 얻을 수 있다. 소금은 짠맛을 내는 것 외에 재료에 양념이 배게 해 맛을 더하는 역할을 한다. 또 다른 맛과 상승작용을 하여 소금을 조금 넣으면 단맛은 더 달게, 쓴맛이나 신맛은 부드럽게 해준다. 고기 등을 구울 때 소금을 뿌리면 표면의 단백질이 빨리 응고해 맛 성분과 영양분이 빠져나오는 것을 막아준다.

여기서 잠깐! 광해군을 왕으로 만들어준 소금

조선시대 광해군은 "반찬 중 무엇이 제일 으뜸인가?"라는 선조의 물음에 "소금입니다"라고 답했다. 선조는 왕자들을 시험하기 위해 이 같은 질문을 했는데 다른 왕자들은 각자 자신이 좋아하는 반찬을 말했다. 선조가 소금을 고른 이유를 묻자, "아무리 맛난 산해진미도 소금이 없으면 백 가지의 맛을 이루지 못하기 때문입니다"라고 답해 그 영특함에 놀란 선조와 신료들이 서자였던 광해군을 왕의 재목으로 생각하고 세자로 책봉했다고 전해진다.

또한 〈이솝우화〉로 유명한 동화작가 이솝은 소금에 대해 "제일 맛 좋은 음식도 소금이고 제일 맛없는 음식도 소금이다"라고 말했다. 결국 소금의 가치는 쓰는 사람에 달린 셈이다.

04 16 Wed

오늘의 식단

공주 비빔밥

괴산 올갱잇국

서천 주꾸미볶음

금산 인삼튀김

천안 호두장아찌

배추김치

한산 모시떡

논산 딸기

687.8 Kcal

Today's Recipe

재료
호두 10g, 다시마 5g, 건표고버섯 1g, 소금 1g, 간장 5g, 설탕 5g, 청주 2g

만드는 법
1 호두는 끓는 물에 소금을 넣고 우르르 데친다.
2 냄비에 건표고버섯, 다시마, 간장, 청주, 설탕, 물을 넣고 끓인 후 식힌다.
3 1과 2에 참기름, 다진 마늘, 청주를 넣고 조물조물 무친다.
4 보관통에 호두를 넣고 2를 부은 후, 호두가 뜨지 않게 누른다.
5 3일 뒤 국물을 따라내어 다시 끓인 후 식혀서 붓기를 3번 반복한다.

호두장아찌
고소한 호두가 오도독 씹혀요

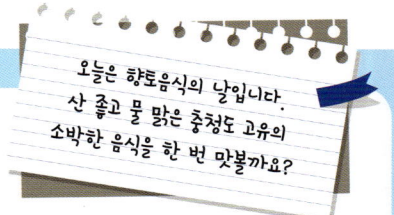
오늘은 향토음식의 날입니다.
산 좋고 물 맑은 충청도 고유의
소박한 음식을 한 번 맛볼까요?

정교하고 담백한 충청도 음식

충청도는 삼국시대에 백제의 중심이었다. 정교한 백제의 후손이 만드는 충청도 음식은 간이 심심하고 특징이 없는 것 같지만, 충청도 음식의 참맛은 담백하고 정교하여 미각이 뛰어난 사람에게 호평을 받는다. 괴산의 올갱이국은 충북 향토음식 1위에 선정될 정도로 유명한 향토음식이다. 올갱이는 다슬기의 충청도 사투리. 충청도는 금강, 남한강 등 깨끗하고 수량이 풍부한 강이 많아 다슬기의 품질도 좋다.

또 호두 하면 천안 호두과자가 떠오를 정도로 호두는 천안의 유명한 특산품이다. 호두는 고려 말 공신이었던 유청신이 원나라에 왕을 따라 사신으로 갔다가 귀국할 때 묘목 3그루와 종자 5개를 얻어 가지고 와 고향인 천안의 광덕산에 심은 것이 우리나라 호두의 시초가 되었다고 전해진다. 이름은 호지(원나라)에서 가져왔고 과실 모양이 복숭아와 같다고 해서, 호(胡)자와 도(桃)를 따서 '호도'라고 지은 것이 지금의 '호두'가 되었다. 충남 공주는 밤이 맛있기로 유명한 곳이다. 차령산맥과 계룡산 계곡의 청정한 공기와 큰 일교차가 바로 맛있는 밤을 만드는 비결이다. 또 밤을 강제로 털지 않고, 자연적으로 떨어진 것을 수확해 맛과 저장성이 뛰어나다.

한편 충남 금산은 경기 강화, 경북 풍기와 함께 우리나라 인삼의 주산지이고, 충남 서천은 주꾸미의 고장으로 유명하다. 특히 주꾸미는 봄에 잡은 것이 영양가가 많고 맛이 뛰어나 이맘 때 자주 먹으면 좋다. 일교차가 크고 일조량이 풍부한 논산에서 생산하는 딸기는 달고 빛깔이 곱다. 모시옷의 소재로 유명한 한산 모시는 칼슘과 섬유질이 많아 뼈를 튼튼하게 하고 각종 성인병을 예방하는 효과도 있다. 모시로 만든 대표적인 음식인 모시떡은 쌉싸래한 맛과 쫄깃한 식감으로 인기를 끌고 있다.

04 17 Thu

오늘의 식단

628.4 Kcal

- 차수수밥
- 쇠고기전골 
- 갈치무조림 
- 세발나물무침 
- 미역자반/우엉부각 
- 열무김치 
- 딸기

영양만점 주전부리
전통 부각

세발나물무침
입맛을 돋우는 갯벌의 **짭조롬한 맛!**

재 료
세발나물 20g, 참깨 0.3g
양념장 : 된장 1g, 고추장 1g, 다진 파 0.5g,
다진 마늘 0.3g, 참기름 0.5g

만드는 법
1 세발나물은 씻은 후 끓는 물에 소금을 넣고 삶는다.
2 분량의 재료를 섞어 양념장을 만든다.
3 1에 양념장을 넣고 살살 버무린다.
4 마지막으로 참깨를 솔솔 뿌린다.

부각은 우리나라 전통 조리법을 활용한 음식으로, 재료를 그대로 튀기는 튀각과 달리 재료에 찹쌀풀을 발라서 튀긴다.

부각은 우리 조상들이 10월 가을걷이를 한 후에 채소 등을 오랫동안 저장해 먹을 요량으로 만든 것으로, 채소나 해조류를 건조해 저장해두면 저장식품의 독특한 맛을 즐길 수 있고 김장 김치만으로는 부족한 영양을 섭취하는 데 도움이 됐다.

다만 하지에서 추분까지는 습도가 높아 눅눅해지므로 부각을 만들어 먹지 않았다. 주로 추수를 한 후에 만들어 겨울과 봄 동안에 즐기는 간식이었던 것. 하지만 여름에도 만드는 경우가 있긴 했는데 음력 7월 보름날 조상의 혼을 천도하는 제사를 지낼 때는 고추부각과 다시마튀각을 만들었다.

또 부각은 주로 사찰에서 즐겨 만들어 먹던 음식으로 이는 스님들이 육류를 섭취하지 않는 대신 식물성 기름을 사용하는 방법으로 에너지를 보충했는데, 대표적인 음식이 바로 부각이다. 맑은 공기과 깨끗한 물 등 사찰의 좋은 환경 또한 부각을 만드는 데 최상의 환경이기도 해서 유명한 부각들에는 사찰의 이름이 함께 붙어 불리고 있다. 대표적인 것이 송광사의 감자부각, 통도사의 참죽부각, 해인사의 산동백잎 부각 등이다.

한편 부각은 예로부터 귀한 손님에게 대접하는 음식이기도 했다. 〈삼국사기〉에 따르면 신라 신문왕 3년에 왕이 왕비를 맞이할 때 부각이 폐백 품목 중 하나임을 확인할 수 있다. 따라서 부각은 기름을 사용하기 시작한 때부터 만들어지기 시작한 것으로 추측된다. 김부각의 경우는 조선 중엽 해은공 김여의가 귀양살이를 하던 중, 김 양식 방법을 개발해 김을 생산했는데 당시 열풍 건조하는 기술이 없어서 찹쌀죽에 양념을 섞어 김에 발라 말린 후 오래도록 보관할 수 있도록 한 것이 지금의 부각에 이르렀다고 전해진다. 그리고 이렇게 찹쌀죽을 발라 말린 김은 먼 길을 떠나는 사람에게는 훌륭한 양식이었다.

부각의 재료는 채소의 잎이나 뿌리 등 수분이 적고 향미가 많은 것이 제격. 대표적인 재료로는 김, 다시마, 미역, 연근, 고구마 등이 있다.

부각을 조리할 때는 기름의 온도가 매우 중요한데 낮은 온도에서 튀기면 기름을 많이 흡수해 바삭하지 않기 때문에, 고온에서 재빨리 튀겨내야 바삭하고 맛있는 부각을 만들 수 있다.

04 18 Fri

오늘의 식단

645.3 Kcal

약콩밥

우렁된장찌개

편육

달래김무침

당근/오이/상추쌈

양념쌈장

보쌈김치

인절미

시험 합격의 부적
인절미

인절미는 찹쌀을 불려 밥처럼 찐 뒤 떡메로 쳐서 모양을 만들어서 고물을 묻힌 떡이다.

지금의 인절미라는 이름을 갖게 된 것은 조선시대라는 이야기가 있다. 조선 시대 인조 때 이괄이 난(1624년)을 일으켜 한양이 반란군에 점령당하자 인조가 공주의 공산성으로 피란을 왔는데, 이때 임씨라는 농부가 찰떡을 해서 임금에게 바쳤다. 그 떡 맛이 좋을 뿐 아니라 인조가 처음 먹어보는 떡이라 그 이름을 물었는데 아는 이가 없었다. 인조가 임 서방이 쌀을 잡아 당겨 자른 떡이라 하여 '임절미'라 이름을 지었는데 그것이 오늘 날 '인절미'로 바뀌었다는 것.

하지만 실제로 인절미를 만들어 먹은 것은 훨씬 이전으로 거슬러 올라간다. 신라를 건국한 박혁거세에 이은 제2대 남해왕. 남해왕은 슬하에 유리 왕자와 아니 공주를 두었고, 아니 공주는 석탈해와 혼인을 했다. 남해왕이 죽고 다음 왕위를 이을 인물을 가려야 하는데 원래는 유리 왕자가 왕위를 이어야 했지만 남해왕이 유언으로 사위인 석탈해를 지목해 두 사람 중 한 명을 가려야만 했다. 하지만 둘 다 왕위를 서로에게 양보했고, 이때 석탈해가 "이가 많은 사람이 왕이 되도록 합시다"라는 제안을 했다. 이는 예로부터 덕이 높은 사람이 치아 수가 많다는 이야기가 전해져 왔기 때문. 따라서 두 사람이 모두 떡을 깨물어 잇자국을 세어본 후 이가 많은 유리가 신라의 제 3대 임금이 되었다고 한다. 신라에서 임금을 칭하는 '이사금'이라는 왕호도 여기에서 비롯되었다고 할 수 있다. 그리고 이때 사용한 떡이 바로 찹쌀로 만든 인절미나 절편이었을 것이라는 추측이다.

옛날에는 과거시험을 보러 갈 때 인절미를 해서 봇짐에 싸서 메고 가면서 먹었는데, 인절미는 잘 굳지 않으며 일단 굳어도 잘 상하지 않기 때문에 길 떠나는 사람들이 봇짐에 인절미를 싸 가지고 가며 허기질 때 요기를 한다 해서 '나그네 떡' 이라 부르기도 했다. 따라서 과거 보는 날이 가까워지면 장안은 물론, 서생들이 한양으로 들어오는 고갯마루에는 인절미를 파는 떡장수들이 즐비했고, 서생들은 그 인절미를 사서 성황당 나무 앞에 놓고 급제를 기원했다고 한다. 오늘날 중요한 시험을 앞둔 사람에게 찹쌀떡을 선물하는 풍속은 이때부터 시작된 것이라고 할 수 있다.

또 혼례를 마친 신혼부부가 첫날밤에 합환주를 나눌 때 안주로 인절미를 나누어 먹기도 했는데 이 역시 두 사람이 찰떡같이 오래 해로(偕老)하라는 의미가 담겨 있다.

달래김무침
잃어버린 입맛도 돌아오는 **달래의 향긋함**

재료
달래 5g, 김 5g, 간장 1g, 매실청 1g, 참기름 0.5g, 통깨 0.3g

만드는 법
1 달래는 소독하여 깨끗하게 씻은 후 3cm 길이로 썬다.
2 간장, 매실청, 통깨, 참기름을 섞어 양념장을 만든다.
3 김은 구운 후 손으로 찢어서 준비한다.
4 달래에 양념장을 넣고 무친 후 김을 넣고 함께 버무린다.

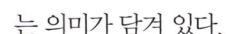

오늘의 식단

녹두밥

다시마뭇국

닭찜

매운어묵볶음

쑥갓무침

배추겉절이

참외

618.7 Kcal

오늘의 급식 이야기

좋은 것은 널리 널리 '인구회자'
(人口膾炙)

닭찜
쫄깃한 닭고기에 **영양이 듬뿍!**

재료
닭고기 50g, 밤 8g, 양파 6g, 당근 5g, 표고버섯 5g,
양념 : 간장 4g, 다진 마늘 1g, 생강 0.5g, 매실청 1g,
청주 1g, 참기름 0.5g, 참깨 0.03g, 후춧가루 약간

만드는 법
1. 닭고기는 20g 정도 크기로 자른다.
2. 닭고기는 깨끗하게 씻어 핏물을 뺀 후 한 입 크기로 썰어 청주, 후춧가루, 마늘을 넣고 밑간 한다.
3. 밤, 양파, 당근, 표고버섯은 깍둑썰기 한다.
4. 간장, 마늘, 생강, 매실청, 청주, 참기름, 참깨, 후춧가루를 혼합하여 양념장을 만들어 2에 넣고 재운 후 조린다.
5. 4가 어느 정도 익으면 3의 재료를 넣고 충분히 익힌다.
6. 5에 참깨를 뿌리고 마무리한다.

인구회자란 '사람들의 입맛에 맞는 날고기(膾)와 구운 고기(炙)'라는 뜻으로, 칭찬을 받으며 많은 사람들의 입에 자주 오르내림을 이른다.

'인구에 회자되다'는 사람들이 날고기와 구운 고기를 맛나게 먹는 것처럼 행실이나 작품 등이 사람들 입에 오르내림을 뜻한다. 〈맹자〉의 '진심장구(盡心章句)'에 이에 대한 이야기가 실려 있다.

증석은 양조(羊棗, 대추)를 좋아했는데, 증석의 아들 증자는 아버지가 죽은 뒤 아버지가 생각나서 차마 양조를 먹지 못하였다. 하루는 공손추가 이 일을 두고 맹자에게 "날고기와 구운 고기와 양조는 어느 것이 더 맛이 있습니까"라고 물었다. 맹자가 "날고기와 구운 고기가 더 맛있다"라고 대답하자, 공손추는 "증자는 어찌 날고기와 구운 고기는 먹으면서 양조는 먹지 않은 것입니까"라고 물었다.

그러자 맹자는 "날고기와 구운 고기는 사람들이 함께 좋아하는 것이고, 양조는 증석이 홀로 좋아한 음식이기 때문이다. 웃어른의 이름 부르기를 꺼리고 성을 부르기를 꺼리지 않는 것은 성은 다 함께 쓰는 것이지만 이름은 그 사람 혼자 쓰는 것이기 때문이다"라고 대답했는데, 이로부터 '회자인구'라는 말이 비롯되었다.

또 오대(五代) 시대의 왕정보는 〈당척언〉에서 '물소리 귀에 오래 남아 있고, 산 빛은 문을 떠나지 않네(水聲長在耳, 山色不離門)'라는 시구 등을 예로 들면서, "이와 같은 시구들이 널리 사람들의 입에 오르내린다(皆膾炙人口)"고 평했다. 여기서 유래하여 회자인구는 훌륭한 시문(詩文) 등이 맛있는 음식처럼 사람들의 입에 많이 오르내리며 칭찬받는 것을 비유하는 고사성어가 되었다.

하지만 '인구회자'라는 말을 사용할 때는 주의해야 할 점이 있다. 많은 사람들의 입에 오르내린다고 해서 모두 쓸 수 있는 것이 아니라 부정적으로 화제의 대상이 되는 것은 '회자'에 해당하지 않기 때문에 이때 '인구에 회자되다'라고 표현하는 것은 상황에 어울리지 않는 표현이다. 따라서 칭찬을 하거나 좋은 의미로 사용되는 상황에 대해서만 '인구에 회자된다'고 할 수 있다.

04 22 Tue

오늘의 식단

잡곡밥

감자탕

쥐어포고추장볶음

두부전

애호박전

삼색냉채

배추김치

사과

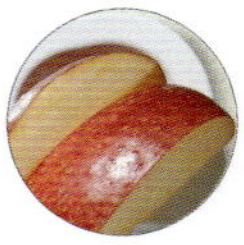

633.8 Kcal

오늘의 급식 이야기

감자탕은 왜 감자탕일까?

감자탕
진하고 개운한 국물에 속까지 시원!

재료
감자 25g, 깻잎 2g, 들깨가루 2g, 청양고추 0.6g, 마늘 0.5g, 대파 2g, 풋고추 0.5g, 붉은고추 0.5g
배추 양념 얼갈이 25g, 국간장 2g, 된장 1g, 마늘 0.2g, 고춧가루 0.5g
고기 육수 돼지등뼈 25g, 돼지갈비 25g, 마늘 0.5g, 생강 0.3g, 대파 1g, 청주 0.5g, 새우젓 1g, 후추 0.05g, 고추장 2g, 된장 2g, 고춧가루 1g

만드는 법
1 돼지갈비는 3×4×0.7cm 크기로 먹기 좋게 준비한다.
2 돼지등뼈와 돼지갈비는 찬물에 담가 핏물을 뺀 뒤 끓는 물에 데친다.
3 배추는 끓는 물에 데친 후 찬물에 헹구어 물기를 짜서 4cm 길이로 썰어 양념을 넣고 고르게 배도록 주무른다.
4 감자는 4등분하고, 청양고추, 풋고추, 붉은 고추는 0.2cm 정도로 어슷 썬다.
5 데쳐낸 잡뼈는 2시간 동안 끓인 다음 기름을 제거하고 등뼈에 있는 살을 발라낸 후 큰 뼈는 건져내고 작은 등뼈만 남겨 둔다.
6 5에 돼지갈비와 감자, 고기육수를 넣고 끓인다.
7 6에 양념해 둔 배추를 넣고 끓이다가 썰어둔 고추, 대파, 깻잎을 넣어 한소끔 더 끓인 후 간을 맞추고 들깨가루를 넣는다.

'감자탕'은 돼지등뼈와 감자, 우거지, 들깨, 깻잎 등을 넣고 진하게 끓여 돼지등뼈 사이사이 붙은 고기를 쏙쏙 빼 먹는 재미가 쏠쏠한 음식이다.

특히 돼지등뼈에는 단백질, 칼슘, 비타민 B_1 등이 풍부해 성장기 어린이들의 발육에 도움을 줄 뿐만 아니라, 함께 넣어 끓이는 우거지와 시래기는 식이섬유가 풍부하기 때문에 대장 활동을 원활하게 해줘 영양식으로 그만이다.

감자탕은 원래 삼국시대 때 전라도 지방에서 먹었던 음식이다. 돼지를 많이 사육했던 전라도 지역에서는 농사에 꼭 필요한 소 대신 돼지를 잡아 그 뼈를 우려낸 국물에 채소를 넣어 끓여 먹었는데, 주로 뼈가 약한 사람이나 환자들이 먹는 보양식이었다. 이후 1883년 인천항이 개항하면서 전국 각지의 사람들이 인천으로 모여들었는데 이때 감자탕도 함께 전파되어 대중화된 것으로 추측한다. 그리고 1899년 경인선 철도 공사 때 많은 인부들이 인천으로 몰려왔는데 돼지등뼈, 감자, 각종 채소를 넣어 만든 형태의 감자탕이 포만감을 주면서 강한 맛을 원하는 인천 부두 노동자들에게 인기를 끌었고, 점차 지금의 형태와 비슷한 감자탕이 만들어진 것으로 보인다.

감자보다 돼지등뼈가 주재료임에도 감자탕이라는 이름이 붙은 데는 여러 가지 이야기가 전해진다. 그중 한 가지는 돼지등뼈에 든 척수를 '감자'라고 한다는 데서 유래했다는 것이고, 다른 한 가지는 돼지등뼈에 우거지를 넣고 끓여 먹던 '뼈다귀탕'이 있었는데 일제 강점기에 감자가 많이 보급되면서 뼈다귀탕에 감자를 통째로 올려 놓았던 것이 감자탕으로 불리게 되었다는 설이다.

감자탕을 끓일 때는 돼지등뼈를 하룻밤 정도 푹 담가 핏물과 잡내를 완전히 빼내는 것이 좋다. 핏물을 뺀 갈비를 끓는 물에 넣고 살짝 익을 정도만 데친 후 그 물을 버리고 요리하면 갈비의 누린내도 많이 없어지고 겉기름도 빠져 국물이 담백해진다. 또 양념장을 만들 때 고춧가루 대신 고추기름을 쓰면 맛이 더욱 깔끔하다.

04 23 Wed

Today's Recipe

김말이주먹밥

동글동글 만들어 한입에 쏙~!

재료
쌀 55g, 검정깨 0.2g, 흰깨 0.2g, 당근 7g, 우엉 7g, 단무지 7g, 부추 2g, 김 가루 4g, 참기름 1g, 간장 1.5g

만드는 법
1 우엉은 잘게 다진 후 간장, 매실청을 넣고 조린다.
2 당근, 단무지, 부추는 0.5cm 길이로 잘게 썬 후 살짝 볶는다.
3 밥에 참기름을 넣고 1, 2를 넣어 골고루 섞는다.
4 3을 탁구공만한 크기로 둥글게 빚는다.
5 4에 김 가루를 골고루 묻힌다.

오늘의 식단

705.8 Kcal

 김말이주먹밥

 호박우동어묵국

 떡볶이

 오징어다리튀김

 무/오이피클

 배추김치

 청포도

오늘의 급식 이야기

꼭꼭 눌러 뭉친 주먹밥의 힘!

주먹밥은 밥을 주먹 크기로 뭉쳐서 만들었다고 해서 붙여진 이름으로, 먼 길을 가는데 밥을 지어 먹을 여건이 되지 않거나 전쟁 등과 같은 비상 상황에 주먹밥으로 끼니를 대신했다.

주먹밥의 유래는 한 나그네가 한양으로 가던 도중 배가 고파 어느 집에 들러 신세를 졌다. 나그네는 고마운 마음에 밤늦게까지 그 집의 장작 패는 일을 도운 후 이튿날 새벽 일찍 집을 나섰는데 집 주인이 밥을 종이에 싸서 나그네에게 건넸다. 나그네가 길을 가다 그 밥을 꺼내 먹었는데 그 맛이 좋고, 먹기도 편했다고. 이후 소문이 퍼져 먼 길을 떠날 때 밥을 뭉쳐 가지고 가게 되었다는 것이다.

주먹밥은 지금도 그렇지만 역사 속에서도 요긴한 끼니로 활용되었다고 기록하고 있다. 조선 선조 때 학자 이식이 쓴 〈택당집〉에는 임진왜란 당시 선조 없이 홀로 피난길에 나선 의인왕후의 고난이 기록되어 있는데 여기에 주먹밥이 등장한다. 의인왕후와 별로 사이가 좋지 않던 선조가 후궁인 인빈 김씨와 먼저 피난길에 오른 후 중전인 의인왕후는 몇 명의 신하들과 뒤따라 피난길에 나섰다. 이렇게 홀로 피난길에 오른 의인왕후가 의주로 향하던 도중 어느 마을에 도착했는데 이미 마을이 파괴된 후여서 중전에게 바칠 음식마저 구할 수가 없었다. 이에 신하들이 머리를 맞대고 상의한 끝에 보따리에 준비해 간 주먹밥을 중전에게 올렸다는 이야기다. 또 〈조선왕조실록〉에도 "공주에 사는 박축이라는 사람은 쌀을 내어 죽을 끓여서 굶주린 백성을 구제해 살려낸 것이 300여 명이나 되고, 정무경이라는 이는 콩을 삶아 주먹밥을 만들어 길거리의 굶주린 사람들에게 나눠줘 구제했습니다. 이런 난리를 당해 남을 구제할 마음을 가졌으니 포상하여 다른 사람들에게 권장하지 않을 수 없습니다"라고 기록하고 있어 주먹밥이 전란 상황에서 중요한 역할을 했음을 짐작할 수 있다.

이 후 6·25전쟁에서도 주먹밥은 많은 피란민들에게 든든한 식량이 되어주었고, 전쟁 중에 고통을 함께 나누며 화합을 다질 수 있는 요소가 되었다.

오늘날에는 둥근 주먹밥보다 잡고 먹기 편하게 삼각형으로 만들어서 밥 안에 김치, 참치, 불고기 등을 다양하게 넣은 삼각 김밥이 요긴한 식사 대용으로 바쁜 현대인들의 속을 든든하게 해주고 있다.

04 24 Thu

오늘의 식단

풋완두콩밥

게맛살달걀탕

함박스테이크

프렌치마늘토스트

양상추샐러드

딸기소스

오이지무침

석박지

681.4 Kcal

죽기 전에 꼭 먹어야 할 음식 25가지

죽기 전에 꼭 먹어야 할 음식 25가지 리스트가 공개됐다. 미국의 최대 인터넷 매체 〈허핑턴포스트〉는 직접 오븐에 구운 로스트 치킨, 인스턴트가 아닌 진짜 라면, 직접 만든 마요네즈를 뿌린 프렌치프라이 등이 죽기 전에 전에 꼭 먹어야 할 음식이라고 소개했다. 특히 25가지 음식에 우리나라 돌솥비빔밥과 겨울철 주전부리로 사랑 받는 군밤을 포함하고 있어 눈길을 끈다. 〈허핑턴포스트〉가 선정한 죽기 전에 먹어야 할 25가지 음식은 다음과 같다.

죽기 전에 꼭 먹어야 할 음식 25가지

1. 뉴욕 르뱅 베이커리(Levain Bakery)의 초콜릿 칩 쿠키
2. 스위트브레드(어린 양 등의 췌장 또는 흉선)
3. 직접 오븐에 구운 로스트 치킨
4. 로브스터 롤(로브스터 혹은 왕새우에 마요네즈를 넣어 만든 샐러드)
5. 인스턴트가 아닌 진짜 라면
6. 뉴올리언스 카페 뒤 몽드(Cafe Du Monde)의 베니에(설탕가루가 뿌려진 프랑스식 도넛)
7. 라클렛(삶은 감자에 녹인 치즈로 맛을 낸 스위스식 요리)
8. 직접 만든 마요네즈를 뿌린 프렌치프라이
9. 피멘토 치즈(체더 치즈 혹은 가공 치즈에 빨간 피망과 마요네즈를 넣어 만든 요리)
10. 군밤
11. 세비체(Ceviche · 해산물에 잘게 다진 채소와 레몬즙을 넣은 페루식 요리)
12. 레스토랑에서 먹는 아침 식사
13. 돌솥 비빔밥
14. 죠스(Joe's)의 스톤크랩(바위게에 머스타드소스를 넣어 만든 미국 마이애미 요리)
15. 밭에서 바로 딴 신선한 딸기
16. 라르도(돼지 등지방으로 만든 이탈리아식 베이컨)
17. 진짜 메이플시럽을 곁들인 팬케이크 혹은 프렌치토스트, 와플
18. 신선한 리코타 치즈
19. 스테이크 타르타르(다진 생 쇠고기에 날달걀을 넣은 요리, 우리 육회와 비슷)
20. 샌프란시스코 타르틴 베이커리(Tartine Bakery)의 초콜릿 크루아상
21. 직접 만든 신선한 휘핑크림
22. 껍질을 갈라 바로 먹는 (해스)아보카도
23. 뉴욕 베이커리 스포리아(Sfoglia)의 식빵
24. 토마토 수프와 구운 치즈
25. 타말레(마사라고 불리는 옥수수 가루로 만든 도우에 쇠고기, 채소 등으로 속을 넣어 만든 빵을 옥수수 껍질에 싼 멕시코식 요리)

게맛살달걀탕
입안 가득 퍼지는 향긋한 **부드러움**

재료
게맛살(크래미) 8g, 달걀 12g, 다시마 2.5g, 실파 1g, 녹말물 0.4g, 참기름 0.3g, 청주 1g, 죽염소금 0.3g

만드는 법
1. 물에 다시마를 넣어 육수를 만든다.
2. 게맛살은 결대로 찢어 준비한다.
3. 달걀은 알끈을 제거하고 곱게 풀어 청주와 소금으로 간을 맞춘다.
4. 실파는 손질하여 송송 썬다.
5. 1의 육수에서 다시마를 건져내고 끓인 후 2, 3을 넣고 저어준 다음 소금으로 간한다.
6. 5에 녹말물을 풀어 농도를 걸쭉하게 맞춘 후 송송 썬 실파와 참기름을 떨어뜨려 맛을 더한다.

04 25 Fri

오늘의 식단

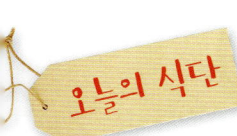
콩나물밥

부추양념

김국

채식볼강정

삼색묵어린잎무침

배추김치

크랜베리설기

참다래

614.4 Kcal

Today's Recipe

삼색묵어린잎무침
알록달록 삼색 묵으로 먹는 즐거움 2배!

재료
동부묵 7g, 도토리묵 7g, 호박묵 7g, 어린잎채소 1.3g
양념장 : 마늘 0.5g, 올리브유 0.4g, 참기름 0.4g, 간장 0.7g, 매실청 0.8g, 통깨 0.1g, 깨소금 0.2g

만드는 법
1 동부묵, 도토리묵, 호박묵은 가로, 세로 2cm로 깍둑 썬 다음 끓는 물에 살짝 데쳐 식힌다.
2 어린잎채소는 소독하여 세척한 후 물기를 제거한다.
3 1과 2를 섞은 후 양념장을 넣고 살살 버무린다.

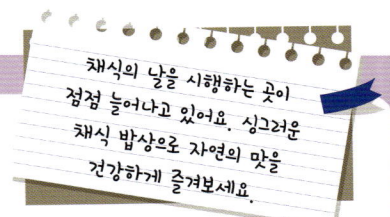

일주일에 한 번 채식의 날
가볍고 건강하게 먹자!

채식의 날을 시행하는 곳이 늘고 있다. 지나치게 육식 위주로 형성된 오늘날의 식습관을 개선하기 위해 일주일에 한 번이라도 채식을 통해 몸의 균형을 맞추자는 것.

대표적인 것이 '고기 없는 월요일' 캠페인이다. 비틀즈의 전 멤버였던 폴 매카트니가 코펜하겐 기후변화 협약 전에 있었던 벨기에 토론회에서 처음 제안했던 이 캠페인은 일주일에 한 번 채식을 통해 조화롭고 건강한 몸과 지구를 만들자는 운동이다. 일주일에 하루만 고기를 먹지 않아도 온실가스 문제, 물 부족 문제 등 환경오염 문제를 상당 부분 해결할 수 있다는 것이다.

서울시는 시민들의 건강 향상을 위해 2013년부터 시청 구내식당을 비롯한 41개의 공공기관 식당에서 일주일 중 하루를 '채식의 날'로 지정해 주1회 채식을 실시해왔다. 현재 서울시청 구내식당에서는 매주 금요일마다 채식 식단을 제공하고 있으며, 서울시의 모든 채식 식당과 채식 메뉴가 있는 일반 식당에 서울시에서 발급하는 로고 스티커를 입구에 부착할 예정이다.

학교급식에서는 성장기 학생들의 올바른 식습관 형성을 위해 일찍이 '채식의 날'을 시행하고 있는데, 전북도교육청은 2011년부터 '채식의 날' 시범학교를 지정해 운영하고 있다. 학교 재량으로 주 1회 또는 월 2회 학생들에게 채식을 제공하는데, 학부모뿐 아니라 학생들의 만족도도 대단히 높은 것으로 나타났다.

대량으로 조리하는 학교급식에서 일주일에 한 번 채식을 제공할 경우 지구온난화 저감 효과가 크게 나타날 뿐 아니라 채식 급식을 통해 학생들의 식습관을 바로잡고 환경보호의 중요성을 강조할 수 있다.

04 28 Mon

오늘의 식단

보리밥

연포탕

민어전

고사리나물

취나물무침

침채

모약과

참외

645.4 Kcal

오늘의 급식 이야기

23전 23승의 비결
이순신 밥상

연포탕
두부로 만들어 담백한 진짜 **연포탕의 맛!**

재료
두부 40g, 쇠고기 3g, 다시마 2g, 대파 0.3g, 생강 0.1g, 마늘 0.3g, 국간장 1g, 참기름 0.1g, 소금 0.1g

만드는 법
1. 물에 다시마를 넣고 육수 물을 우린다.
2. 쇠고기는 핏물을 빼고 다진 마늘, 참기름, 간장으로 밑간한다.
3. 두부는 사방 1.5cm 정도 크기로 깍둑 썬다.
4. 생강은 깨끗이 손질하여 씻은 후 가늘게 채 썰고, 대파는 어슷 썬다.
5. 1의 육수를 끓인 후 2의 양념한 쇠고기를 넣는다.
6. 쇠고기가 익으면 두부와 생강을 넣고 한 번 더 끓인다.
7. 소금으로 간을 맞춘 후 대파를 넣는다.

이순신 밥상은 〈난중일기〉, 〈징비록〉, 〈식료찬요〉 등 조선 중기 문헌을 바탕으로 임진왜란 당시 조선 수군이 먹었던 음식과 이순신 장군이 백의종군할 때, 전투에서 승리했을 때, 삼도수군통제사 및 전라좌수사 시절에 먹었던 음식 등 77종을 복원한 것이다.

이순신 밥상의 가장 큰 특징은 모든 음식에 고추를 전혀 쓰지 않았다는 점인데 이는 고추가 임진왜란 이후 전래된 것이기 때문. 또 지리적으로 바다에 접해 있었기 때문에 신선한 제철 수산물이 다양하게 활용되었음을 확인할 수 있다. 따라서 이순신 밥상은 고춧가루 대신 파, 마늘, 된장, 해산물 등 천연 재료를 이용해 맛을 냈다. 난중일기에 따르면 당시 병사들이 미역과 전복을 따고 청어, 숭어, 대구 등 각종 해산물을 잡아 임금께 진상하고 쇠고기, 노루고기, 꿩고기 등을 먹었다고 기록되어 있기도 한다.

임진왜란 당시 먹었던 음식은 조리와 배식이 간편한 콩가루 주먹밥, 굴밥, 통영비빔밥 등. 그중 이순신 밥상으로 복원한 주먹밥은 민들레, 씀바귀 등 산과 들에서 자라는 산야초를 넣은 주먹밥인데 특히 민들레는 상처 치유, 독소 제거 효능이 있어 전투 식량으로 제격이다. 승전 뒤에는 장병들의 노고를 치하하기 위해 단백질이 풍부한 설하멱(쇠고기 꼬치), 생치편포(다진 꿩고기 육포), 칠향계(닭찜) 등을 먹었다. 한편 위장병으로 자주 고생한 이순신 장군은 좁쌀과 멥쌀을 반반 섞어서 끓인 좁쌀죽을 즐겨 먹었던 것으로 전해진다.

또 이순신 장군이 백의종군하면서 먹었던 대표적인 음식이 연포탕이다. 당시 이순신 장군이 먹었던 연포탕은 지금처럼 낙지로 국물을 내는 것이 아니라 두부를 가늘게 썰어 꼬챙이에 꿰 기름에 지진 후 양념한 쇠고기나 꿩고기 또는 닭고기와 무, 다시마를 맑은 장국에 넣어 끓인 국으로 여기서 연포는 두부를 칭한다. 연포탕은 단백질과 식이섬유가 풍부해 전장에서 먹기 좋은 음식이었다.

이 외에도 이순신 장군은 주로 머물렀던 경상남도 통영의 음식을 즐겨 먹었는데 홍합미역국, 청어구이, 와각탕, 석화죽, 숭어전 등이 있다. 특히 젓갈은 이순신 장군의 밥상에서 절대 빠지지 않는 요리 중 하나였다.

628.2 Kcal

오늘의 식단

현미밥

콩나물김칫국

가자미살카레구이

마늘종베이컨볶음

두릅된장무침

총각김치

딸기

오늘의 급식 이야기

두 개의 눈이 쏠려 있는 가자미

가자미살카레구이
가자미살과 카레의 **환상 궁합!**

재료
가자미살 50g, 카레 가루 3g, 전분 1g,
아몬드채 0.3g, 포도씨유 2g, 마늘 1g, 생강 0.3g,
후춧가루 0.01g, 청주 1g, 소금 2g, 식초 1g

만드는 법
1 가자미살은 해동하여 소금, 식초 물에 담가 세척한 후 물기를 제거한다.
2 1에 포도씨유, 마늘, 생강, 후춧가루, 청주, 소금을 넣어 밑간 한다.
3 2에 카레 가루, 전분, 아몬드채를 묻힌다.
4 3을 기름을 바른 코팅팬에 가지런히 올려 예열(250℃)한 오븐에 넣고 굽는다(콤비 200℃ 20~25분).
5 가자미를 굽는 동안 청주를 분무기로 한 번씩 뿌려준다.
6 1차 구운 가자미는 오븐에서 바삭하게 조리한다(건열 210℃ 5분).

가자미는 우리나라를 대표하는 물고기로, 옛날 중국 사람들은 가자미를 일컬어 '접어(鰈魚)'라고 하고, 우리나라를 '접역(鰈域)'이라고 불렀다. 접역이란 우리나라 근해에서 가자미가 많이 잡혔고 그 맛 또한 일품이어서 붙여진 별칭이다. 그리고 우리 조상들은 접역이라는 별칭에 자부심을 가졌던 것으로 추측되는데, 이는 조선 초 세조가 명나라와 주고 받았던 외교 문서에 우리 땅을 접역이라고 표현한 것에서 짐작할 수 있다. 조선 후기의 정조 역시 "우리나라는 접역으로 예의를 아는 나라"라고 하기도 했다.

가자미의 가장 큰 특징은 눈이 오른쪽에 쏠려 있는 것인데, 이를 보고 옛날 사람들은 가자미를 눈이 하나밖에 없는 물고기로 생각해 '비목어'로 표현하기도 했다. '비목동행(比目同行)'이란 말도 여기서 파생된 말로 눈이 하나밖에 없기 때문에 두 마리가 서로 떨어지지 않고 늘 같이 붙어 다닌다는 뜻이다. 즉 둘이 합쳐져야 비로소 완전한 하나가 된다는 의미를 함축하고 있기 때문에 가자미를 화합과 협동, 신뢰와 믿음을 상징하는 물고기로 여겼고, 중국은 우리나라를 이에 비유한 것이다.

그런데 가자미의 눈이 원래부터 한쪽에 몰려있는 것은 아니다. 부화 당시에는 머리 양측에 눈이 한 개씩 있다가 점차 성장함에 따라 왼쪽 눈이 오른쪽 눈으로 접근하며 두 개의 눈이 쏠리게 되는 것.

가자미라는 이름에 얽힌 설화도 전해져 내려오는데, 가자미는 전취(前娶)의 자식을 몹시 미워하던 계모가 죽어서 태어난 것으로, 생전에 하도 전취 자식에게 눈을 흘긴 까닭에 그 죄로 눈이 한 쪽으로 몰려 붙었다는 얘기다. 따라서 가자미라는 이름은 계모를 뜻하는 '갓(가죽→겉→거짓)'과 '어미(어미)'의 합성어로 '거짓 어미'에서 비롯된 것을 알 수 있다.

여기서 잠깐!

눈이 오른쪽으로 쏠리면 가자미, 왼쪽은 넙치

넙치는 가자미와 비슷하게 생겨 종종 가자미와 헷갈리는데 이 둘은 눈이 있는 위치에 따라 구분할 수 있다. 등을 위로 하고 배를 아래로 해서 내려다 봤을 때 눈과 머리가 왼쪽에 있으면 넙치고, 눈과 머리가 오른쪽에 있으면 가자미다.

우리 속담에는 가자미가 들어간 말이 많은데 '가자미 눈으로 본다'와 '넙치가 되도록 맞았다'가 대표적이다. '가자미 눈으로 본다'는 예로부터 우리나라 사람들은 오른쪽을 바른쪽이라고 여겼는데 따라서 바른쪽에서 왼쪽으로 흘겨보는 것을 가자미 눈에 비유했고, '넙치가 되도록 맞았다'는 것은 눈이 왼쪽으로 돌아갈 정도로 맞았다는 것을 나타낸다.

04 30 Wed

Today's Recipe

영양닭죽

영양을 듬뿍 담은 닭죽에 **힘이 불끈!**

재료

닭 40g, 찹쌀 10g, 녹두 10g, 당근 7g, 표고버섯 7g, 부추 3g, 양파 3g, 마늘 1.5g,
생강 0.1g, 청주 0.1g, 인삼 1.5g, 수삼 3g, 소금 0.03g, 후춧가루 약간

만드는 법

1. 닭고기는 깨끗이 손질하여 끓는 물에 살짝 데친다.
2. 냄비에 1의 닭고기와 물, 양파, 생강, 마늘, 청주를 넣고 닭고기 살이 무르도록 삶아 뼈를 바르고 살을 찢은 후 국물은 체에 걸러 육수를 만든다.
3. 찹쌀과 녹두는 깨끗이 씻어 1시간 불린 후 건져서 물기를 빼둔다.
4. 수삼, 당근, 표고버섯, 부추는 깨끗이 씻어 0.5cm 길이로 썬다.
5. 2의 육수가 끓으면 3을 넣고 센 불에서 5분 정도 끓이다가 중불로 낮추어 저어주면서 20분 정도 더 끓인 후 찢어둔 닭고기와 4를 넣고 10분 정도 더 끓인다.
6. 소금으로 간을 맞추고 부추와 후춧가루를 넣어 마무리한다.

오늘의 식단

703.9 Kcal

 영양닭죽

 주꾸미소면무침

 단호박튀김

 울외장아찌

 나박김치

 포도

 오미자요구르트

오늘의 급식 이야기

닭고기
동서고금 최고의 식재료

닭고기는 우리나라 풍속에서 빠지지 않는 단골 식재료. 결혼식 후 폐백을 드릴 때는 반드시 통닭을 한 마리 올렸고 복날이면 삼계탕을 먹었다.

닭은 예로부터 다섯 가지 덕을 갖춘 동물이라고 했는데 닭의 볏은 머리에 쓰는 관을 닮아 '문(文)'을, 발톱은 '무(武)'를 뜻한다. 또 적에 대항해 용감히 싸우는 성격은 '용(勇)', 먹이를 독식하지 않고 무리를 부르는 것은 '인(仁)', 때를 맞춰 새벽을 알리는 것은 '신(信)'의 덕목에 비유할 수 있다고 했다. 예로부터 장모가 사위에게 씨암탉을 잡아준 것도 이런 연유에서였으리라.

닭은 영양학적으로도 매우 우수한 식품이다. 닭고기는 쇠고기나 돼지고기보다 섬유질이 가늘고 연해 소화 흡수가 잘되기 때문에 어린이나 환자에게 좋으며, 성장기 청소년에게는 더욱 좋은 단백질 식품이다. 특히 닭가슴살의 단백질 함유량은 100g당 23.3g으로 고단백 식품이다. 또 돼지고기나 쇠고기에 비해 지방이 적어 맛이 담백한 것도 닭고기의 특징. 반면 닭고기는 다른 육류보다 필수지방산을 많이 함유하고 있는데 이 속에 들어 있는 리놀렌산은 혈중 콜레스테롤을 낮추어 동맥경화나 심장병 예방에 효과가 있다. 칼로리도 낮기 때문에 다이어트를 하는 사람도 부담 없이 먹을 수 있다.

닭고기는 신선할수록 맛이 좋기 때문에 냉동보다는 냉장을 선택하는 것이 좋다. 냉동육은 고기가 질기고 뼈가 검다. 또 닭고기의 지방은 돼지고기와 쇠고기의 지방보다 산패가 빠르기 때문에 냉장 보관한 뒤에는 되도록 빨리 조리해 섭취하는 것이 좋다.

프랑스의 유명한 식품평론가 브리야 샤브랑은 닭고기를 "화가의 캔버스 같은 존재"라고 말했는데 이는 닭고기의 활용도가 그만큼 다양하다는 뜻이다. 돼지고기를 꺼리거나 쇠고기를 먹지 않는 문화권이 있는 데 반해 모든 문명권에서 특별한 제한 없이 즐겨 먹는 식재료가 바로 닭. 닭고기는 시대와 세계를 막론한 최고의 식재료임에 틀림없다.

여기서 잠깐!

닭똥집의 영양과 쫄깃한 맛

우리에게 닭똥집으로 더 익숙한 닭 모래주머니는 닭의 항문이 아닌 위(胃)다. 닭은 위를 2개 가지고 있는데 그중 하나가 모래주머니, 즉 닭똥집이다. 닭은 이가 없기 때문에 섭취한 곡류나 단단한 먹이는 모래주머니 속에서 모래알이나 작은 돌을 이용해 분쇄한 후 소화가 이루어지는 것이다. 모래주머니는 지방이 적고 단백질은 풍부하게 들어 있어 영양 면에서도 우수할 뿐만 아니라 쫄깃쫄깃한 식감과 독특한 향이 특징이다. 닭똥집은 대구 평화시장 닭똥집 골목이 꽤 유명한데, 이곳의 닭똥집이 유명해진 것은 1972년 한 통닭집에서 닭을 팔고 남은 닭똥집 처리를 고민하던 중 서비스로 닭똥집을 튀겨 내놓은 것이 좋은 반응을 얻으면서 부터다. 이후 값싸고 맛있는 닭똥집 요리가 소문이 나면서 닭똥집 골목까지 조성되었다.

월요일	화요일	수요일	목요일	금요일
			1 (생일 밥상) 쌀밥 들깨키조개미역국 장똑똑이 우엉당근잡채 깻잎전 배추김치 우리밀화이트케이크 골드키위 706.9 Kcal / 귀 빠진 날	2 미트볼스파게티 마카로니셀러리샐러드 오이피클 유자머핀 토마토 저농약배즙주스 756.1 Kcal / 어린이날
5 (어린이날)	6 (석가탄신일)	7 삼선짜장밥 꿀닭강정 오절판 배추김치 청포도 686.8 Kcal / 불포화지방산	8 카로틴밥 바지락수제비 소불고기 잔새우고추장볶음 세발나물/얼갈이무침 총각김치 참외 635.4 Kcal / 어버이날	9 강낭콩밥 돈육김치찌개 연어치즈구이 표고버섯양파볶음 오이무침 우엉강정 오렌지 643.8 Kcal / 연어
12 발아현미밥 부추달걀국 소사태찜 허브가지구이무침 장떡 열무김치 방울토마토 639.3 Kcal / 활성산소	13 풋완두콩밥 닭개장 생선가스 마카다미아아몬드볶음 깻잎순양파무침 깍두기 수박 662.3 Kcal / 인삼	14 (세계음식의 날) 우리밀채소모닝빵 베트남쌀국수 춘권 베트남샐러드 수제피클 빨간오이피클 망고스틴 697.3 Kcal / 베트남 음식	15 영양밥 미소장국 훈제오리구이 오징어무침 갓장아찌 흑임자죽 보쌈김치 골드키위 645.7 Kcal / 스승의 날	16 기장밥 짬뽕국 너비아니구이 고구마순볶음 키위샐러드 배추김치 배 628.9 Kcal / 짬뽕
19 (현장학습)	20 홍버섯쌀밥 어묵감잣국 꽁치간장조림 돈육김치볶음 쑥갓/팽이버섯무침 당근부각 사과 618.9 Kcal / 어두일미	21 (향토음식의 날) 곤드레밥/달래양념장 들깨무챗국 코다리강정 메밀묵김치무침 열무김치 감자떡 사과 683.6 Kcal / 강원도 음식	22 혼합곡밥 얼갈이해장국 닭고기양파볶음 멸치파프리카볶음 브로콜리무침 총각김치 파인애플 623.4 Kcal / 산성 알카리성	23 보리밥 곰탕 더덕황태채무침 달걀새우찜 오이사과샐러드 배추겉절이 키위 602.4 Kcal / 사골국물
26 검정쌀밥 콩나물국 쇠고기양송이볶음 오징어실채볶음 마늘종찜무침 배추김치 오렌지 622.7 Kcal / 농식품인증마크	27 차조밥 맑은순두부찌개 가자미마요네즈구이 곤약어묵조림 비름나물 무말랭이김치 포도 621.3 Kcal / 다이어트 음식	28 잔멸치볶음밥 유붓국 라조기 찹쌀콩조림 어린잎사과미소소스샐러드 백김치 수박 655.6 Kcal / 멸치	29 기장율무밥 꽃게백탕 매운미트볼조림 옥수수전 곤드레나물무침 배추김치 참외 648.9 Kcal / 꽃게	30 (채식 식단) 차수수밥 채식호박된장찌개 콩고기고추장구이 연근고구마강정 곰피/양배추쌈 땅콩쌈장 열무김치 바나나 642.2 Kcal / 역사 속 채식

MAY

어린이날, 어버이날, 스승의 날 등
각종 행사가 많은 가정의 달 오월.
맛있는 음식으로 기분 좀 내볼까요?

05 01 Thu

오늘의 식단

쌀밥

들깨키조개미역국

장똑똑이

우엉당근잡채

깻잎전

배추김치

우리밀화이트케이크

골드키위

706.9 Kcal

Today's Recipe

들깨키조개미역국
미역국에 고소한 들깨향이 솔솔

재료
건미역 1.3g, 키조개 15g, 들깨가루 3g, 다진 마늘 1g, 참기름 1g, 청주 1g, 국간장 1g

만드는 법
1. 건미역은 물에 30분 정도 불리고 깨끗이 씻어 물기를 뺀 후 2cm 길이로 썬다.
2. 키조개는 손질해서 1cm 크기로 썬다.
3. 1과 2에 참기름, 다진 마늘, 청주를 넣고 조물조물 무친다.
4. 달군 솥에 참기름을 두르고 3을 넣고 볶는다.
5. 4의 미역이 파랗게 변하면 물을 붓고 20분 정도 끓인 후 국간장을 넣는다.
6. 마지막에 들깨가루, 다진 마늘을 넣고 한소끔 끓인 후 불을 끈다.

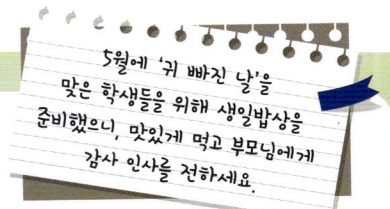

5월에 '귀 빠진 날'을 맞은 학생들을 위해 생일밥상을 준비했으니, 맛있게 먹고 부모님에게 감사 인사를 전하세요.

'귀 빠진 날'이라 부르는 이유

생일은 '귀 빠진 날'이라 한다. '귀 빠지다'라는 말은 '태어나다'를 뜻하는 속어다. 이는 산모가 아이를 낳는 과정에서 연유했다. 아이가 태어날 때 산모가 가장 고통스러운 순간은 아이의 머리가 나올 때다. 흔히 드라마에서 "힘을 더 주세요"라고 말하는 때가 바로 이 때다. 아이의 머리가 나올 듯 말 듯하며 산모의 애를 태운다. 아이의 이마가 무사히 나오기만 하면 바로 귀가 나오는데, 옛날 아이 낳는 것을 도와주던 산파들이 산모에게 '귀가 나왔다'고 말하며 안심시켰다고 한다. 즉, 아이의 귀가 보이면 출산이 끝난 것이나 다름없으므로 바로 귀가 빠진 그 순간을 출생 시간으로 본 것이다. 이렇게 '귀 빠졌다'는 말은 '아기가 나왔다'는 말로 '태어나다'라는 뜻을 갖게 되었다.

또 생일을 '고고성일(呱呱聲日)'이라고도 하는데, 이 말은 고고성(呱呱聲)을 울린 날이라는 뜻이다. 고고성은 아이가 세상에 나오면서 '응애'하고 우는 첫 울음을 뜻한다. 기도가 열리면서 울음이 터지고, 이때부터 아이는 혼자서 호흡을 할 수 있게 된다. 아이가 모체에서 분리된 이후 울지 않으면 간호사가 엉덩이를 때려서 울음을 유도하는 것도 바로 이런 이유 때문이다. 따라서 아이의 울음소리는 세상에 자신의 출현을 알리는 최초의 '인간 선언'이라고 할 수 있다.

세상에 태어나 첫 울음을 터뜨린 '귀 빠진 날'을 친구들과 즐겁게 보내는 것도 좋지만, 10개월 동안 뱃속에 품고 인고의 고통 끝에 낳아주시고 길러주신 어머니 은혜에 감사의 인사를 전하는 것도 잊지 말자.

05 02 Fri

Today's Recipe

미트볼스파게티

새콤한 토마토소스가 듬뿍

재료

스파게티 면 60g, 미트볼 20g, 토마토 30g, 쇠고기 10g, 양송이 10g, 양파 5g, 당근 3g, 셀러리 3g, 피망 3g, 케첩 10g, 토마토페이스트 5g, 하이스 가루 3g, 다진 마늘 1g, 올리브유 1g, 버터 2g, 핫소스 1g, 파슬리 0.3g, 월계수 잎 약간

만드는 법

1 토마토는 끓는 물에 데친 후 껍질을 벗겨 가로세로 1cm 크기로 썬다.
2 미트볼은 끓는 물에 데친다.
3 쇠고기와 모든 채소는 가로세로 1cm 크기로 썰어 버터에 볶는다.
4 3에 물을 붓고 월계수잎을 넣고 끓이다가 1, 2, 케첩, 토마토페이스트를 넣는다.
5 4에 물에 갠 하이스 가루를 넣고 끓인다.
6 5에 다진 마늘, 핫소스, 파슬리를 넣고 2~3분간 더 끓인다.
7 스파게티 면은 알덴테(씹힘이 살짝 있을 정도)로 삶은 다음 재빨리 건져 올리브유에 버무린다.
8 7과 6을 따로 배식해 취향껏 버무려 먹도록 한다.

756.1 Kcal

오늘의 식단

미트볼스파게티

마카로니셀러리샐러드

오이피클

유자머핀

토마토

저농약배즙주스

오늘의 급식 이야기

오늘은 어린이날 우리들 세상

5월 5일이 되면 쉽게 들을 수 있는 어린이날 노래. "날아라 새들아 푸른 하늘을, 달려라 냇물아 푸른 벌판을, 5월은 푸르구나 우리들은 자란다. 오늘은 어린이날 우리들 세상." 노래 가사처럼 어린이날은 어린이들 세상이기 때문에 어린이를 위한 각종 행사가 열린다. 이는 다른 나라도 마찬가지다. 날짜는 다르지만 각국에서는 어린이날을 국가의 기념일로 지정해 미래 사회의 주역이 될 어린이들이 슬기롭고 씩씩하게 자라날 수 있도록 응원하고 있다.

우리나라에서 어린이날을 최초로 기념하기 시작한 해는 1923년으로 알려져 있다. 1919년의 3·1독립운동을 계기로 어린이들에게 자존감과 민족정신을 고취하고자 하는 움직임이 일기 시작했고, 1923년 소파 방정환 선생을 포함한 일본 유학생 모임인 '색동회'가 주축이 되어 5월 1일을 '어린이날'로 정했다. 1923년 발표한 어린이날 선언문에는 "어린이를 종래의 윤리적 압박으로부터 해방하여 완전한 인격적 대우를 허용하고", "어린이를 재래의 경제적 압박으로부터 해방하여 연소노동을 금지하며", "어린이가 배우고 즐겁게 놀 수 있는 가정과 사회시설을 보장할 것"과 같은 아동 존중 사상이 잘 나타나 있다.

1945년 광복 이후에는 5월 5일에 어린이날 행사를 진행했으며, 1961년에 제정 공포된 '아동복지법'에서 5월 5일을 '어린이날'로 공식 지정해 기념하다가, 1975년부터는 대통령령 5037호에 의해 공휴일로 제정했다.

이 날은 우리나라의 모든 어린이가 사회의 관심과 사랑 속에서 바르고 씩씩하게 자랄 수 있도록 긍지를 심어주고, 또 가정환경이 불우한 어린이들도 소외되지 않고 성장할 수 있도록 따뜻한 격려와 위로를 전하는 날이다.

어린이날은 자녀의 생일만큼 중요한 날이라 각 가정에서 자녀들이 평소 갖고 싶어 했던 선물을 사주거나 밖에 나가 맛있는 음식을 먹기도 한다. 하지만 부모가 바쁘거나 그럴 수 없는 가정형편인 경우 아이들은 역으로 더 큰 소외감을 느낀다. 이럴 때 신경 써야 하는 것이 바로 학교급식이다. 해당일은 휴일이기 때문에 어린이날 전에 아이들을 행복하게 만들어줄 맛있는 점심을 준비하는 것은 어떨까.

686.8 Kcal

오늘의 식단

삼선짜장밥

꿀닭강정

오절판

배추김치

청포도

불포화지방산
오메가-3·6·9

삼선짜장
신선한 해물과 **달콤한** 짜장 소스의 만남

재료
양파 10g, 감자 10g, 호박 10g, 양배추 8g, 당근 2g, 사과 8g, 돼지고기 10g, 오징어 8g, 주꾸미 6g, 소라살 6g, 새우살 8g, 마늘 1g, 생강 0.3g, 춘장 10g, 전분 1g, 청주 1g, 설탕 1g, 식용유·참기름 적당량

만드는 법
1 춘장은 식용유를 충분히 두르고 설탕을 넣고 달달 볶는다.
2 양파, 감자, 호박, 양배추, 당근, 사과, 돼지고기는 손질해 가로세로 1cm 크기로 깍둑썰기 한다.
3 오징어는 몸통에 칼집을 내고 가로 3cm, 세로 2cm, 주꾸미는 3cm, 소라살은 가로세로 2cm 크기로 썬다.
4 달군 솥에 식용유를 두르고 생강과 마늘을 넣어 향을 낸 후 2를 넣고 볶는다.
5 4가 어느 정도 익었으면 준비해둔 1의 춘장을 넣고 중간불에서 충분히 볶는다.
6 5에 3과 청주를 넣고 센 불에서 재빨리 볶는다.
7 전분에 물을 붓고 녹말물을 만든다.
8 6에 육수를 붓고 끓으면 녹말물을 넣어 농도를 조절하고 참기름을 넣어 마무리한다.

불포화지방산을 함유한 음식이 몸에 좋다는 것은 널리 알려진 사실. 불포화지방산과 포화지방산은 어떤 차이가 있을까? 포화지방산은 에너지원으로 사용되는데 과하게 섭취하면 혈액 내에서 고체 상태로 혈중 콜레스테롤 농도를 증가시키고 비만을 유발할 수 있다. 주로 육류의 지방, 팜유, 마가린 등에 들어 있다. 반면 불포화지방산은 세포막, 호르몬 등을 구성하는 필수 성분으로 지방산의 구조에 따라 오메가-3 지방산, 오메가-6 지방산, 오메가-9 지방산으로 나뉜다.

오메가-3 지방산은 혈전과 염증을 예방하며 심혈관 질환에도 효과적이다. 덴마크의 다이어버그 박사는 1970년대 초 그린랜드 대형 병원에서 10년간의 에스키모 환자 진료 기록을 조사했는데 심장마비로 숨진 이가 한 명도 없었다. 알고 보니 오메가-3 지방산이 풍부한 생선, 바다 포유동물을 즐겨 먹은 것이 비결이었다. 오메가-3 지방산은 등 푸른 생선과 들기름, 아마씨유, 견과류 등에 많이 들어 있으며 체내에서 DHA, EPA로 변해 뇌의 기억력과 집중력을 높이고 혈관을 보호하며 최근에는 치매와 암예방을 돕는다는 연구결과도 나왔다.

오메가-6 지방산은 염증을 일으키고 몸 안에 출혈이 있을 때 피를 응고시키는 역할을 하며 참기름, 콩기름, 옥수수유, 포도씨유 등 식물성 기름에 풍부하게 들어 있다.

혈중 콜레스테롤을 낮추는 데 도움을 주는 오메가-9 지방산은 올리브유, 카놀라유, 해바라기씨유 등에 들어 있는데 몸에서 합성이 가능해 따로 섭취하지 않아도 큰 상관은 없다. 단, 오메가-3 지방산과 오메가-6 지방산은 필수지방산으로 체내에서 합성되지 않거나 또는 소량만 만들어지기 때문에 식품을 통해서 적정량을 꼭 섭취해야 한다.

그런데 우리나라 사람들은 오메가-6 지방산은 참기름, 콩기름 등을 통해 충분히 섭취하지만 오메가-3 지방산의 섭취는 부족한 경우가 많다.

일본 기요린 예방의학연구소 야마다 박사에 따르면, 오메가-3 지방산 위주의 식단을 구성하면 세포막의 탄력이 사라지고, 오메가-6 지방산에 치우친 식사를 하면 세포막이 벽돌처럼 단단해지기 때문에, 오메가-3 지방산과 오메가-6 지방산의 비율을 1:4 정도로 맞추는 것이 이상적이며 "지방 섭취에서 가장 중요한 것은 오메가-3 지방산과 오메가-6 지산방의 균형"이라고 강조했다.

635.4 Kcal

오늘의 식단

카로틴밥

바지락수제비

소불고기

잔새우고추장볶음

세발나물/얼갈이배추무침

총각김치

참외

부모님 은혜에 감사하는 **어버이날**

'어버이날'은 원래 어머니날이었다. 어머니날의 유래는 영국과 미국 같은 기독교 국가에서 어머니 주일을 지키는 종교적 관습에서 비롯되었다. 1872년 미국 보스톤 지역 교회를 중심으로 어머니날이 제안되었으나, 범국가적인 어머니날 제정 움직임은 필라델피아 출신 여성인 아나 자비스가 시작한 것으로 알려져 있다. 그녀는 1907년 돌아가신 어머니의 2주기 추모식에서 흰 카네이션을 교인들에게 나누어주며, 어머니날을 제정할 것을 촉구했다. 마침내 1914년 미국 제28대 대통령 토머스 우드로 윌슨이 5월 둘째 주 일요일을 어머니의 날로 정하면서부터 정식 기념일이 되었다. 그리고 이후 6월 둘째 주 일요일을 아버지의 날로 정했다. 우리나라에서는 1956년 5월 8일을 '어머니 날'로 지정, 기념해오다가 1973년 3월 30일 대통령령으로 각종 기념일 등에 관한 규정이 제정·공포되면서 1974년부터 '어버이날'로 이름이 변경되었다. 이날 각 가정에서는 자녀들이 부모님에 대한 감사의 표시로 선물을 하거나 카네이션을 달아드린다. 또한 정부에서는 정부 주관 기념일로 지정하여 어른들을 위한 각종 기념행사를 벌이며, 효자·효부들을 표창하기도 한다.

'동방예의지국(東方禮儀之國)'이라 불리는 우리나라는 예로부터 효를 중시해온 민족이다. 부모님을 공경하고 웃어른께 예를 갖추는 것이 참된 사람의 도리라 가르쳤으며, 어릴 때부터 그것을 자연스럽게 익혔다. 그러나 형제가 많았던 옛날에는 부모에게 극진한 예를 갖추는 것이 일반적이었지만, 오늘날 한두 자녀의 가정인 경우 부모의 사랑을 독차지하고 자라면서 오히려 인성을 제대로 갖추지 못하고 어리광을 부리는 아이들이 늘었다. 학교에서는 아이들에게 지나치게 엄격할 필요는 없지만 기본적으로 부모를 공경하고 은혜에 감사하는 마음을 갖도록 지도하는 것은 어떨까.

Today's Recipe

세발나물 / 얼갈이배추무침
푸릇푸릇 신선한 봄나물의 향

재료
세발나물 15g, 얼갈이배추 15g, 통깨 0.3g, 소금 약간
양념 : 된장 3g, 국간장 1g, 참기름 1g,
다진 마늘 0.5g, 다진 파 0.5g, 깨소금 0.3g

세발나물무침 만드는 법
1 세발나물은 깨끗하게 씻는다.
2 끓는 물에 소금을 약간 넣고 세발나물을 데쳐 찬물에 헹군 후 물기를 꼭 짠다.
3 분량의 재료를 섞어 양념을 만든다.
4 2에 3을 넣고 조물조물 무친 후 마지막에 통깨를 넣는다.

얼갈이배추무침 만드는 법
1 얼갈이배추는 깨끗하게 씻는다.
2 끓는 물에 소금을 약간 넣고 얼갈이배추를 데쳐 찬물에 헹군 후 물기를 꼭 짠다
3 분량의 재료를 섞어 양념을 만든다.
4 2에 3을 넣고 조물조물 무친 후 마지막에 통깨를 넣는다.

여기서 잠깐! 풍수지탄(風樹之嘆)의 깊은 뜻

중국 노나라의 공자가 제자들과 천하를 주유하고 있을 때의 일이다. 어디선가 곡소리가 들려 그 울음소리가 나는 곳을 따라가 보니 '고어'라는 이가 슬피 울고 있었다. 공자가 그 까닭을 물으니 "제가 젊었을 때 천하를 두루 돌아다니다가 집에 와 보니 부모님께서 이미 세상을 떠나셨습니다. 나무가 조용히 서 있고 싶어도 바람이 가만히 내버려두지 않고(樹欲靜而風不止), 자식이 부모를 봉양하고 싶어도 그 부모는 기다려주시지 않습니다(子欲養而親不待). 한 번 흘러가면 쫓아갈 수 없는 것이 세월이고, 돌아가시면 다시 볼 수 없는 것은 부모님입니다. 저는 불효자입니다"라며 한탄했다. 바로 여기서 풍수지탄(風樹之嘆)이라는 말이 유래되었다. 나무는 조용히 있고 싶어도 바람이 멎지 않으니 마음대로 되지 않는다는 말로 효도를 하려고 해도 마음처럼 부모가 살아계시지 않는다는 뜻이다.

05 09 Fri

643.8 Kcal

오늘의 식단

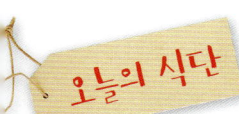
강낭콩밥

돈육김치찌개

연어치즈구이

표고버섯양파볶음

오이무침

우엉강정

오렌지

나 태어난 곳으로 돌아갈래! 연어

치즈연어구이
고소하고 부드러워 **입안에서 살살~**

재료
냉동 연어살 50g, 체더 치즈 5g, 모차렐라 치즈 5g, 우유 10g, 허브솔트 1g, 올리브유 1g, 천일염 1g, 청주 1g, 소금·식용유 약간씩

만드는 법
1 연어살은 해동해 소금과 우유를 넣은 물에 담가 비린내를 제거한 후 깨끗이 세척해 물기를 제거한다.
2 1에 허브솔트와 올리브유를 골고루 바른다.
3 식용유를 바른 오븐용 코팅팬에 2를 가지런히 놓는다.
4 예열(250℃)한 오븐에 1차 조리(건열 200℃ 20분)한다.
5 조리 중간에 청주를 분무기에 넣어 골고루 뿌린다.
6 5에 체더 치즈와 모차렐라 치즈를 올린 후, 오븐에서 더 굽는다(콤비 200℃ 5분).

연어는 북태평양과 북대서양에 주로 분포하며 대륙이나 섬의 하천을 거슬러 올라가 번식한다. 그러나 무지개송어, 산천어, 열목어 등의 일부 연어과 어류는 일생동안 담수에서 성장하고 번식하며 바다와 상관없이 생존하고 있다. 그래서 보통 바다에 내려가지 않고 담수에서만 사는 것을 송어로 취급하며, 어릴 때 바다로 내려가 성어가 될 때까지 성장한 후 산란을 위해 강으로 거슬러 올라오는 것을 연어로 취급한다.

연어는 거친 물살을 가르고 자신이 태어난 강으로 되돌아가 산란한다. 태어나 강을 떠난 치어들이 먼 알래스카까지 헤엄쳐 갔다가 다시 강으로 되돌아오는 데는 최대 6년이 걸린다. 세계 연어 시장의 90%를 장악하는 노르웨이는 연어로만 한 해에 6조 원 정도를 벌어들인다.

노르웨이나 핀란드 등지의 북유럽 연어가 가장 유명하긴 하지만 우리나라에서도 연어를 직접 보고 연어잡이를 체험할 수 있는 곳이 있다. 바로 강원도 양양의 남대천. 이곳에서는 어린 연어를 방류하는데, 양양에서 동해까지 이어지는 남대천은 물줄기의 수질이 좋고 수량이 넉넉해 연어가 오르기에 적합한 곳으로 연어의 고향으로 널리 알려졌다. 연어의 산란기인 10월 중순부터 11월 사이에는 모천으로 회귀하는 연어가 하루 300마리 이상으로 장관을 이룬다.

연어는 바다에서 잡은 것을 최고로 치는데 선명한 분홍색을 띠고 지방에 하얀 힘줄이 섞여 있고 표면이 은색으로 빛나는 것이 좋다. 강으로 회귀해 산란기를 앞둔 연어는 절식을 하기 때문에 바다 연어와 비교해 오메가-3 지방산이 훨씬 적은 것으로 알려졌다.

생선 중 유일한 슈퍼푸드인 연어는 불포화지방산인 오메가-3가 풍부해 심혈관 질환, 고혈압, 동맥경화를 예방할 뿐 아니라 뇌 건강에 좋은 DHA 같은 다가불포화지방산을 포함하고 있어 기억·학습 능력 유지와 치매 예방에 효능이 있다. 또한 아연과 마그네슘이 풍부해 근육 경력을 예방하고 붉은 살색을 내는 '아스타잔틴' 성분은 활성산소를 제거하는 항산화 효과가 뛰어나다.

우리가 건강에 좋은 연어를 맘껏 먹을 수 있기까지는 강을 거슬러 거센 물살을 헤치고 폭포를 오르는 위험을 감행해 알을 낳는 연어의 삶이 존재한다. 연어를 한낱 물고기라고 단정하기에는 그들의 강한 회귀 본능과 헌신적인 모성 본능이 너무 숭고하다고 하면 지나친 표현일까. 사람들의 입맛과 건강을 한층 높여주는 연어의 고달픈 여정을 한 번쯤 생각해본다면 그 영양과 가치를 가볍게 여길 수 없을 것이다.

639.3 Kcal

오늘의 식단

발아현미밥

부추달걀국

소사태찜

허브가지구이무침

장떡

열무김치

방울토마토

오늘의 급식 이야기

우리 몸에 산화작용을 일으키는 **활성산소**

허브가지구이무침
수분이 쏙 빠져 식감이 **쫄깃쫄깃**

재료
가지 15g, 통깨 0.2g
양념 : 실파 0.6g, 마늘 0.5g, 참기름 0.6g,
허브솔트 0.2g

만드는 법
1 가지는 깨끗이 씻어 반을 갈라 어슷썰기 한다.
2 오븐용 그릴팬에 1을 가지런히 올린 후 허브솔트를 골고루 뿌린다.
3 오븐에 굽는다(콤비 200℃ 10분).
4 분량의 재료를 섞어 양념을 만든다.
5 3에 4의 양념을 넣고 버무린 후 통깨를 뿌린다.

활성산소는 우리 몸을 활발하게 만들어주는 산소가 아니다. 우리 몸에 해로운 유해산소다. 우리가 호흡하는 산소와는 다르게 불안정한 상태에 있는 산소를 활성산소라고 하는데 과식, 격한 운동, 환경오염과 화학물질, 자외선, 혈액순환 장애, 스트레스 등으로 산소가 과잉 생산된 상태를 말한다.

이렇게 과잉 생산된 활성산소는 사람 몸속에서 산화작용을 일으킨다. 이렇게 되면 세포막, DNA, 그 외의 모든 세포 구조가 녹이 슬 듯 손상되고 손상의 범위나 정도에 따라 세포가 기능을 잃거나 변질된다. 또 몸속의 핵산을 손상시켜 핵산 염기의 변형과 유리, 결합의 절단, 당의 산화분해 등을 일으켜 돌연변이나 암의 원인이 되기도 한다. 또한 생리적 기능이 저하되어 각종 질병과 노화를 불러일으킨다.

그러나 활성산소가 꼭 나쁜 것만은 아니다. 병원체나 이물질을 제거하기 위한 생체방어과정에서 산소·과산화수소와 같은 활성산소가 많이 발생하는데, 이 때 강한 살균작용으로 병원체로부터 인체를 보호하기도 한다.

또 몸 안에 활성산소가 적당하게 있으면 좋은 성과를 낼 수 있다. 쉬운 말로 하면 좋은 스트레스라는 것이다. 적당한 스트레스는 긴장감을 유발해 최고의 결과물을 낼 수 있게 해주는데, 이것이 바로 활성산소의 긍정적인 역할이다.

따라서 활기차게 살면서 노화를 억제하려면 활성산소의 양을 적정하게 유지하는 것이 가장 좋다. 그러나 지나친 스트레스는 여전히 만병의 근원이다. 몸속에 활성산소의 양이 많아지면 스트레스에도 민감해지므로, 활성산소가 과다하게 생성되어 스트레스를 지나치게 받지 않도록 주의를 기울여야 한다.

> **여기서 잠깐!** **먹을거리와 활성산소의 관계**
>
> 사람이 음식을 먹으면 그 음식물은 호흡을 통해 들어온 산소와 결합해 활동 에너지로 전환된다. 음식과 산소가 균형을 이루어 결합하는 것이 이상적인 대사 활동이지만 과음, 과식, 과도한 운동 등으로 그 균형이 깨지는 경우가 간혹 있다. 이런 경우 남거나 부족해진 산소는 불안정한 상태로 바뀐다. 이렇게 생성된 산소 찌꺼기는 인체 내에서 여러 유해한 활동을 한다. 다량의 활성산소가 한꺼번에 발생하면 혈관 내벽과 내장을 공격해 노화, 암, 당뇨, 심혈관질환 등 여러 가지 질병을 일으킨다.
> 활성산소를 억제하는 항산화물질에는 비타민 E, 비타민 C, 요산, 빌리루빈, 글루타티온, 카로틴 등이 있다. 이러한 항산화물을 자연적인 방법으로 섭취하면 건강에 좋은 효과를 볼 수 있는데 대표적인 음식으로는 포도, 블루베리, 토마토, 참치, 브로콜리 등이 있다.

05 13 Tue

662.3 Kcal

오늘의 식단

풋완두콩밥

닭개장

생선가스

마카다미아아몬드볶음

깻잎순양파무침

깍두기

수박

지친 심신에 기운을 북돋아주는 인삼

닭개장
먹고 나면 힘이 **불끈 솟는** 보양식

재료
닭고기(가슴살) 25g, 다시마 2g, 마늘 2g,
생강 0.2g, 대파 2g, 양파 5g, 토란대(삶은 것) 6g,
숙주 10g, 고사리(삶은 것) 6g, 청주 1g, 국간장 2g,
다진 마늘 1g, 고춧가루 1g, 참기름 1g,
후춧가루 0.01g

만드는 법
1 닭고기는 끓는 물에 살짝 데친 후 청주, 마늘, 생강, 양파, 대파, 다시마와 물을 넣고 삶는다.
2 닭고기가 익었으면 건져서 잘게 찢고, 나머지는 계속 끓여 육수를 만든다.
3 고사리와 토란대는 씻은 후 4cm 길이로 썰고 국간장, 다진 마늘, 고춧가루, 참기름으로 주물러 양념한 후 잠시 두었다가 2의 육수에 넣고 끓인다.
4 3에 찢어둔 닭고기와 숙주, 파, 마늘을 넣고 한 번 더 끓인 후 국간장으로 간을 맞추고 후춧가루를 뿌린다.

인삼의 학명인 Panax Ginseng은 그리스어로 "모든 것을 낫게 한다"는 뜻이다. 또 인삼의 이름은 형태가 사람(人)을 닮았다는 데서 비롯됐지만 하늘과 땅이 서로 교류하면서 만든 최고의 영물이라는 뜻도 있다. 현재 식품의약품안전처가 공식 인정한 인삼·홍삼의 효능은 면역력 증진, 기억력 개선, 혈행 개선, 피로 해소, 항산화 등 다섯 가지다. 이에 인삼·홍삼 제품은 제품 라벨에 5대 공인 효능을 표시할 수 있는 '특권'을 부여받았다. 이런 효능은 대개 인삼·홍삼의 대표적 건강 증진 성분인 진세노사이드와 항산화 성분인 폴리페놀 덕분이다. 서양에서는 인삼의 효과를 'ergogenic'이라는 단어로 표현하는데, 그리스어로 '일(ergo)'과 '생산(gen)'의 합성어. 일할 수 있도록 육체의 피로를 풀어준다는 뜻. 동서양을 막론하고 인삼은 우리 몸에 활력을 부여하는 대표적 식품인 것이다.

여러 연구를 통해 인삼이 면역력을 높인다는 사실은 이미 입증된 바 있다. 면역력이 약한 300여 명에게 4개월간 인삼 추출물을 400mg씩 매일 먹게 했더니 감기에 걸리는 횟수가 줄고 감기 증상이 완화되었다는 것. 위암 등 암 수술을 받은 환자에게 홍삼을 매일 4.5g씩 6개월간 섭취하게 한 결과 T세포·NK(자연살해)세포 등 면역세포의 수가 눈에 띄게 증가했다는 국내 연구 결과도 있다.

인삼은 두뇌 회전을 빠르게 하고 기억력을 좋게 만드는 브레인 푸드로도 유명하다. 농촌진흥청은 연구를 통해 인삼의 진세노사이드가 뇌의 에너지원인 포도당의 흡수를 도와 뇌의 혈액순환을 돕고 기억력을 향상시킨다는 사실을 밝혀냈다. 인삼에는 혈당을 낮추는 호르몬인 인슐린과 유사한 작용을 하는 물질도 존재한다. 당뇨병 환자에게 인삼을 추천하는 것은 바로 이런 이유에서다. 또 홍삼에는 사포닌과 폴리페놀이 들어 있어 암세포의 증식을 막고, 암·노화의 주범인 활성산소를 없애 질병에 대한 면역력을 높여준다.

여기서 잠깐! 인삼의 다양한 명칭

- **수삼** : 밭에서 캔 후 가공을 하지 않는 상태의 인삼을 말한다.
- **홍삼** : 4~6년근 수삼을 골라 껍질을 벗기지 않은 상태에서 증기로 쪄서 건조시킨 것으로 붉은색을 띠기 때문에 홍삼이라고 한다.
- **백삼(白蔘)** : 수삼을 익히지 않고 햇볕·열풍 등의 방법으로 말린 것이다.
- **흑삼(黑蔘)** : 인삼을 아홉번 찌고 말린 것으로 이 과정에서 색이 검게 변한다.
- **산삼** : 심산의 수목 그늘에서 자란 자연 야생삼이다.
- **장뇌삼** : 인삼을 심산에 심어 야생의 환경에서 키운 것이다.

05 14 Wed

697.3 Kcal

오늘의 식단

우리밀채소모닝빵

베트남쌀국수

춘권

베트남샐러드

수제피클

빨간오이피클

망고스틴

Today's Recipe

베트남쌀국수
시원한 국물에 보드라운 쌀국수가 호로록

재료
쌀국수 90g, 다시 멸치 2g, 다시마 2g, 쇠고기 20g, 숙주 10g, 양파 3g, 대파 3g, 청주 1g, 레몬즙 1g, 다진 마늘 1g, 피시소스 3g, 국간장 0.5g, 홍고추 0.6g, 청양고추 0.6g

만드는 법
1. 다시 멸치와 다시마를 물에 넣고 끓여 육수를 만든다.
2. 양파, 대파는 손질해 먹기 좋게 썰고, 쇠고기는 키친타월로 눌러 핏물을 뺀다.
3. 1에 2(대파는 1/2만)와 숙주를 넣고 끓인다.
4. 홍고추, 청양고추는 둥글고 얇게 채 썬다.
5. 3에 4와 청주, 레몬즙, 다진 마늘, 파를 넣고 국간장, 피시소스로 간을 맞추고 불을 끈다.
6. 쌀국수는 끓는 물에 20초 정도 넣었다가 건진 후 찬물에 헹궈 1인분씩 준비한다.
7. 식판에 쌀국수를 놓고 육수를 부어준다.

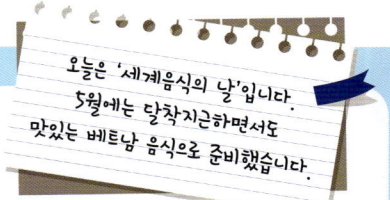

오늘은 '세계음식의 날'입니다. 5월에는 달착지근하면서도 맛있는 베트남 음식으로 준비했습니다.

쌀국수로 유명한 베트남 음식

베트남은 동남아시아의 인도차이나 반도 동부에 있는 나라로, 프랑스 식민지였다가 1945년 제2차 세계대전이 끝나며 독립을 선언했다.

베트남은 특히 쌀국수가 유명한데, 향기로운 베트남 쌀국수 포(pho)는 전 세계인이 사랑하는 음식이다. 1975년 베트남이 공산화되면서 수많은 베트남 난민이 국외로 탈출했고, 생계 수단으로 음식을 만들어 팔면서 베트남 쌀국수가 유명해지기 시작했다. 쌀국수는 각종 소스를 넣고 비벼 먹기도 하고, 육수를 넣고 말아 먹기도 한다. 맛도 있지만 밀가루로 만든 국수를 소화시키기 어려운 사람도 부담 없이 먹을 수 있어 쌀국수를 찾는 사람이 점점 늘고 있는 추세다.

쌀국수 못지않게 대중적인 음식은 바로 월남쌈. 월남쌈은 라이스페이퍼에 돼지고기, 새우, 채소, 쌀국수 등의 재료를 넣고 싸먹는 베트남 음식이다. 피시소스나 칠리소스, 땅콩소스 등을 곁들여 먹으면 아주 맛이 좋다. 특히 채소를 싫어하는 아이도 월남쌈에 들어간 채소는 편식하지 않고 잘 먹는 편.

베트남의 전통 소스는 느억맘(Nuoc Mam)이다. 생선을 발효시킨 일종의 소스로 투명하고 붉은 빛이 난다. 생선이나 새우 등을 잡아 발효시키면 냉장시설이 없어도 오래 두고 먹을 수 있었기에 날씨가 더운 베트남에서 발달한 음식이라고 추정할 수 있다. 느억맘은 각종 음식을 찍어 먹기도 하고, 빵이나 밥에 뿌려 먹기도 한다. 볶음이나 국물 요리에 넣으면 생선 특유의 감칠맛이 살아나 맛이 더욱 좋다.

05 15 Thu

오늘의 식단

영양밥

미소장국

훈제오리구이

오징어무침

갓장아찌

흑임자죽

보쌈김치

골드키위

645.7 Kcal

오늘의 급식 이야기

스승에게 존경을 표하는 스승의 날

*5월 15일*은 스승의 은혜를 되새기고 스승의 길을 다짐한다는 뜻에서 정한 스승의 날이다. 우리나라 최초의 스승의 날은 1958년 충남 강경여자중고등학교의 청소년적십자에서 시작되었다고 알려져 있다. 청소년적십자 단원들이 병환 중에 계신 선생님을 위문하고 퇴직하신 스승님을 찾아가 위로활동을 한 것을 그 시초로 본다. 이것을 계기로 1963년 5월 26일을 은사의 날로 지정했다가, 1965년에 백성에게 가르칠 한글 창제로 우리나라에서 가장 존경받는 세종대왕 탄신일인 5월 15일을 스승의 날로 제정해 학교 단위와 교직 단체가 주관이 되어 행사를 실시해 오고 있다.

예부터 '군사부일체(君師父一體)'라는 말이 있다. 즉, 학생의 입장에서 볼 때 임금과 스승과 아버지는 하나라는 뜻이다. 다시 말해서 스승은 아버지와 같이 엄하게 교육을 하는 입장이라는 뜻이고, 더 나아가 '스승의 그림자는 밟지 않는다'하여 스승을 부모보다도 더 위로 알고 존경하여 왔던 것이다.

학생들은 스승의 날을 맞아 선생님을 더욱 존경하고 선생님의 깊은 사랑과 뜻을 받들어 열심히 배우고 튼튼한 몸을 길러 착하고 슬기로운 사람이 되도록 노력해야 한다. 이것이 선생님들의 은혜에 보답하는 길. 따라서 스승의 날 가장 큰 선물은 값비싼 물건이 아니라 이러한 모습을 보여드리는 것이다. 옛 스승을 찾아뵙고 정겨운 시간을 갖거나 선생님께 정성이 담긴 편지를 써서 보내드리는 것도 선생님의 마음을 기쁘게 해드리는 방법이기도 하다.

스승은 단지 어떠한 지식만을 가르치는 사람에 그치지 않는다. 사제지간의 정은 부모의 정 못지않게 큰 영향을 미치기 때문이다. 그러나 요즘 학생들 간의 폭력 문제, 왕따, 성적 등의 고민으로 고통을 받고 있는 학생들이 늘어만 가고 있어 참으로 안타깝다. 이제 교육의 방향도 단지 실력만 높여 일류대학만 고집할 게 아니라, 학생 개인의 특기와 적성 그리고 취미를 살려 즐겁게 배우고 보람을 찾을 수 있도록 도와주어야 할 터. 학생들의 손을 따뜻하게 맞잡고 그들의 고민을 들어주고 함께 해결하려는 노력이 절실히 필요하다.

Today's Recipe

흑임자죽
건강하고 고소해 영양만점 별미

재료
찹쌀현미 12g, 흑임자(볶은 것) 5g, 땅콩 1.5g, 잣 1g, 소금 0.4g

만드는 법
1. 찹쌀현미는 깨끗이 씻어 불린 후 체에 밭쳐 물기를 빼고 믹서에 간다.
2. 흑임자, 땅콩, 잣은 믹서에 곱게 간다.
3. 솥에 1과 적당량의 물을 붓고 센 불에서 저으면서 5분 정도 끓이다가 중간 불로 줄여 가끔 저으면서 20분 정도 더 끓인다.
4. 3에 2를 넣고 5분 정도 더 끓인 후 소금으로 간한다.

05 16 Fri

짬뽕국
얼큰하고 개운한 국물이 일품

재료
오징어 9g, 새우 9g, 미더덕 7g, 말린 홍합살 1.5g, 쇠고기 7g, 시금치 6g, 양배추 10g, 양파 4g, 당근 2g, 파 3g, 마늘 1.5g, 생강 0.2g, 국간장 1g, 고춧가루 1.5g, 굴소스 1g, 청주 1g, 매실청 0.5g, 식용유 적당량

만드는 법
1. 다시마, 국멸치는 육수를 낸다.
2. 양배추, 시금치, 양파, 당근, 파를 씻어서 썰어둔다.
3. 오징어는 채 썰고 미더덕, 새우, 말린 홍합살은 소금물에 씻는다.
4. 미더덕은 주물러 터뜨리고 말린 홍합살은 물에 불린다.
5. 달군 솥에 식용유를 두르고 마늘, 파, 생강을 넣어 향을 낸 뒤 당근, 양파, 양배추, 쇠고기를 넣고 재빨리 볶은 후 고춧가루를 넣고 타지 않게 다시 살살 볶는다.
6. 5에 오징어, 미더덕, 새우, 말린 홍합살을 넣고 한 번 더 볶는다.
7. 6에 준비해둔 육수를 넣고 끓인 뒤 시금치, 파, 마늘, 청주, 매실청을 넣고 간장, 소금으로 간한다.

628.9 Kcal

오늘의 식단

기장밥

짬뽕국

너비아니구이

고구마순볶음

키위샐러드

배추김치

배

오늘의 급식 이야기

"식사 하셨습니까?" 짬뽕

"샤퐁? 샤퐁?" 일본 나가사키에 있는 한 중국식당 주인이 먹음직스런 국수를 들고 다니면서 사람들에게 물었다. "샤퐁?"이라는 말은 "식사하셨습니까?"라는 뜻의 중국 사투리다. 그런데 이 말을 알아듣지 못한 일본 사람이 이 국수의 이름으로 알고 일본말로 '쨔폰'이라고 불렀다. '쨔폰'은 중국 화교는 물론 일본인들에게도 큰 인기를 얻었으며 일본의 천황까지도 즐겨 먹었다고 한다. 그리고 '쨔폰'이 우리나라로 들어오면서 그 말이 '짬뽕'으로 변한 것이다.

그렇다면 이 국수가 탄생하게 된 배경은 무엇일까. 1899년 당시 나가사키에는 중국에서 온 유학생과 항구 노동자로 일하는 중국 화교가 많았는데 그들은 주머니 사정이 넉넉지 못했다. 당시 천핑순이라는 화교가 '시카이로'라는 중국식당을 운영하고 있었는데 가난한 화교들을 위해 남은 재료를 이용해 국수를 만들어 내놓은 것이 바로 짬뽕의 시초다. 돼지뼈와 닭뼈 등을 푹 고아서 국물을 만들고 값싼 문어, 작은 새우, 자투리 고기, 양배추 등 남은 재료를 볶아 싸고 푸짐한 중국식 국수를 만든 후, 화교들에게 "밥은 먹었느냐?"고 물으면서 이 국수를 내놓았다고 한다. 따라서 짬뽕은 타지에서 고생하는 동포들을 걱정하는 마음에서 탄생한 착한 서민 음식이라고 할 수 있다.

이렇게 만들어진 짬뽕은 원래 국물이 하얀색이었다. 우리나라 짬뽕 역시 처음에는 닭 육수를 베이스로 한 '하얀 짬뽕'이었다. 그러다 산동성 출신의 화교가 많이 거주했던 인천에서 복건성의 향토요리인 탕육사면(湯肉絲麵)을 변형한 매운 짬뽕이 만들어지기 시작했고, 이후 대부분의 한국인이 매운 짬뽕을 선호하다 보니 매운 짬뽕이 원래의 하얀 짬뽕을 대체하게 됐다. 전통 방식의 짬뽕은 선호도에서 뒤처져 메뉴판에서 밀려났지만 아직도 몇몇 중식당에서는 하얀 국물의 '옛날 짬뽕'을 판매하고 있다.

짬뽕은 정해진 레시피가 없기 때문에 무엇으로 육수를 내든 만드는 사람 마음이지만 가장 일반적으로는 닭 육수를 베이스로 한다. 여기에 고춧가루나 청양고추로 매콤한 맛을 내고 홍합이나 오징어 등의 해산물과 몇 가지 채소를 볶아 함께 끓여 불 맛과 복합적인 감칠맛을 더하는 것이 일반적이다.

618.9 Kcal

오늘의 식단

홍버섯쌀밥

어묵갓국

꽁치간장조림

돈육김치볶음

쑥갓/팽이버섯무침

당근부각

사과

어두일미 도미에서 유래

꽁치간장조림
먹고 나면 입안에 **바다 맛이 가득**

재료
꽁치 60g, 튀김가루 3g, 청주 1g, 식초 2g, 참기름 1g, 참깨 0.2g, 물엿 1g, 매실청 1g, 간장 2g, 마늘 1g, 생강 0.3g, 실파 0.5g, 소금 1g, 콩기름 2g, 후춧가루 2g

만드는 법
1 꽁치는 식초와 소금을 넣은 물에 10분 정도 담근 후 세척해 물기를 뺀다.
2 꽁치에 소금, 후춧가루, 콩기름을 발라 튀김가루를 골고루 묻힌다.
3 2를 오븐 팬에 가지런히 올려 오븐에 넣고 굽는다(건열 190℃ 15분).
4 꽁치를 굽는 동안 간장, 물엿, 마늘, 생강, 참기름, 매실액, 청주, 후춧가루를 넣고 바글바글 끓인다.
5 3에 4의 소스를 고루 발라 다시 오븐에 넣고 굽는다(건열 190℃ 5분).
6 5의 꽁치에 송송 썬 실파와 참깨를 뿌린다.

어두일미(魚頭一味)란 생선 중 대가리가 가장 맛있다는 뜻인데 〈증보산림경제〉에서는 "도미의 감칠맛은 머리에 있다"고 했고 〈오주연문장전산고〉에서도 "도미는 기름진 맛이 특징이지만 특히 머리가 맛있다"고 적혀 있다. 또 1924년에 발행된 조리책인 〈조선무쌍신식요리제법〉에 "도미 머리와 아욱국은 마누라 쫓아내고 먹는다"고 한 것을 보면 '어두일미'라는 말이 바로 도미에서 비롯된 속담인 것을 미루어 짐작할 수 있다. 도대체 도미 머리가 얼마나 맛있기에 어두일미라는 말까지 생겨난 것일까.

가을 전어는 '전어 굽는 냄새에 집 나간 며느리가 돌아온다'고 했지만 봄철의 도미 머리는 아예 '조강지처를 밖으로 내몰고 먹는 생선'이었으니 도미 머리가 전어구이보다 한 수 위라고 할 수 있다.

일본에서 특히 도미를 '생선의 제왕'이라고 하는데 도미의 붉은 색이 경사스러운 것을 상징해 축하 자리에 도미 요리를 올렸으며 귀한 손님 접대에 쓰는 생선으로 취급하는 등 예부터 복을 불러오는 존재로 인식하고 있다. 중국에서도 '길한 것이 더해지는 물고기'라는 의미로 도미를 가길어(加吉魚)라고 부른다.

우리 조상도 예부터 제사상에 참조기, 민어와 함께 돔류를 올렸다. 귀한 손님을 대접하거나 사돈집에 보내는 이바지 음식으로도 도미를 사용했다. 특히 생신, 회갑 등 경삿날에 꼭 올렸는데, 도미의 수명이 생선치곤 무척 긴 30~40년이나 돼 '장수하라'는 기원을 담아서다. 강태공들 역시 행운을 가져다주는 생선으로 여겨 도미를 잡으면 환호한다.

도미는 단백질과 무기질이 풍부한 반면 지방 함량은 낮아 담백하고 소화성이 좋아 죽을 쑤어 환자의 보양식으로 많이 이용한다. 바다 깊은 곳에 사는 도미는 강한 수압을 받아 수분이 적고 살이 단단하다. '버릴 것 없는 생선'인 도미는 살과 머리는 물론 내장과 껍질까지 먹을 수 있다. 내장은 깨끗이 씻어 도미탕을 끓일 때 같이 넣으면 깊은 맛을 낸다.

또 도미 눈에는 비타민 B_1이 풍부해 피로 해소에 좋고 맛도 일품이라 "먼저 본 사람이 임자"라고 할 만큼 인기가 좋다.

683.6 Kcal

오늘의 식단

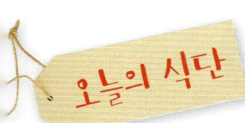
곤드레밥/달래양념장

들깨무챗국

코다리강정

메밀묵김치무침

열무김치

감자떡

사과

Today's Recipe

곤드레밥
향긋한 곤드레밥에 **양념 넣고 쓱쓱**

재료
쌀 60g, 말린 곤드레 삶은 것 15g, 당근 10g, 표고버섯 6g, 다시마 2g, 들기름 약간
부추 양념장 : 잘게 썬 부추 2g, 간장 2g, 다시마물 10g, 참기름 1g, 참깨 0.5g

만드는 법
1. 끓는 물에 소금을 넣고 곤드레를 데친 뒤 찬물에 담가 쓴맛을 제거한다.
2. 다시마를 물에 담가 다시마물을 만든다.
3. 1의 물기를 꼭 짠 후, 먹기 좋은 크기로 썰어 들기름에 무친다.
4. 당근은 세척 후 1cm 길이로 채 썬다.
5. 표고버섯은 꼭지를 제거하고 세척한 후 1cm 길이로 채 썬다.
6. 쌀은 씻어 물기를 뺀다.
7. 6에 4와 5를 넣고 골고루 섞는다.
8. 7과 2를 1:1 비율로 섞고 3을 올린 후 밥을 짓는다.
9. 부추 양념장을 만들어 곁들인다.

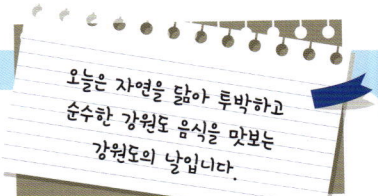

오늘은 자연을 닮아 투박하고 순수한 강원도 음식을 맛보는 강원도의 날입니다.

소박하고 담백한 강원도의 맛

강원도는 우리나라 동쪽에 위치한 지역으로 약 80%가 산지이고 금강산, 설악산, 오대산, 태백산 등의 명산을 비롯해 깊고 푸른 동해를 접하고 있으며, 산간을 흐르는 맑고 깨끗한 하천을 바탕으로 명승 유적지, 자연보호 지역, 여러 종류의 동·식물이 분포하고 있는 청정 지역이다. 일반적으로 지대가 높기 때문에 같은 위도상의 경기도 지역에 비해 한랭한 편이며 영동과 영서 지방 간에 기후의 특색이 뚜렷이 구별되는데, 영동지방에 비해 영서지방의 기온교차가 더 크다. 대체적인 지형은 동쪽이 높으며 서쪽은 낮아 완만한 경사를 이루고 있다.

강원도는 깊고 맑은 자연을 닮아 음식이 소박하고 단순한 편으로, 감자·강냉이·메밀 등의 특산물과 동해의 해산물로 음식의 맛을 낸다.

"산허리는 온통 메밀밭이어서 피기 시작한 꽃이 소금을 뿌린 듯이 흐붓한 달빛에 숨이 막힐 지경이다"라는 글귀가 매력적인 이효석의 〈메밀꽃 필 무렵〉의 배경이 되는 곳이 바로 강원도다. 문학 작품에도 등장하는 쌉싸래한 메밀로 만든 막국수, 부침개, 전병 등 다양한 음식이 강원도의 대표 음식이다.

또 강원도를 대표하는 음식으로 곤드레밥이 있는데, 향긋한 곤드레 나물을 넣어 지은 밥에 양념간장을 넣고 비벼 먹는다. 갓 지은 곤드레밥은 곤드레 특유의 쌉싸래한 향기가 일품이다. 이밖에 강원도는 감자가 많이 나는 곳으로도 유명하다. 따라서 감자를 이용한 음식을 많이 만들어 먹었는데 감자부침개, 감자옹심이, 감자떡 등 그 종류도 매우 다양하다.

05 22 Thu

멸치파프리카볶음

뼈를 튼튼하게 하는 칼슘과 비타민이 듬뿍

재료
멸치 5g, 노랑·주황 파프리카 5g, 청주 1g, 매실청 0.5g, 물엿 2g, 참깨 0.2g, 참기름 0.2g, 식용유 0.5g

만드는 법
1 노랑·주황 파프리카는 가로세로 1cm 크기로 썬다.
2 달군 팬에 식용유를 두르고 파프리카를 살짝 볶아 식힌다.
3 달군 팬에 식용유를 두르고 멸치와 청주를 넣고 볶는다.
4 3에 물엿, 매실청을 넣고 볶다가 불을 끈 후 2와 참기름, 참깨를 넣고 고루 섞는다.

623.4 Kcal

오늘의 식단

혼합곡밥

얼갈이해장국

닭고기양파볶음

멸치파프리카볶음

브로콜리무침

총각김치

파인애플

산성 식품과 알칼리성 식품

산성 식품은 우리 몸에 해롭다는 설이 일반적이다. 그래서 알칼리성 식품을 섭취해야 건강을 지킬 수 있다고 믿는다. 한때 알칼리성 음료나 식품 등이 폭발적인 호응을 얻었던 적도 있다. 정말 산성 식품은 우리 몸을 산성 체질로 만들어 건강에 해를 끼칠까?

식품을 산성과 알칼리성으로 분류한 사람은 19세기 말 영양학자였던 스위스 바젤 대학의 구스타프 폰 붕게 박사였다. 그는 영양분이 몸속에 들어가면 연소된다고 주장했다. 그래서 식품을 태워 남는 재에 어떤 종류의 이온이 많은가 조사했는데, 산성인 음이온이 많으면 산성 식품, 알칼리성인 양이온이 많으면 알칼리성 식품으로 구분했다. 그러나 점차 의학이 발전함에 따라 영양분은 체온에서 대사라는 산화 과정을 거쳐 에너지를 발산하는 것으로 밝혀졌다. 따라서 산성 식품을 먹었다고 체액이 산성으로 바뀌는 것은 아니라는 것이 결론이다.

미국의 경우 육류를 덜 먹기 위해 무기질이 풍부한 알칼리성 식품 위주의 식단을 짜는 등 알칼리성 식품을 권장하기도 하지만, 이는 의학적인 권유라기 보다는 식이요법이나 식습관 개선에 더 가깝다고 볼 수 있다.

우리 몸은 항상성을 유지하려는 자율적인 기능이 있어 체액의 산도를 정밀하게 유지한다. 따라서 꼭 산성 식품이 나쁘고 알칼리성 식품이 좋은 것이라는 이분법적인 사고는 지양하는 것이 좋다. 산성 식품이나 알칼리성 식품이 우리 신체에 어떤 영향을 미치는지는 계속해서 지켜봐야 할 사안이지만, 현재 의학적인 정보에 의하면 식품만으로는 절대 사람의 몸이 산성화될 수 없다는 것이다.

모든 것은 적당한 것이 가장 좋은 것이다. 아무리 몸에 좋은 것이라도 지나치게 먹으면 오히려 해가 된다. 따라서 언제나 자신의 영양 상태에 맞춰 고르게 먹는 습관을 가지도록 노력해야 한다.

05 23 Fri

오늘의 식단

보리밥

곰탕

더덕황태채무침

달걀새우찜

오이사과샐러드

배추겉절이

참다래

602.4 Kcal

사골 국물 뽀얀
곰탕과 설렁탕

사골을 우려낸 뽀얀 국물. 어떤 사람은 곰탕이라 하고, 또 다른 사람은 설렁탕이라 부른다. 곰탕은 고기를 장시간 곤 국물이고, 설렁탕은 뼈를 고아서 국물을 우려낸 음식이다. 즉, 설렁탕에는 뼈가 들어가지만 곰탕에는 뼈가 들어가지 않는다. 그러나 요즘에는 곰탕과 설렁탕의 구분이 점점 사라지고 있다. 뼈를 푹 고아 국물 맛을 좋게 하면서 고기의 씹는 맛도 살린 탕을 주로 만들어 먹는다.

우리나라 사람들이 탕반음식을 즐겨 먹는 데는 여러 가지 이유가 있다. 먹을 것이 부족했던 옛날에는 다산으로 인해 식구가 많았기에 적은 양의 재료로 많은 사람이 나누어 먹을 수 있는 음식을 만들어야 했다. 또 잦은 왜구의 침입과 전쟁 등으로 인해 쫓기듯이 피란을 다녔던 사람들이 빠른 시간에 간단하게 허기를 채우기 위해 밥을 물에 말아서 후루룩 마셨는데 이것이 시초가 되어 탕반류가 생겨났다고 한다. 탕반음식 중에서도 대표적인 보양식으로 통하는 곰탕과 설렁탕은 가마솥에서 오랜 시간 푹 끓인 뽀얀 사골 국물에 하얀 쌀밥을 말고 잘 익은 깍두기를 올려서 먹으면 맛도 좋고 든든해 많은 사람이 좋아했던 음식이다.

설렁탕과 곰탕은 오래 끓일수록 국물이 뽀얗고 진한 맛이 나기 때문에 처음부터 물을 많이 넣고 끓이는 것이 좋다. 그러다 끓기 시작하면 거품을 걷어 내고 불을 줄여 서서히 끓여야 깊은 맛이 난다. 즉, 설렁탕과 곰탕을 맛있게 끓이려면 물과 불의 조절에 각별한 신경을 써야 한다.

또 고기 특유의 누린내를 제거하기 위해 끓이는 과정에서 파, 마늘, 생강 등 향이 강한 채소를 넣으면 좋다. 여기에 잘 익은 김치를 곁들이면 맛도 좋을 뿐 아니라 김치에 들어 있는 소화효소가 위와 장에서 소화가 잘 되도록 도와준다.

사골곰탕
뽀얀 국물에 밥 말아 한 그릇 뚝딱

재료
사골 40g, 양파 10g, 통마늘 1g, 대파 3g, 실파 2g, 청주 2g, 실파·소금·후춧가루 적당량

만드는 법
1 사골은 5시간 정도 찬물에 담가 핏물을 빼고 끓는 물에 데친다.
2 1에 물을 붓고 양파, 통마늘, 대파, 청주를 넣고 6시간 정도 끓인다(기름기를 걷어 낸 첫 번째 사골육수는 다른 식단에 이용하고, 6시간 정도 끓여 우려낸 육수를 사용한다).
3 2에서 사골, 양파, 마늘, 대파를 건지고 기름기를 제거한다.
4 3에 소금으로 간하고 송송 썬 실파와 후춧가루를 넣는다.

여기서 잠깐! 사골 국물은 3번만 우려먹을 것

아까워서 몇 번이고 끓여서 우려먹던 사골국. 그러나 3회 이상 우려먹을 시 오히려 칼슘 흡수에 방해가 된다는 결과가 발표됐다. 농촌진흥청에서 발표한 연구 자료에 따르면 사골은 너무 여러 번 우려먹을 경우 좋은 영양소보다 인 성분이 많이 추출돼 오히려 칼슘의 흡수를 방해할 수 있으므로 3회 정도만 우려먹는 것이 좋다는 것이다.

가정에서 사골을 우려낼 경우에는 사골을 물에 담가 핏물을 빼고 1회 6시간 기준으로 3번 정도 우려내는 것이 맛이나 영양적으로 가장 좋다고 한다. 사골을 4번 이상 끓일 경우 연골 조직에 함유되어 있는 콘드로이친황산과 칼슘 함량은 급격히 감소하며 탁도와 점도가 낮아진다. 아깝다고 계속 우려먹다가는 오히려 건강을 해칠 수 있다고 하니 3번만 끓여 맛있게 먹도록 하자.

05 26 Mon

622.7 Kcal

오늘의 식단

검정쌀밥

콩나물국

쇠고기양송이볶음

오징어실채볶음

마늘종찜무침

배추김치

오렌지

오늘의 급식 이야기

알고 계세요?
농식품 국가인증마크

국가 보증 우수 농식품 인증 마크

분류	마크	설명
친환경 농축산물	유기농 (ORGANIC)	유기합성농약과 화학비료를 전혀 사용하지 않는 유기농법으로 3년 이상 재배한 농산물 (유기축산물도 이 마크 사용) 인증
	무농약 (NON PESTICIDE)	유기합성농약은 전혀 사용하지 않고, 화학비료는 권장량의 1/3 이내로 사용해 재배한 농산물 인증
	무항생제 (NON ANTIBIOTIC)	항생제, 합성항균제, 호르몬제가 포함되지 않은 무항생제 사료로 사육한 축산물 인증
저탄소 농축산물	저탄소 (LOW CARBON)	농축산물 생산 전 과정에서 온실가스 배출량 줄이는 '저탄소 농업기술'을 적용하여 생산한 농축산물 인증
동물복지 축산농장	동물복지 (ANIMAL WELFARE)	쾌적한 환경에서 동물의 고통과 스트레스를 최소화 하는 등 높은 수준의 동물복지 기준에 따라 인도적으로 동물을 사육하는 농장 인증
GAP(농산물 우수관리인증)	GAP (우수관리인증)	농산물의 생산, 수확, 판매까지 농약, 중금속, 미생물 등의 철저한 관리를 통해 소비자가 안전한 농산물을 먹을 수 있게 인증
친환경수산물	친환경수산물 (ECO SEAFOOD)	친환경수산업을 영위하는 과정에서 생산된 수산물이나 이를 원료로 하여 위생적으로 가공한 식품 인증
수산물품질인증	품질인증 (QUALITY SEAFOOD)	수산물 및 수산특산물의 품질을 향상시키고 소비자를 보호하기 위해 실시하는 제도
HACCP	HACCP (안전관리인증)	식품의 원료 산지에서부터 제공, 보관, 유통을 거쳐 최종 소비자에게 이르기까지 식품의 위해요소 분석과 중요 관리점을 감시하는 식품위생관리방법
지리적표시	지리적표시 (PGI)	농산물의 품질이 특정 지역의 지리적 특성에 기여하는 경우 그 지역에서 생산된 특산품임을 표시

마늘종찜무침
알싸하고 달콤해서 **밥반찬**으로 딱 좋아

재 료
마늘종 10g, 밀가루 1g
양념 : 고추장 3g, 간장 1g, 고춧가루 0.1g, 매실청 1g, 참기름 1g, 참깨 0.2g

만드는 법
1 마늘종은 깨끗이 씻은 후 4cm 길이로 잘라 밀가루에 버무린다.
2 1을 오븐에 넣고 찐(스팀 99℃ 5분) 후 식힌다.
3 분량의 재료를 섞어 양념을 만든 후 2와 버무린다.

 이밖에 어린이 기호식품 품질인증 마크도 있다. 이 마크는 식품의 안전과 영양 면에서 우수한 식품을 정부가 인증하는 제도로, 식품의약품안전처가 안전·영양·식품첨가물 사용 등에 대한 엄격한 기준을 통과한 제품에만 부여하는 품질 인증 제도다.

05 27 Tue

Today's Recipe

곤약어묵조림
칼로리 걱정 없는 다이어트 음식

재료
곤약 30g, 어묵 15g, 조림간장 2g, 청주 1g, 물엿 1g, 매실청 1g, 참기름 1g, 참깨 0.2g

만드는 법
1 곤약과 어묵은 한 입 크기로 썬다.
2 끓는 물에 소금과 청주를 넣고 1을 데친다.
3 간장, 매실청, 물엿, 청주, 참기름으로 조림장을 만든다.
4 어묵과 곤약을 조림장과 혼합하여 조린다.
5 참깨를 뿌리고 마무리한다.

621.3 Kcal

오늘의 식단

차조밥

맑은순두부찌개

가자미마요네즈구이

곤약어묵조림

비름나물

무말랭이김치

포도

오늘의 급식 이야기

다이어트에 도움을 주는 음식 7가지

오늘날 건강의 최대 적은 비만이다. "날씬함은 1950년대에는 편견이었고 1960년대에는 신화였고, 1970년대에는 강박관념, 그리고 1980년대 이후에는 종교가 되었다"라는 미국학자 로버타 세이드의 말처럼 날씬한 몸은 이제 종교만큼 추앙받는 요소가 되었다.

최근 미국의 여성생활 잡지 '위민스 헬스(Women's Health)'가 체중 조절 다이어트에 도움을 주면서 운동 효과도 향상시켜주는 음식 7가지를 소개했다.

첫째는 '물'이다. 물은 체중 감소와 운동 효과를 위해 절대적으로 필요하다. 우리 몸의 70%가 물로 구성돼 있어 근육이 작동하는 것부터 신진대사까지 모든 것에 중요하기 때문이다.

둘째는 '그리스식 요구르트'다. 당분 등의 다른 첨가물이 거의 들어 있지 않은 그리스식 요구르트는 다른 요구르트보다 단백질 함량은 높은 반면 당분과 염분 함량은 낮다. 따라서 고 단백질로 포만감을 오랫동안 유지시켜 다음 식사 때까지 간식 등 군것질을 하지 않게 한다.

셋째는 '견과류 버터'다. 땅콩이나 호두, 아몬드 등 견과류로 만든 버터에는 불포화지방이 들어 있어 살을 빼는 데 큰 도움이 되는 것으로 알려졌다. 불포화지방은 식탐이 일어나지 않도록 포만감을 지속시킬 뿐만 아니라 먹는 것에서 영양을 잘 흡수하도록 도와 신체가 기름칠이 잘 된 기계처럼 잘 돌아가게 한다.

넷째는 '달걀'이다. 단백질이 많이 들어 있어 포만감을 오래 지속시킨다. 또 염증을 퇴치하는 콜린이라는 성분이 풍부해 근육이 잘 움직일 수 있도록 하며 운동 효과도 크게 높일 수 있다. 항염증 성분들은 대사 작용을 일정하게 유지시키고 대사질환을 예방함으로써 체중 증가를 막아준다.

다섯째는 '짙은 잎채소'다. 시금치, 근대, 케일 같은 짙은 잎채소에는 섬유질이 풍부하다. 섬유질은 위를 꽉 채워 포만감을 지속시키고 과식을 막는다. 잎채소에는 항염증 성분들이 풍부해 당뇨병과 같은 질환을 예방한다.

여섯째는 쌀, 보리, 콩, 조 등 곡물의 겉껍질만 벗긴 '통곡물'이다. 통곡물에는 비타민 B군과 섬유질, 단백질이 풍부하게 들어 있다. 비타민 B군은 에너지를 향상시키는 핵심 영양소이며 염증을 퇴치하는 효능도 있는 것으로 알려졌다.

일곱째는 '저지방 초콜릿 밀크'다. 초콜릿 밀크에는 단백질과 탄수화물이 들어 있는데, 여기에 단맛이 나기 때문에 초콜릿 밀크를 마시고 난 뒤에는 다른 것을 먹고 싶은 생각이 줄어들 수 있다.

05 28 Wed

655.6 Kcal

오늘의 식단

잔멸치볶음밥

유붓국

라조기

찹쌀콩조림

어린잎사과미소소스샐러드

백김치

수박

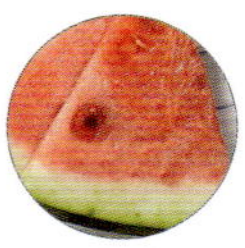

오늘의 급식 이야기

작지만 뼈대 있는 가문 칼슘의 제왕
멸치

멸치(蔑致)는 멸어(滅魚), 멸치어(滅致魚)로도 불리는데, '물 밖으로 나오면 금방 죽는다'는 뜻에서 나온 이름이다. 또 멸치는 한자어로는 수어(水魚)라 하는데, 물의 고어인 '미리'가 '며리', '멸'로 음운 변화하고 물고기를 뜻하는 접미사인 '치'가 붙어 멸치가 되었다는 설도 있다. 영어로는 엔초비(Anchovy)라 부른다.

바다에는 약 2만여 종의 물고기가 서식하고 있다. 이 중 가장 많은 식구를 거느린 종은 멸치이다. 멸치는 경골어류 청어목 멸치과에 속하는 한해살이 어류로 따뜻한 물을 좋아해 겨울에는 남쪽바다 멀리 나가 있다가 봄이 되면 새끼를 낳고 먹이를 찾기 위해 쿠로시오 난류를 타고 우리나라 남쪽 육지와 가까운 해안가로 올라온다. '봄 멸치, 가을 전어'라는 말이 있듯 이르면 3월부터 멸치 수확을 시작해 6월까지가 적기다. 이때쯤 부산 기장의 대변항 멸치가 유명하다. 봄 멸치 축제와 더불어 멸치회 맛을 보고자 하는 미식가들이 이곳에 모인다. 사실 멸치는 성질이 급해 물 밖으로 나오면 금방 죽어 버리고 선도 저하가 빨라 재빨리 삶아 건어물로 유통하는 생선이다. 그런데 이른 봄에 잡히는 멸치는 뼈와 살이 연하면서 지방이 많고 감칠맛이 좋아 산지에서는 멸치회와 멸치회무침이 유행한다.

'칼슘의 왕'이라고 부르는 멸치는 말리면 칼슘 함량이 더욱 증가한다. 중간 크기의 마른 멸치 100g에는 무려 1825mg의 칼슘이 들어 있다. 칼슘이 풍부하다는 우유 100g에 칼슘 100mg이 들어 있으니 과연 멸치는 칼슘의 왕으로 불릴 만하다. 칼슘은 뼈를 구성하는 중요 영양소이기 때문에 멸치를 꾸준히 섭취하면 골밀도가 증가해 뼈가 튼튼해지고 성장에 좋은 영향을 미친다.

하지만 멸치를 우려낸 국물에는 칼슘이 거의 없어 멸치 국물만 먹어서는 뼈가 튼튼해지는 효과를 보기 어렵다. 칼슘 흡수율을 높이기 위해서는 국이나 찌개에 멸치를 곱게 갈아 넣는 편이 오히려 좋다.

잔멸치는 흰색이나 푸른색이 살짝 도는 투명한 것이 좋고 중간 멸치와 큰 멸치는 은빛이 나고 맑은 기운이 도는 것이 좋다.

잔멸치볶음밥
고소한 멸치가 볶음밥에 듬뿍

재료
쌀 60g, 찹쌀 10g, 잔멸치 10g, 청주 1g, 당근 5g, 후리카케 3g, 김가루실채 0.2g, 매실청 1g, 참기름 1g, 참깨 0.2g, 검정깨 0.2g, 콩기름 1g

만드는 법
1 잔멸치는 채에 살살 흔들어 부스러기를 제거한다.
2 쌀과 찹쌀을 섞어 고슬고슬하게 밥을 짓는다.
3 당근은 잘게 다져 볶는다.
4 팬을 뜨겁게 달군 후 잔멸치와 청주를 넣고 센 불에 볶는다.
5 2에 3과 4를 넣고 후리카케, 김가루실채, 매실청, 참기름, 참깨, 통깨를 더해 주걱으로 살살 섞는다.

여기서 잠깐! 멸치 중에서도 최고급으로 치는 죽방멸치

남해 지방에는 지금도 '죽방렴'이라는 원시적인 방법으로 멸치를 잡는 곳이 있다. 물살이 빠른 물목에 대나무 말뚝을 박아 일종의 함정 연못을 만들어 잡는 방식인데, 멸치가 물살을 따라 함정에 들어오면 되돌아 빠져나가지 못하고 꼼짝없이 갇히게 된다. 그러면 이것을 가만히 뜰채로 뜨면 되는 것이다.
이렇게 잡은 멸치는 그물로 잡을 때보다 상처가 없고 육질이 단단하기 때문에 보다 신선한 품질로 가공해 판매할 수 있다. 따라서 죽방렴으로 잡은 멸치는 배에서 그물로 잡은 것보다 몇 배나 비싼 가격으로 팔린다. 죽방멸치가 귀족멸치, 황제멸치라는 별칭이 붙은 것도 바로 이런 이유 때문이다.

05 29 Thu

648.9 Kcal

오늘의 식단

- 기장율무밥
- 꽃게백탕
- 매운미트볼조림
- 옥수수전
- 곤드레나물무침
- 배추김치
- 참외

마파람에 게눈 감추듯 밥도둑 꽃게

암꽃게 백탕
알이 꽉 찬 꽃게로 끓인 **봄철 별미**

재료
암꽃게 40g, 미더덕 10g, 무 15g, 호박 10g,
양파 5g, 미나리 3g, 파 2g, 다진 마늘 1g,
청양고추 0.5g, 홍초 0.5g, 다시마 2g, 된장 3g,
청주 1g, 매실청 1g, 소금 0.3g

만드는 법
1 다시마를 끓여 국물을 낸다.
2 암꽃게는 손질해 4등분하고 미더덕은 깨끗이 씻는다.
3 무, 애호박, 양파는 가로세로 2cm 크기로 썰고 미나리는 3cm 길이로 썬다. 파, 청양고추, 홍고추는 어슷썰기 한다.
4 1에 된장을 푼 다음 암꽃게, 미더덕, 무, 청주를 넣고 한소끔 끓인다.
5 4에 양파, 파, 애호박을 넣고 끓이면서 거품을 걷는다.
6 5에 소금으로 간을 맞추고 썰어놓은 청양고추, 홍고추, 미나리, 다진 마늘을 넣고 불을 끈다.

꽃게는 일 년에 두 번 제철을 맞는다. 봄에는 알을 품은 암꽃게, 가을에는 살이 오른 수꽃게가 맛이 좋다. 꽃게라는 이름은 우리말 중에 곶(串)이 있는데, 곶은 바다를 향해 가늘게 뻗어 있는 육지의 끝 부분을 이르는 말로, 꽃게의 등딱지가 양 옆으로 마치 가시처럼 삐죽 튀어나온 모습이 '곶'을 닮았다고 해서 '게'가 합쳐진 '곶게'가 되었다. 그러다 점차 '꽃게'로 부르는 사람이 많아졌다.

꽃게는 영어로 'Swimming Crab'이라고 한다. 수온을 따라 헤엄을 쳐 이동하는 게여서 붙은 이름이다. 우리나라에 서식하는 꽃게는 제주 앞바다에서 겨울을 난 뒤 따스한 오뉴월 햇살을 받으며 서해안으로 올라와 알을 낳고 찬바람이 불면 다시 남쪽 깊은 바다로 돌아간다. 꽃게의 이동은 수온과 달과 연관이 깊다. 달의 인력이 지구에 가장 크게 영향을 미치는 시기인 사리 때 꽃게가 많이 잡힌다. 이때의 꽃게가 살이 꽉 차고 탄력이 있는데 달의 기운을 받아서 그런 것이라고 한다.

풍류를 즐기다 강물에 비춰진 달 그림자를 보고 그 달을 잡으려다 물에 빠져 죽었다는 중국 당나라의 시선 이태백은 〈월하독작사수시(月下獨酌四首詩)〉에서 "한 손에는 게 발을 들고 한 손에는 술잔을 들고 주지(酒池) 속을 헤엄치고 있으면 일생 살아가는 데 무엇을 더 바라리요"라고 읊었다.

게는 지방이 적고 맛이 담백하고 고소하며 필수 아미노산이 풍부하여 성장기 어린이에게 매우 좋다. 특히 게의 알에는 핵산이 많이 들어 있어 노화 방지에 좋고 타우린(taurine)이 풍부하여 혈압을 유지하고 피로해소 효과가 크다.

꽃게를 톱밥에 넣어 운반하는 이유는 꽃게를 동면상태에 빠지게 하기 위해서다. 꽃게는 낮에는 모래 속에 들어가 잠을 자고 밤에 나와 활동을 하는데, 운반할 때 온도를 14~15℃ 이하로 낮추고 모래펄과 유사한 톱밥 속에 꽃게를 넣어 겨울잠을 자도록 유도를 하는 것이다. 톱밥 속의 꽃게는 냉동하더라도 해동만 시키면 다시 살아난다.

여기서 잠깐! 꽃게를 익히면 왜 빨갛게 되나요?

꽃게와 새우는 모두 갑각류로 몸 색깔이 초록빛이 도는 푸른색을 띠고 있다. 굽거나 삶으면 색이 달라지는 것은 껍데기에 들어 있는 아스타크산틴이라는 붉은색 색소가 많기 때문인데, 아스타크산틴은 살아 있는 동물의 조직에서는 단백질과 결합해 초록빛이 도는 푸른색을 띤다. 꽃게와 새우가 초록빛이 도는 푸른색을 띠는 것은 이 때문이다. 꽃게와 새우의 이런 몸 색깔은 바위나 갯벌과 비슷하게 보여 적의 눈에 띄지 않게 하기 위한 보호색이다.

하지만 꽃게와 새우를 굽거나 삶으면 단백질과 아스타크산틴이 분리된다. 아스타크산틴은 열이나 산, 알칼리를 만나면 단백질과 분리되는 성질을 가지고 있기 때문이다. 아스타크산틴이 열을 받으면 본래의 색으로 돌아오기 때문에 익힌 꽃게와 새우의 몸 색깔이 빨갛게 변하는 것이다.

05 30 Fri

오늘의 식단

642.2 Kcal

차수수밥

채식호박된장찌개

콩고기고추장구이

연근고구마강정

곰피/양배추쌈

땅콩쌈장

열무김치

바나나

오늘의 급식 이야기

우리 역사 속 재미난 채식 이야기

땅콩쌈장
고소한 땅콩으로 만든 **밥도둑**

재료
땅콩 3g, 된장 10g, 고추장 3g, 양파 10g,
실파 1g, 마늘 1g, 매실청 1g, 통조림 파인애플 3g,
참기름 1g, 참깨 0.3g

만드는 법
1. 땅콩은 팬에 볶아 믹서에 간다.
2. 양파, 마늘은 소독해 씻은 후 믹서에 간다.
3. 실파는 잘게 다진다.
4. 파인애플은 믹서에 간다.
5. 된장, 고추장, 매실청, 참기름, 참깨, 1~4를 한데 넣고 고루 섞는다.

역사를 보면 조선시대 왕의 평균수명은 47세이다. 태종에서 성종까지 조선 전기의 왕들은 풍질, 당뇨, 종기, 이질 등을 앓았고 이로 인해 사망한 경우가 많았다. 이것은 대부분 육식과 관련된 질병이기도 하다. 세종은 54세에 승하했는데 〈조선왕조실록〉에 의하면 육식을 좋아했다고 한다. 육식을 지나치게 좋아했던 세종은 안질, 종기, 부종, 설사 등을 수시로 앓았고 서른이 넘어 당뇨로 고생하기 시작했다. 오늘날 의사들은 세종이 겪었던 말년의 눈병, 안질도 당뇨합병증일 것이라고 추측하고 있다.

고려 때까지 승했던 채식 문화가 왜 조선시대에는 무너지기 시작했을까. 고구려, 백제, 신라는 모두 농경 위주 사회였기 때문에 가축을 매우 귀하게 여겼다. 또 4세기 이후 불교의 영향으로 고려도 국가적으로 육식을 금기시했으나, 조선시대에 이르러 불교를 탄압하며 육식을 허용한 것이다. 또 몽골(원나라)의 침략으로 인해 육식 문화가 들어오기 시작하면서 육식에 익숙해진 영향도 있는 것으로 보고 있다. 고기를 넣은 만두나 고기를 뼈째 고아먹는 설렁탕이 바로 몽골족의 풍습이고, 공자가 당시 중국의 풍습대로 사람의 고기까지 먹었다는 이야기가 있을 정도이니 말이다.

고기와 생선이 포함되었던 유교의 제례예식은 왕실뿐 아니라 사대부, 일반 백성들에게까지 전파되었다. 그러나 조선시대 사람들은 쇠고기는 먹었지만 돼지고기는 쉽사리 먹으려 들지 않았다. 〈조선왕조실록〉을 보면 조선 사신단이 명나라에 도착했을 때, 황제가 내시를 불러 "조선인들은 원래 돼지고기를 먹지 않으니 쇠고기와 양고기를 공급하도록 하라"고 명령했다고 한다. 조선인이 돼지고기를 즐기지 않는다는 것을 명나라 황제도 알고 있었던 것이다.

당시 조선인들은 왜 돼지고기를 먹지 않았는지에 대해 정확하게 알려진 바는 없지만 소는 풀만 먹여도 쉽게 키울 수 있었던 반면, 돼지는 사람이 먹는 음식을 축내는 짐승이라 기르기 힘들었다는 설이 가장 유력하다.

월요일	화요일	수요일	목요일	금요일
2 (생일 밥상) 쌀밥 팽이버섯미역국 죽순버섯잡채 쇠고기구이 시금치배추전 배추김치 생일 케이크 산딸기 685.9 Kcal / 다리 밑 속설	**3** (절기음식) 쑥쌀밥 근대감잣국 소갈비찜 도라지/고사리/취나물 배추김치 수리취떡 앵두 662.4 Kcal / 단오	**4** (선거일)	**5** (자유휴업일)	**6** (현충일)
9 찰옥수수밥 버섯된장국 매운닭찜 근대나물무침 그린피스파스타볶음 오이소박이 토마토 638.5 Kcal / 대장균	**10** 기장밥 사골북엇국 알감자방울어묵조림 머우대나물 명엽채고추장볶음 배추겉절이 사과 628.7 Kcal / 사과	**11** 별속떡국 만두 쫄면 매실장아찌 표고버섯전 백김치 수박 698.7 Kcal / 매실	**12** 검정쌀밥 쇠고기김치찌개 가자미씨겨자구이 메추리알채소볶음 양배추흑임자샐러드 총각김치 멜론 634.8 Kcal / 항산화식품	**13** 셀프충무김밥 잔치국수 오징어무침 채소튀김 석박지 청포도 712.4 Kcal / 충무김밥
16 현미밥 오징어찌개 달걀말이 노각무침 돈육김치볶음 콩나물유부샐러드 오디 622.9 Kcal / 오디	**17** 삼색콩밥 미역오이냉국 쇠고기장조림 실치잔새우볶음 소시지채소볶음 열무김치 체리 620.5 Kcal / 콜레스테롤	**18** (세계음식의 날) 아르조 훼이조아다 소시지그릴구이 웨지감자 수제오이고추초절임 비나그래찌 파인애플 716.9 Kcal / 브라질 음식	**19** 보리밥 근댓국 돼지고기마늘볶음 오징어새송이구이 연근튀김 깍두기 키위 626.7 Kcal / 오징어	**20** 차수수밥 아귀매운탕 두부쇠고기조림 죽순브로콜리볶음 배추김치 옥수수샐러드 수박 631.4 Kcal / 죽순
23 통밀차조밥 얼큰감자옹심이국 쇠고기가지볶음 미나리전 무말랭이강정 배추김치 산딸기 632.8 Kcal / 미나리	**24** 토마토코펜밥 호박잎된장국 훈제오리김치볶음 어묵파프리카볶음 시금치겉절이 깻잎장아찌 참외 618.4 Kcal / 오리고기	**25** (향토음식의 날) 꽁보리주먹밥 평양냉면 어복쟁반 도라지장아찌 오이무초절임 백김치 배 654.3 Kcal / 평안도 음식	**26** 혼합곡밥 쇠고기팽이버섯국 조기찜 고추잎무침 크림치즈떡볶이 배추김치 앵두 639.2 Kcal / 앵두	**27** (채식 식단) 꽁보리열무비빔밥 숭늉 참나물올방개묵무침 오이깍두기 땅콩고추장 찰보리빵 살구 632.2 Kcal / 보릿고개
30 흑미기장밥 알탕 닭봉조림 호박새우젓볶음 월도프샐러드 깍두기 파인애플 641.3 Kcal / 월도프샐러드				

JUNE

하루하루 지날수록 기온이 점차 오르는 것이
느껴지는 6월이죠? 땀을 뻘뻘 흘리는
본격적인 여름이 오기 전에
미리미리 원기충전 하자고요!

06 02 Mon

685.9 Kcal

오늘의 식단

쌀밥

팽이버섯미역국

죽순버섯잡채

쇠고기구이

시금치배추전

배추김치

생일 케이크

산딸기

Today's Recipe

팽이버섯미역국
미역국에 쫄깃한 식감을 더한 맛

재료
건미역 1.5g, 팽이버섯 7g, 국멸치 2g, 참기름 1g, 국간장 2g, 마늘 0.5g, 맛술 1g

만드는 법
1 국멸치로 육수를 낸다.
2 건미역은 물에 불려 씻은 후 2cm 길이로 썬다.
3 팽이버섯은 깨끗이 손질해 씻고 1.5cm 길이로 썬다.
4 미역에 마늘, 맛술, 참기름을 넣어 볶는다.
5 4에 물을 넣고 푹 끓인다.
6 국간장을 넣고 간을 맞춘 뒤 팽이버섯을 넣어 살짝 끓인다.

> 오늘 급식은 6월 생일밥상입니다. 팽이버섯을 넣은 미역국과 잡채, 전, 케이크 등을 준비해 생일상 분위기를 냈어요. ^^

"사실은 다리 밑에서 주워 왔어…"

"다리 밑에서 주워 왔어!"

이런 말 한두 번쯤 안 듣고 큰 사람 있을까. 출생과 관련해 아이들을 깊은 혼란에 빠뜨리곤 했던 어른들의 이 농담은 그냥 나온 이야기가 아니다. 경상북도 영주시 순흥면에 있는 '청다리'에서 '다리 밑에서 주워 온 아이'라는 말이 유래된 것.

이곳 청다리 근방에는 서원에 공부하러 온 유생들을 뒷바라지하는 종들이 살았는데, 유생들이 그 종이나 마을 처녀와 정분이 나서 아이를 낳게 되는 경우가 종종 있었다. 그런데 그중 몇몇 유생은 처녀에게 '청다리 밑에 아이를 버리라' 해놓고 자기가 우연히 다리를 지나다 아이를 주운 것처럼 하고는 아이를 본가에 데려가 자기 아이임을 감추고 '다리 밑에서 불쌍한 아이를 주웠다'며 기르게 했다는 이야기다.

이 유래 말고 다른 설도 있다. 조선시대 금성대군이 순흥부사 이보흠과 함께 모의해 고을 군사와 선비를 모으고 삼남(三南) 유림들에게 격문을 돌려 단종 복위 운동을 꾀하다 발각됐다. 이 때 죽임을 당하면서 당시 동조했던 순흥 지역 수백 명의 선비들과 그 가족들이 청다리 밑에서 처형 당하는 등 희생되었다(정축지변). 그때 어렵사리 살아남은 어린아이들을 데려다 키운 데서 '청다리 밑에서 주워 온 아이'라는 말이 생겼다는 이야기가 전해 내려오고 있다.

06 03 Tue

오늘의 식단

쑥쌀밥

근대감잣국

소갈비찜

도라지/고사리/취나물

배추김치

수리취떡

앵두

662.4 Kcal

Today's Recipe

근대감잣국
성장발육 촉진에 좋은 근대를 먹자!

재료
근대 10g, 감자 20g, 달걀 5g, 콩가루 3g, 마늘 1g, 다시마 2g, 국멸치 2g, 청주 1g, 국간장 2g, 소금·후춧가루 약간씩

만드는 법
1 다시마와 국멸치를 끓여 육수를 낸다.
2 근대를 깨끗이 씻어 끓는 물에 소금을 넣고 데친 뒤 찬물로 헹군다.
3 2를 건져 3cm 길이로 썰어 콩가루를 묻힌다.
4 감자는 가로 2cm, 세로 3cm 크기로 썬다.
5 육수에 4을 넣고 끓이다가 감자가 익으면 3에 달걀을 묻혀서 넣는다.
6 청주, 마늘, 국간장, 소금, 후춧가루를 넣어 간을 맞추고 불을 끈다.

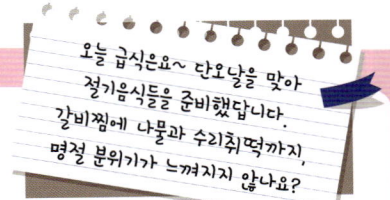

태양의 축제, 단오

단오는 일 년 중 가장 양기가 왕성한 날! 고려시대에는 9대 명절에 속하였고 조선시대에는 설날, 한식, 추석과 함께 4대 명절 중 하나로 여겨 여러 가지 풍속과 행사가 행해졌다. 현재도 추석이나 설날만큼은 아니지만 다양한 행사를 치르며 그 명맥을 유지해오고 있다. 단오는 양의 수가 겹치는 신(神)의 날을 말하는데, 처음이라는 뜻의 '단(端)'자와 다섯 오자와 발음이 같은 '오(午)'가 만나서 생성된 '단오'는 '초닷새'라는 뜻이다.

단오는 다른 말로 수릿날(戌衣日), 천중절(天中節), 중오절(重午節), 단양(端陽), 오월절(五月節)이라고도 한다. 이 중 수릿날이라고 부르게 된 이유를 살펴보면, 이날 쑥으로 떡을 만들어 먹었는데 쑥떡의 모양이 수레바퀴처럼 만들어졌기 때문이기도 하고, 수리취로 떡을 해먹었기 때문에 '수리'란 이름이 붙었다고 한다. 수리취는 잎이 작고 뒷면이 하얀 여러해살이 풀로 '떡취'라고도 한다. 한방에서는 '산에서 나는 우엉'이라는 의미에서 '산우방(山牛蒡)'이라고도 하는데 지혈, 부종, 토혈, 인후염, 당뇨에 효과가 있다.

단오에는 수리취떡뿐 아니라 조선시대 궁중에서 마시던 약이자 청량음료이기도 한 제호탕, 오디, 산딸기 등과 함께 단오 제철 과일인 앵두로 화채를 해먹는 등 떨어진 입맛을 다시 돋우도록 했다.

또한 부녀자들은 창포 삶은 물에 머리를 감아 윤기를 내곤 했다. 창포는 예로부터 약효가 뛰어나 많은 사랑을 받아온 식물로 창포물에 머리를 감으면 나쁜 병으로부터 건강을 지킬 수 있다고 믿었다. 실제로 창포는 기를 순환시켜 혈액순환을 좋게 하기 때문에 창포 잎과 뿌리를 우려낸 물로 목욕을 하면 손발이 저린 증세를 가라앉힐 수 있다고 한다. 한방에서도 건위, 진경, 거담 등에 효능이 있어 약재로 많이 이용하고 있다.

638.5 Kcal

오늘의 식단

찰옥수수밥

버섯된장국

매운닭찜

근대나물무침

그린피스파스타볶음

오이소박이

토마토

대장균의 습격 식재료를 사수하라!

그린피스파스타볶음
Green Peas, Yeah!

재료
푸실리 5g, 그린피스 5g, 쌀햄 15g, 올리브유 1g, 허브솔트 0.3g, 매실청 1g, 참기름 0.5g, 식용유 약간

만드는 법
1 그린피스는 깨끗이 손질해 씻고 4cm 길이로 썰어 소금을 넣고 살짝 데쳐 찬물에 헹군다.
2 쌀햄은 가로 1cm, 세로 4cm 길이로 썰어 뜨거운 물에 데친다.
3 푸실리는 소금과 식용유를 넣은 물에 삶는다.
4 1, 2, 3에 올리브유, 허브솔트, 매실청을 넣어 버무린다.
5 팬에 식용유를 둘러 4를 살짝 볶고 참기름으로 마무리한다.

날씨가 더워지기 시작하면 특별히 주의해야 하는 것이 있다. 바로 식재료와 음식을 보관하는 일이다. 조금만 기온이 높아져도 활발히 번식하는 대장균 때문에 자신도 모르는 사이 식중독에 걸릴 수 있기 때문이다. 특히 면역력이 약한 아이들은 더욱 조심해야 하기에 영양 선생님들은 싱싱한 식재료 사수를 위해 철두철미하게 위생 관리를 하고 있다.

사실 '대장균' 자체가 나쁘다고 말할 수는 없다. 대장균은 소장에서 내려온 음식찌꺼기를 분해해 비타민 K를 만들고 비타민 B군의 흡수를 돕는 역할을 한다. 하지만 명칭 그대로 대장에 상주하는 균을 말하는 만큼 화장실에 다녀온 뒤 손을 깨끗하게 씻지 않으면 손에 이 세균이 묻을 수 있는데, 어떤 식품에서 대장균이 검출됐다는 것은 그만큼 그 식품이 비위생적으로 다뤄졌다는 간접적인 지표가 되는 것이다.

따라서 미생물이 완전히 살균되었는지 확인하는 지표가 바로 대장균의 유무다. 대장균은 사람과 동물의 배설물로부터 나오며 수인성 전염병을 일으키는 다른 미생물보다 각종 소독에 대한 내성이 강한 편이다. 즉, 대장균의 검출은 곧 동물의 배설물로 인한 오염의 증거임과 동시에, 살균 소독을 진행한 이후 대장균이 검출되지 않았다면 다른 병원성 미생물 역시 모두 살균되었다고 볼 수 있다.

앞서 말했듯 대장균은 체내에 무해한 비병원성 세균이다. 그러나 1980년대 이후 온순한 대장균 중 몇몇이 병원성 대장균인 O-157처럼 포악스럽게 변한 사례가 있기 때문에 우리는 첫째도 위생 안전, 둘째도 위생 안전에 철저한 식단을 만들어야 한다. 병원성 대장균 O-157은 균체 내에 독소를 가진 대장균이 변형된 것으로 수입 쇠고기와 분유에서 검출되어 한동안 사회적 문제를 야기한 적이 있는 위험한 세균이다. 대장균 표면에 있는 단백질 O항원의 여러 가지 혈청학적 타입 중 157번째로 발견되어 O-157이라는 이름이 붙었다.

병원성 대장균은 건강한 사람의 장내에 살고 있는 일반 대장균과 달리 생물학적 변이를 일으키는 것으로 알려져 있으며, 인체에 소량 침입해도 질병을 일으킬 수 있다. 실제로 이 대장균으로 인해 유아가 중태에 빠지거나 노인이 사망하는 사건이 발생하기도 했다. 미생물에 오염된 고기를 날 것으로 먹으면 적혈구가 붕괴되고 설사를 수반한 식중독이 발생한다. 그러나 보통 오염된 균은 열처리로 사멸되기 때문에 반드시 충분히 익혀 먹어야 한다.

06 10 Tue

628.7 Kcal

오늘의 식단

기장밥

사골북엇국

알감자방울어묵조림

머우대나물

명엽채고추장볶음

배추겉절이

사과

오늘의 급식 이야기

사과에서 시작된 트로이전쟁

사골북엇국
진한 맛이 우러나는 뽀얀 국물의 **담백함**

재료
북어 3g, 두부 20g, 실파 2g, 청주 1g, 실파 2g, 소금·후춧가루 적당량
육수: 사골 40g, 양파 10g, 마늘 1g, 대파 3g, 청주 2g

만드는 법
1. 사골은 5시간 정도 찬물에 담가 핏물을 빼고 끓는 물에 데친다.
2. 물을 붓고 사골, 마늘, 양파, 대파, 청주를 넣어 6시간 정도 끓인다.
3. 사골, 통마늘, 양파, 대파를 건져내고 기름기를 걷어낸다(기름기를 걷어낸 첫 번째 사골육수는 사골북엇국에 사용하고, 두 번째 6시간 정도 끓여 우려낸 육수는 곰탕이나 떡국에 사용하는 것이 좋다).
4. 북어는 2cm 길이로 잘라 뜨거운 팬에 볶는다.
5. 두부는 가로세로 1.5cm 크기로 썬다.
6. 실파는 깨끗이 손질해 씻은 뒤 송송 채 썬다.
7. 사골육수에 북어, 청주를 넣고 끓인다.
8. 7에 두부를 넣고 한소끔 더 끓으면 소금으로 간하고 불을 끈다.
9. 후춧가루와 실파를 넣어 마무리한다.

사과는 그리스 신화에서 '미(美)의 사과', 또는 '파리스의 사과'로 등장하는 과일이다. 그리스의 여신 테티스(Thetis)와 영웅 펠레우스(Peleus)가 결혼을 했는데 모든 신들이 빠짐없이 이 혼인 잔치에 초대를 받았다. 그러나 초대를 받지 못한 불화의 여신 에리스(Eris)는 자기만 따돌림을 당했다고 생각하고 혼인 잔치가 한창 무르익어 가는 중 나타나 하객들 사이로 황금 사과를 던져 넣었다. 그런데 이 사과에는 '가장 아름다운 여신께'라는 글이 새겨져 있었다. 그러자 그 자리에 있던 세 여신, 즉 헤라(Hera)와 아프로디테(Aphrodite), 아테나(Athena)가 서로 그 사과가 자기 것이라며 황금 사과를 가지려 경쟁했다. 이는 불화의 여신인 에리스가 뜻했던 바였다.

세 여신은 한참동안 입씨름을 해도 결말이 나지 않자 제우스에게 판결을 내려달라고 부탁하기에 이르렀다. 골치 아픈 문제에 말려들고 싶지 않았던 제우스는 이다 산에 살고 있는 '파리스'라는 잘생긴 양치기 청년에게 판결을 맡겼다. 파리스는 트로이의 왕 프리아모스의 아들이었다. 여신들은 파리스의 환심을 사기 위해 제각기 내세울 수 있는 최고의 선물을 약속하며 저마다 눈부신 자태를 뽐냈다. 헤라는 부와 권력을, 아테나는 명예와 명성을, 아프로디테는 인간 세상에서 가장 아름다운 여자를 주겠노라고 했는데 결국 파리스는 아프로디테를 선택했다.

아프로디테의 약속대로 파리스는 세상에서 가장 아름다운 헬레네를 아내로 맞았는데 이것이 트로이 전쟁의 시발점이 됐다. 헬레네는 그리스 스파르타의 왕인 메넬라오스의 왕비로 기혼자였던 것. 파리스는 아프로디테의 도움으로 헬레네를 꾀어내어 트로이로 갔고 이것이 트로이 전쟁의 발단이 된 것이다.

메넬라오스를 중심으로 한 그리스 원정대는 10년이 넘는 기간 동안 트로이와 전쟁을 치렀다. 이 전쟁으로 인해 파리스의 조국인 트로이는 헤라와 아테네의 지원사격을 받은 그리스에게 무참히 짓밟혔으며 급기야 테티스와 펠레우스의 아들인 아킬레스도 죽게 됐다. 결국 펠레우스의 결혼식에 초대받지 못해 복수의 칼날을 갈던 에리스의 바람이 이뤄지게 된 것이다.

06 11 Wed

Today's Recipe

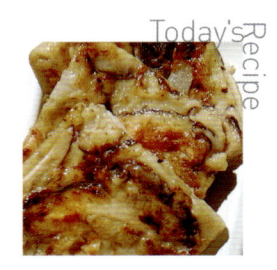

표고버섯전

고기 못지않은 식감이 일품!

재료

표고버섯 15g, 부침가루 5g, 달걀 5g, 물 6g, 콩기름 2g

만드는 법

1 표고버섯은 꼭지를 따서 씻은 후 채 썬다.
2 부침가루에 물과 달걀을 넣어 잘 풀고 표고버섯을 넣는다.
3 달군 팬에 콩기름을 두르고 2를 지진다.

698.7 Kcal

오늘의 식단

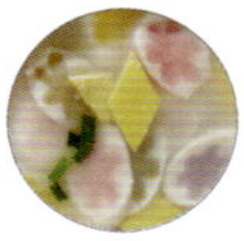

별속떡국

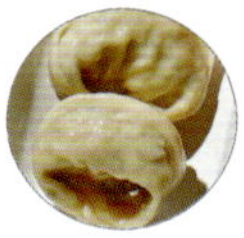

만두

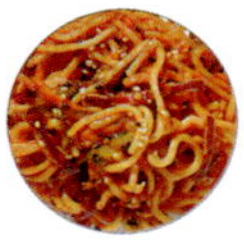

쫄면

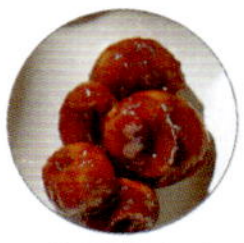

매실장아찌

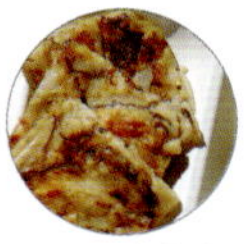

표고버섯전

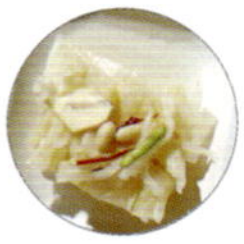

백김치

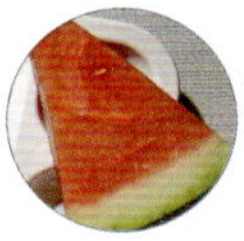

수박

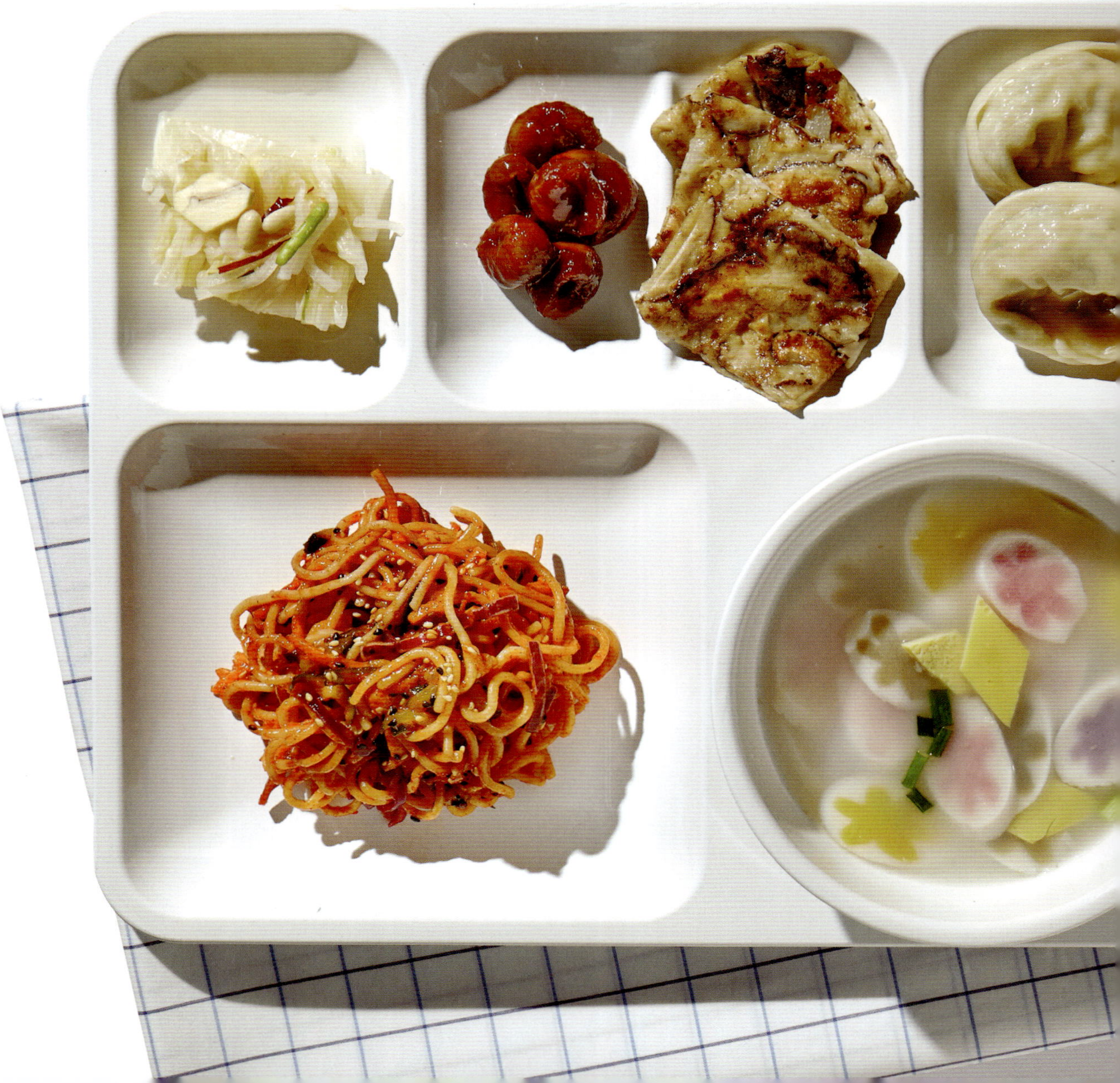

오늘의 급식 이야기

매화꽃이 남긴 사랑 매실

매실나무는 겨울과 봄 사이 추운 날씨에도 꽃을 피우기 때문에, 이 정신을 받들어 선인들은 불의에 굴하지 않는 선비정신으로 매화를 칭송했다. 특히 눈이 내리는 겨울 눈 속에서도 피어 있는 매화를 '설중매'라고 부르며 높이 샀다.

매실은 장아찌로 먹어도, 음료로 만들어 먹어도 맛이 일품인 최고의 천연 식품. 알칼리성 식품으로 구연산과 미네랄이 풍부하여 피로를 해소하는 데 효과적이고 간장 보호, 변비, 해독·살균에도 효능이 있다. 탁월한 소염 작용으로 위와 장의 상처와 염증을 다스린다 하여 '최고의 상처 치료사'라는 별명을 갖고 있을 정도다. 여행 시 물로 인해 발생하는 배탈이나 여름철에 음식의 세균으로 인해 탈이 났을 때 먹어도 효과가 좋다. 속이 더부룩하고 체한 듯할 때도 매실액을 진하게 물에 희석하여 쭉 들이키면 금세 속이 편안해진다. 또 매실에 함유된 망간(Mn) 성분은 정신 안정까지 돕는다고 하니 신체적 건강뿐 아니라 정신적 건강에도 도움을 주는 똑똑한 식재료라 할 수 있다.

우리나라뿐 아니라 다른 아시아 국가에서도 매실은 인기가 많다. 주로 매화나무의 원산지인 중국에서는 매실 음료로, 생선회를 즐겨 먹는 섬나라 일본에서는 장아찌인 우메보시를 먹는데, 이는 일본 음식에서 빼놓을 수 없는 밑반찬이기도 하다. 우리나라의 경우 가장 활용도가 높은 것은 매실청으로, 여름이 되면 매실과 함께 설탕 소비가 급증한다. 한동안 매실효소라는 이름으로 잘못 알려지면서 발효의 효과가 과장되었음이 밝혀지기도 했지만, 매실의 좋은 성분을 추출한 매실청의 인기는 식을 줄 모른다. 단맛과 신맛을 내는 천연 조미료의 역할로 음식을 조리하는 데 쓸 뿐 아니라, 탄산음료 대신 마실 수 있는 시원한 여름 음료로도 활용할 수 있어 많은 사랑을 받고 있다.

> **여기서 잠깐!**
>
> **매실청 담글 때 씨를 제거할까 말까?**
>
> 매실청을 담그는 사람이 많아지자 매실청 담그는 법에 대한 관심도 당연히 증가했다. 그런데 매실 씨앗에 아미그달린(청산배당체)이라는 독성 성분이 들어 있다는 사실이 널리 알려지면서 매실청을 담글 때 씨를 빼고 담거나 담근 후 1년 안에 매실을 걸러 씨를 빼야 한다는 얘기가 널리 퍼졌다. 〈동의보감〉에도 "이것을 쓸 때에는 반드시 씨를 버려야 한다"는 문구가 있다. 그러나 이는 생 매실의 씨에 해당하는 얘기다.
>
> 최근 밝혀진 바에 의하면 매실청을 담근 지 1년 이상 되면 씨의 독성 성분이 사라지며, 3개월 이상 된 것도 물에 희석하거나 소량 사용할 경우 큰 문제가 없다고 한다. 따라서 체중이 적은 유아나 어린아이, 임산부가 장기간 섭취하는 경우가 아니라면 별 걱정할 필요가 없다. 그래도 걱정이 된다면 씨앗 째 담근 매실청을 청산이 소멸하는 29℃ 이상의 온도로 가열해 섭취하면 된다. 하지만 가장 좋은 방법은 처음부터 씨앗을 제거하고 매실청을 담그는 것이다.

06 12 Thu

634.8 Kcal

오늘의 식단

검정쌀밥

쇠고기김치찌개

가자미씨겨자구이

메추리알채소볶음

양배추흑임자샐러드

총각김치

멜론

내 몸을 살리는 항산화식품

항산화식품은 현대인의 몸에 축적된 활성산소를 줄일 수 있는 식품이다. 적당한 양의 활성산소는 우리 몸이 세균이나 바이러스에 감염되는 것을 방지하지만 그 양이 정상범주를 넘어서면 세포 내 유전자와 세포막을 공격해 노화를 촉진하고 각종 질병을 일으키게 된다. 이때 우리 몸에서는 항산화효소라는 물질을 생성해 이 활성산소를 조절한다.

이처럼 우리 몸은 과도한 활성산소를 억제하기 위해 자체적으로 항산화효소를 만들기도 하지만 항산화물질이 들어 있는 식품을 충분히 섭취해줘야 한다.

대표적인 항산화물질로는 비타민 C·E, 셀레늄, 베타카로틴, 폴리페놀, 플라보노이드 등이 있다. 비타민 C는 대부분의 녹황색 채소와 과일에 들어 있고, 비타민 E는 아몬드, 호두, 땅콩 등의 견과류에 풍부하게 함유되어 있으며 세포막을 보호해주고 노화를 방지하는 효과가 있다. 특히 비타민 C와 E는 함께 섭취하면 시너지 효과가 훨씬 커지므로 채소, 과일샐러드에 견과류를 추가하여 식단을 구성하면 좋다. 셀레늄은 체내의 여러 가지 작용에 필수적인 미량 무기질이자 항산화 물질. 강력한 항산화력으로 신체 조직의 노화와 변성을 막아주거나 그 속도를 지연시키는 효과가 있으며 셀레늄의 좋은 급원인 육류, 생선, 곡류, 달걀 등에 함유되어 있다. 베타카로틴은 당근, 호박, 고구마 등에 들어 있는데 몸속에서 비타민 A로 전환되어 피부 저항력을 높이고 활성산소의 작용을 억제한다. 폴리페놀은 강력한 항산화제로 세포막과 유전자의 산화를 억제하고 혈관을 보호하는데 포도주의 원료가 되는 포도와 블루베리, 올리브유에 풍부하게 들어 있다. 플라보노이드는 감귤류, 오렌지, 레몬, 녹차, 브로콜리, 콩류 식품에 많이 들어 있으며 산화를 방지하고 심장을 보호한다.

또 항산화물질은 대부분의 컬러푸드에 공통적으로 함유되어 있다. 빨강, 노랑, 주황, 초록, 보라, 검정, 하얀색을 띠는 채소와 과일의 색깔은 피토케미컬(phyto chemical)이라는 성분에서 비롯되는데 피토케미컬은 식물을 뜻하는 영어 피토(phyto)와 화학을 뜻하는 케미컬(chemical)의 합성어다. 이 피토케미컬이 사람의 몸에 들어가면 항산화 작용이나 면역 기능을 증가해 노화방지, 항암, 항염, 해독작용 등의 이로운 역할을 한다. 이에 따라 미국암협회에서는 이미 1990년대 초부터 하루에 채소와 과일을 5가지 이상 색깔을 갖춰 섭취하자는 'Five a day' 캠페인을 진행하며 다양한 색상의 채소와 과일 먹는 것을 권장하고 있다.

가자미씨겨자구이
밥도둑 가자미 반찬이 왔어요!

재료
가자미 50g, 허브솔트 0.3g, 그레인머스터드소스 3g, 청주 1g, 소금 약간, 올리브유 2g

만드는 법
1 가자미는 깨끗이 손질해 씻고 소금과 식초를 넣은 물에 20분 정도 담갔다가 물기를 뺀다.
2 1에 허브솔트, 올리브유를 바르고 오븐 팬에 가지런히 담아 오븐에 넣고 애벌구이(건열 190℃ 20분)한다.
3 중간에 분무기에 청주를 넣고 오븐 팬에 분사한다.
4 애벌구이한 가자미에 그레인머스터드소스를 덧바르고 오븐에서 한 번 더 굽는다(건열 190℃ 5분).

06 13 Fri

712.4 Kcal

오늘의 식단

셀프충무김밥

잔치국수

오징어무침

채소튀김

석박지

청포도

통영의 명물 **충무김밥** 납시오~

오징어무침
남도의 별미로 여행 느낌 물씬!

재료
오징어 40g, 간장 2g, 고춧가루 0.3g, 매실청 1g, 설탕 1g, 파 1g, 마늘 1g, 참기름 1g, 참깨 0.2g, 검정깨 0.2g, 소금 적당량

만드는 법
1 오징어는 끓는 물에 소금을 넣어 데치고 가로 1cm, 세로 4cm 길이로 썬다.
2 파, 마늘은 깨끗이 씻은 후 다진다.
3 간장, 고춧가루, 매실청, 설탕, 참기름, 파, 마늘을 고루 섞어 양념장을 만든다.
4 오징어를 양념장으로 살살 무친다.
5 참깨, 검은깨를 뿌려 마무리한다.

충무김밥은 보통 김밥과 달리 속에 채소나 달걀, 햄 등의 재료를 넣지 않는 것이 특징이다. 대신 참기름 바르지 않은 김을 6등분해 고슬고슬하게 지은 밥을 올려 말고 깍두기와 오징어무침을 곁들이는 독특한 김밥이다. 할매김밥, 꼬치김밥이라고도 부르며, 오징어 대신 주꾸미를 사용하기도 한다. 충무김밥의 무 깍두기는 꾸덕하게 말린 무를 양념해 익혀야 수분이 생기지 않고 아삭한 맛을 느낄 수 있다.

자꾸만 손이 가는 매콤함으로 우리 입맛을 사로잡는 충무김밥은 조상들의 지혜에서 비롯된 전통음식이다. 충무김밥의 유래 중 첫 번째 이야기는, 우리나라가 해방된 후 현재 통영인 당시 충무항에서 고기잡이를 나가는 남편이 고기 잡느라 식사를 거르고, 술로 끼니를 대신하는 모습을 본 아내가 김밥을 만들어준 데서 시작되었다는 것. 그러나 김밥이 금세 상해 못 먹고 버리는 일이 잦자, 아내는 밥과 꼴뚜기무침·무김치를 따로 담아주기 시작했는데 그 후 다른 어부들도 밥과 속을 따로 담은 밥을 준비해 먹게 되었다.

한편, 많은 사람들의 왕래가 있어 해상 뱃길의 중심지였던 구 통영여객선터미널에서 팔기 시작한 것이 충무김밥이라는 얘기도 있다. 뱃머리 근처에는 배를 타는 사람들을 상대로 주전부리를 파는 행상들이 많았는데, 김밥 장사를 하던 어두이 할머니는 김밥이 무더운 날씨 때문에 잘 상하자 옛 어른들이 뱃사람에게 도시락을 싸 줄 때 밥과 찬을 따로 준비했던 것을 떠올리고는 충무김밥을 개발하게 되었다는 설이다. 당시 멸치어장에서 잡히던 주꾸미와 호리기, 홍합, 무김치를 대나무 꼬치에 끼워 김밥과 함께 종이에 싸서 팔았는데 배도 채울 수 있고 맛도 좋아서 인기가 좋았다고 전해진다.

고소하고 든든한 김과 밥, 그리고 새콤달콤하게 무친 오징어와 무의 조합은 먹으면 먹을수록 입맛 당기는 일품요리의 탄생. 단지 상하는 것을 방지하기 위해 만들었다고 하기에는 무척 훌륭한 별미가 아닐 수 없다.

Mon

622.9 Kcal

현미밥

오징어찌개

달걀말이

노각무침

돈육김치볶음

콩나물유부샐러드

오디

오늘의 급식 이야기

오디는
우리 입으로
뽕잎은
누에 입으로~

오디는 뽕나무의 열매다. 한국, 중국, 일본 등에 분포하는데 잎은 양잠용, 과실은 식용이나 술로도 사용하고 재목은 경대, 장농, 악기 등의 세공물에 쓴다. 심지어 뽕나무 뿌리의 껍질은 한방에서 이뇨제로 이용한다. 뽕나무는 뿌리부터 열매까지 전부 유용한 식품인 것이다. 오디에서 비롯된 지명도 있는데 바로 서울의 잠실과 잠원. 지금으로선 상상이 안 되지만 조선시대에 대규모 뽕밭을 조성했던 지역이다.

오디는 일단 색깔부터 화려한데, 이는 안토시아닌(anthocyanin)이라는 색소 때문. 검붉은 색을 내는 안토시아닌은 뇌의 노화에 따른 기억력 저하를 방지한다. 대표적 노화 방지 성분인 토코페롤보다도 7배나 높은 효능이 있다. 또 강력한 항산화 작용으로 뇌의 노화는 물론 몸의 노화까지 예방한다. 일반적으로 안토시아닌은 가공 중에 쉽게 색이 변하고 열에 민감하지만 오디에 들어 있는 색소 성분은 매우 안정된 형태로 함유돼 있어 가공 과정 중 쉽게 파괴되지 않고 흡수가 잘 된다. 또 오디씨 기름에 함유된 성분에는 올레인산, 리놀레산과 같은 오메가3 계열의 불포화지방산이 들어 있어 동맥경화를 예방하는 효과도 있다.

한편 오디로 만든 술인 '상심주'의 경우 아주 귀한 술로 대접 받았다. 오디를 말려 불에 살짝 볶아서 베 자루에 담아 미지근한 물에 담가두면 오디액이 우러나온다. 그러면 손으로 베 자루를 주물러 꼭 짜낸 오디액 한 되와 끓인 물 한 되에 꿀 두 냥쯤, 계피가루 넉냥쯤, 포도주 두 홉의 비로 섞고 약 1주일 익힌 술이다. 이 상심주를 두고 〈본초강목〉에서는 "오장을 보하고, 눈과 귀를 밝게 하며, 수종을 치료하는 효과가 있다"고 했다.

오디는 수확한 지 6시간이 지나면 형태가 변할 정도로 쉽게 무르는 과일. 두고 먹으려면 구입 후 바로 냉동실에 보관했다가 필요한 때 먹을 만큼만 꺼내 먹어야 싱싱하고 맛있는 오디를 즐길 수 있다.

콩나물유부샐러드
기존의 샐러드와는 **전혀 다른 느낌!**

재료
두절 콩나물 15g, 유부 2g, 당근 5g, 피망 8g, 파 1g, 마늘 1g, 포도씨유·소금 약간씩
양념 : 매실청 1g, 레몬즙 1g, 설탕 1g, 참기름 1g, 깨소금 0.3g, 양조간장 1g

만드는 법
1 콩나물에 소금을 넣고 데친 후 찬물에 헹군다.
2 유부는 채 썰어 끓는 물에 데친 후 찬물에 헹군다.
3 포도씨유를 두르고 당근, 피망, 소금을 넣어 볶는다.
4 파, 마늘은 깨끗이 씻은 뒤 다진다.
5 1, 2, 3, 4를 분량의 양념장에 살살 무친다.

> **여기서 잠깐!**
> #### 오디의 검붉은 색에 얽힌 사랑
> 오디가 검붉은 색을 띠게 된 이유는 〈로미오와 줄리엣〉의 소재가 되었던 한 신화와 관련이 있다. 아주 먼 옛날 바빌로니아에 '피라모스'와 '티스베'라는 연인이 있었는데, 둘은 서로 매우 사랑했지만 집안의 반대가 심해 결국 도망가기로 결심하고 늦은 밤 흰 오디나무 아래에서 만나기를 약속했다. 먼저 도착한 티스베는 방금 무언가 잡아먹은 사자를 보고 달아나다가 베일을 떨어뜨렸는데 사자는 그녀의 베일을 피 묻은 입으로 찢어버렸다. 잠시 후 나타난 피라모스는 피 묻은 베일을 보고 그녀가 죽었다고 오해해 칼로 자신의 가슴을 찔렀으며 그때 도착한 티스베도 절망하면서 피라모스를 따라 죽었다. 두 사람이 흘린 피에 닿은 오디나무의 하얀 열매는 이때부터 검붉은 색을 띠게 되었다고 전해진다.

620.5 Kcal

오늘의 식단

삼색콩밥

미역오이냉국

쇠고기장조림

실치잔새우볶음

소시지채소볶음

열무김치

체리

콜레스테롤에 대한 오해와 진실

실치잔새우볶음
칼슘 가득한 대표 **밑반찬**

재료
실치 7g, 잔새우 5, 간장 1.5g, 물엿 1g, 매실청 1g, 청주 1g, 참기름 0.6g, 참깨 0.3g, 콩기름 1g

만드는 법
1. 실치와 잔새우를 콩기름에 볶는다.
2. 다른 팬에 간장, 물엿, 매실청, 청주, 참기름을 넣어 끓인다.
3. 1을 2에 넣어 조린다.
4. 참깨를 뿌려 마무리한다.

'콜레스테롤'이라고 하면 나쁜 물질이라는 느낌이 강하다. 지방 성분의 일종인 콜레스테롤은 성인병을 일으키는 원인 중 하나로 거론되는 등 주로 좋지 않은 의미로 많이 쓰이기 때문이다. 그러나 콜레스테롤은 근본적으로 우리 몸을 유지하기 위해 반드시 필요한 성분이다. 세포막, 신경세포의 수초, 그리고 지단백을 구성하고 스테로이드 호르몬과 담즙산을 만드는 원료가 되는데, 이 같은 콜레스테롤이 체내에 없으면 생명을 유지할 수 없다.

콜레스테롤은 나쁜 콜레스테롤인 'LDL 콜레스테롤'과 좋은 콜레스테롤인 'HDL 콜레스테롤'로 구분할 수 있다. LDL 콜레스테롤은 동맥경화를 일으키는 것과 밀접한 관련이 있지만, HDL 콜레스테롤은 수치가 높을수록 몸에 좋은 역할을 한다.

LDL 콜레스테롤을 낮추기 위해서는 생활습관을 바꾸는 것이 가장 중요하다. 기름기가 많은 고기를 지나치게 먹지 않아야 하며 햄이나 소시지 같은 가공육은 되도록이면 섭취를 줄이는 것이 좋다. 아울러 비만인 경우 꾸준한 운동을 통해 체중을 감량하는 것이 몸 전체의 건강을 위해 바람직하다.

그렇다면 콜레스테롤 수치를 높이는 것으로 잘 알려진 새우와 달걀노른자는 어떨까. 새우에는 대개 100g당 130mg의 콜레스테롤이 들어 있어서 100g당 630mg이 들어있는 달걀노른자보다는 오히려 적게 들어 있는 편이다. 그런데 얼마 전 미국 정부의 영양 관련 자문기구인 식생활지침자문위원회는 음식물에 든 콜레스테롤 섭취와 체내 콜레스테롤 증가는 큰 관계가 없다고 밝혔다. 달걀노른자의 경우 보통 사람은 매일 달걀 1개, 당뇨 등 생활습관병이 있는 사람은 1주에 2개를 먹어도 콜레스테롤 수치에 아무런 영향을 끼치지 않는다는 연구 결과가 발표된 것이다.

실제로 우리 몸속 콜레스테롤의 3분의 2는 간 등에서 직접 만드는데, 이 콜레스테롤이 먹어서 얻는 식이성 콜레스테롤보다 혈중 콜레스테롤 수치에 더 큰 영향을 미친다. 따라서 새우나 달걀 같은 음식을 전혀 먹지 않는 것보다 육류, 튀긴 음식을 줄이고 콜레스테롤 수치를 낮출 수 있는 식품을 꾸준히 먹는 것이 중요하다. 미역·다시마 등 해조류와 귀리·통밀·보리·현미 등 곡류는 몸에 해로운 혈중 LDL 콜레스테롤 수치를 낮추고, 그에 함유된 식이섬유는 콜레스테롤이 담즙산의 형태로 대변을 통해 체외로 배설되는 것을 도우니 달걀이나 새우 같은 맛있는 음식을 아예 배제하는 안타까운 일이 일어나지 않기를!

06 18 Wed

716.9 Kcal

오늘의 식단

아르조(밥)

훼이조아다(찌개)

소시지그릴구이

웨지감자

수제오이고추초절임

비나그래찌(샐러드)

파인애플

Today's Recipe

비나그래찌
브라질 스타일의 샐러드를 맛보아요!

재료
토마토 15g, 양상추 15g, 파슬리 0.5g, 피망 5g, 올리브유 1g, 레몬즙 1g, 꿀 2g, 허브솔트 0.1g

만드는 법
1 깨끗이 씻은 토마토는 8등분해 썬다.
2 양상추, 피망, 파슬리도 깨끗이 씻은 뒤 한입 크기로 썬다.
3 1, 2를 섞고 올리브유, 레몬즙, 꿀, 허브솔트를 넣어 살살 버무린다.

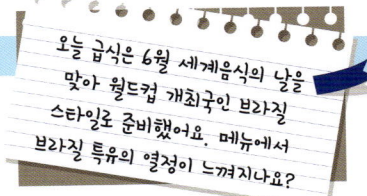

오늘 급식은 6월 세계음식의 날을 맞아 월드컵 개최국인 브라질 스타일로 준비했어요. 메뉴에서 브라질 특유의 열정이 느껴지나요?

쌈바? 쌈바! 열정의 브라질~

브라질은 매년 2월과 3월 초 사이 '쌈바'로 유명한 리우카니발이 열리는데, 4일에 걸친 축제 기간 동안 브라질 사람들은 낮과 밤으로 축제를 즐기는 등 그야말로 정열이 넘치는 나라다.

브라질의 음식은 인디오 원주민, 흑인, 유럽인의 식문화가 혼합돼 만들어졌다. 특히 16세기 초부터 사탕수수밭에서 일할 노동력이 부족하자 아프리카의 세네갈, 가봉, 모잠비크 등지에서 흑인들을 데려오기 시작했기 때문에 흑인 음식의 특징이 많이 나타난다.

흑인 음식의 가장 큰 특징은 소금과 마늘을 많이 사용하는 것이다. 소금은 더운 지역에서 힘든 일을 할 때 땀을 흘리게 되므로 염분을 보충하기 위해서 필요했고, 마늘은 열병으로 죽는 많은 사람들로부터 열병을 막아주는 역할을 한다고 믿었기 때문에 많이 사용했다. 또 흑인들이 아프리카에서 직접 가져온 식물인 '덴데(dende)'로 만든 식용 채소 오일을 음식을 튀길 때 사용했는데, 덴데 기름은 끓이기 전까지는 아무 맛이 나지 않지만 음식을 튀기면 독특한 맛과 향을 낸다. 이 덴데 오일로 튀긴 음식은 노동자들에게 열량을 제공하는 귀중한 식재료였다.

브라질에서 많이 먹는 흑인들의 음식으로는 '훼이조아다(feijoada)'를 꼽을 수 있다. 훼이조아다는 콩에 고기를 넣어 조리한 걸쭉한 탕으로 보통 토요일 점심에 먹는데, 콩을 목요일 밤부터 물에 담가 불려 다음날 하루 종일 삶아 만드는 정성스런 음식이다. 훼이조아다는 흑인 노예들이 주인인 백인이 요리하고 버린 재료를 가지고 콩과 함께 푹 삶아 먹은 것이 시작으로, 이를 본 백인들이 훼이조아다를 먹는 흑인이 자신들보다 훨씬 더 건강하다는 것을 깨닫고는 흑인과 백인, 주인과 노예를 가리지 않고 만들어 먹기 시작하면서 브라질 대표 국민 요리로 자리 잡았다.

06 19 Thu

626.7 Kcal

오늘의 식단

보리밥

근댓국

돼지고기마늘볶음

오징어새송이구이

연근 튀김

깍두기

키위

익히고, 말리고, 날로 먹어도 맛있는 오징어

오징어는 강원도 주문진의 여름을 풍성하게 하는 일등공신으로 6월부터 11월까지 잡힌다. 오징어는 주로 밤에 먹이 활동을 하는데 낮에는 200m 깊은 바다에 머물다가 밤이 되면 얕은 수면에 올라와서 작은 물고기를 잡아먹는다. 이때 공격적이면서 불빛에 잘 모여드는 오징어의 습성을 이용해 낚아채는 것이다. 따라서 오징어가 제철인 여름에는 동해 바다가 불야성을 이룬다. 오징어가 까마귀를 먹는다는 말이 있는데, 〈자산어보〉에 보면 오징어가 물 위에 죽은 척하고 떠 있다가 날아가던 까마귀가 이것을 보고 죽은 줄 알고 쪼려고 할 때 발로 감아 물속으로 끌고 들어가 잡아먹었다고 한다. 그래서 오적(烏賊)이라는 이름이 붙어 오적어에서 오징어가 되었다는 것. 꾀가 많은 오징어는 실제로도 머리를 좋게 만들어주니 학생들에게 권장할만한 식재료라 할 수 있겠다.

실제로 1990년 일본 도쿄에서 열린 옴DHA 심포지엄에서 영국 뇌영양화학연구소의 마이클 크로포드 교수는 "일본의 어린이가 서구 어린이보다 지능지수가 높은 까닭은 오징어를 포함한 해산물을 많이 먹기 때문이다"라고 발표했다.

마른오징어에는 소고기의 3배, 우유의 7배나 되는 단백질이 들어 있고, 마른오징어 표면에 붙은 하얀색 가루인 타우린의 함유량은 연체류 중 가장 높은데, 쇠고기의 16배, 우유의 47배에 달한다. 오징어를 불에 구울 때 나는 독특한 냄새의 원천도 바로 이 타우린이다.

필기 재료가 없던 옛날에는 오징어 먹물을 잉크로 사용하기도 했는데 이것으로 쓴 글씨는 시간이 지날수록 흐릿해져 결국 지워진다는 단점이 있다. 여기에서 비롯된 말이 지켜지지 않는 약속을 일컫는 '오적어 묵계'다. 한편 혼인을 앞두고 함진아비들이 얼굴에 오징어 가면을 쓰는 이유는 낯가죽이 두껍고 질기다는 의미다.

오징어새송이구이
쫄깃쫄깃한 식감이 2배!

재료
오징어 30g, 새송이 20g, 허브솔트 0.3g, 실파 1g, 참기름 1g, 참깨 0.2g, 검은깨 0.2g, 콩기름 1g, 소금 1g, 청주 1g

만드는 법
1. 오징어는 칼집을 넣어 가로 2cm, 세로 4cm로 썰고 끓는 물에 소금과 청주를 넣어 데친다.
2. 새송이는 가로 2cm, 세로 4cm로 오징어와 비슷한 크기로 썰고 실파는 어슷 썬다.
3. 볶음 솥에 콩기름을 두르고 센 불에서 재빨리 새송이를 볶는다.
4. 3에 오징어를 넣고 허브솔트, 참기름을 넣어 잘 섞는다.
5. 불을 끄고 실파, 검은깨, 참깨를 솔솔 뿌린다.

여기서 잠깐! 오징어의 친구들! 한치와 갑오징어

+ **한치** – 오징어와 비슷한 모양의 한치. 한치의 양쪽으로 길게 뻗은 두 개의 다리는 오징어와 길이가 비슷하지만 나머지 여덟 개의 다리가 한 치(3cm)밖에 되지 않는다고 해서 '한치'라고 부른다. 또 한겨울 추운 바다에서 잘 잡혀 찰 '한(寒)'에 물고기를 뜻하는 '치'가 붙어서 한치라는 이름이 생겼다는 이야기도 전해진다.

+ **갑오징어** – 갑오징어의 표준말은 '참오징어'. 우리가 흔히 부르는 갑오징어라는 이름은 오징어 중에서도 맛이 으뜸(甲)이라는 데서 만들어졌다. 담백한 맛이 일품이고, 등 부분의 길고 납작한 뼈는 지혈 작용에 효과적이다.

06 20 Fri

Today's Recipe

죽순브로콜리볶음
봄이 가기 전에 반드시 먹어야 할 **별미**

재료
죽순 8g, 브로콜리 10g, 마늘 1g, 굴소스 0.5g, 참기름 0.3g, 참깨 0.2g, 소금·식용유 약간씩

만드는 법
1. 죽순은 껍질을 벗기고 쌀뜨물에 20분 정도 삶은 후 찬물에 헹궈 물기를 빼고 죽순 모양을 살려 3cm 길이로 썬다.
2. 브로콜리는 송이를 하나씩 떼어내고 소금물에 데친 뒤 찬물에 헹궈 물기를 뺀다.
3. 달군 팬에 브로콜리, 죽순을 소금으로 간해 각각 볶는다.
4. 식용유를 두른 팬에 마늘을 볶아 향을 내고 굴소스, 참기름, 죽순, 브로콜리를 넣어 재빨리 볶은 다음 참깨를 뿌린다.

오늘의 식단

631.4 Kcal

차수수밥

아귀매운탕

두부쇠고기조림

죽순브로콜리볶음

배추김치

옥수수샐러드

수박

오늘의 급식 이야기

대나무에서 피어나는 새순 죽순

죽순은 늦은 봄인 4월부터 채취하는데, 키가 40cm 정도일 때가 가장 알맞다. 너무 어리면 무르고 너무 크면 뻣뻣해서 먹기 쉽지 않기 때문이다. 대나무는 풀도 아니고 나무도 아닌 것이 편의상 나무로 분류하지만, 엄밀히 따져보면 나무로 보기도 어렵고 풀로 보기도 어렵다. 해가 갈수록 줄기가 굵어지는 것은 나무가 분명하나 땅 위에 난 부분이 해마다 말라 죽는 것은 풀의 성질을 지녔다. 그래서 그 어느 쪽에도 넣을 수가 없어 나무도 풀도 아니라는 뜻의 '비목비초'라고 했다.

대는 열대성 식물로 동남아시아를 중심으로 아프리카 대륙에 생식한다. 대는 종류가 많아 전 세계에 50속 1250종 쯤 자라는데 우리나라에는 70종쯤이 자란다. 대는 성장 속도가 무척 빠르다. 맹종대의 경우 하루에 1m 이상 자라는 것도 있다. 이처럼 대가 급속도로 크는 이유는 뿌리에 오랫동안 영양분을 저장해 두었다가 한꺼번에 밀어 올리기 때문이다. 봄에 죽순이 올라오기 시작해서 30~50일이면 성장을 끝낸 다음 더 이상 자라거나 굵어지지 않는다. 해가 지날수록 줄기만 단단해지고 색깔이 누렇게 변한다.

죽순은 대나무의 어린순으로 처음 땅 위로 올라오는 새순을 말한다. 영양분이 많아 다양한 요리에 사용하며, 단오 전후가 제철이다. 죽순 자체는 떫은맛이 나기 때문에 껍질을 벗긴 뒤 쌀뜨물을 끓여 삶아야 향긋하다. 죽순은 칼로리가 낮아 다이어트식이며 변비에도 효과가 있을 뿐 아니라, 칼륨을 함유하고 있어 혈압계 질병에 특효가 있다.

죽순나물을 만들 때는 시원한 맛을 내기 위해 소금물에 세척한 생새우를 넣거나 없을 땐 말린 새우를 넣는 것이 좋다. 또 다진 마늘보다는 채 썬 마늘이 더욱 어울린다.

여기서 잠깐!

파죽지세, "이 기세를 놓치면 아니 되오!"

'대나무를 쪼개는 기세'라는 뜻의 파죽지세. 위(魏)나라 신하였던 사마염은 원제를 폐하고 스스로 제위에 올라 자신을 무제라 일컫고 진이라고 국호를 정했다. 이때 오나라와 진나라가 대립하게 되었는데, 무제는 진나라의 장군 두예에게 출병을 명했다. 이듬 해 2월 무창(현 중국 우한)을 점령한 두예는 장수들과 오나라에 일격을 가하기 위해 마지막 작전 회의를 열었는데, 이 때 한 장수가 "봄비로 인해서 강물이 범람하고 전염병이 돌 수도 있기 때문에 철군했다가 겨울에 다시 공격하는 것이 좋을 것 같다"고 오나라의 도읍을 치는 것을 반대했다. 이 의견에 찬성하는 장수들도 많았지만 두예는 "지금 아군의 사기는 마치 대나무를 쪼개는 기세"라며 "대나무란 처음 두세 마디만 쪼개면 그 다음부터는 칼날이 닿기만 해도 저절로 쪼개지는 법인데 이런 좋은 기회를 버릴 수 없다"고 강력히 주장했다. 이후 두예는 바로 오나라의 도읍인 건업으로 진격해 단숨에 공략했고, 오나라의 왕이 항복함에 따라 삼국시대를 통일할 수 있었다.

06 23 Mon

미나리전
향긋한 자연의 내음 폴폴~

재료
미나리 20g, 밀가루 2g, 부침가루 6g, 달걀 2g, 식용유 1g, 물 적당량

만드는 법
1. 미나리는 깨끗이 씻어 3cm 길이로 썬다.
2. 분량의 물에 밀가루와 부침가루, 달걀, 미나리를 넣고 섞는다.
3. 달군 팬에 식용유를 두르고 반죽을 25g씩 떠 넣어 앞뒤로 노릇하게 지진다.

632.8 Kcal

오늘의 식단

통밀차조밥

얼큰감자옹심이국

쇠고기가지볶음

미나리전

무말랭이강정

배추김치

산딸기

미나리는 사철 장다리는 한철

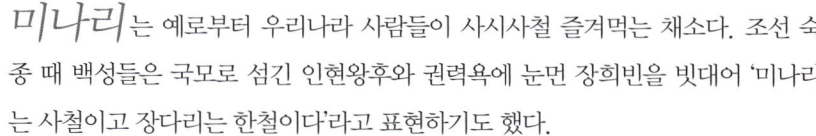

미나리는 예로부터 우리나라 사람들이 사시사철 즐겨먹는 채소다. 조선 숙종 때 백성들은 국모로 섬긴 인현왕후와 권력욕에 눈먼 장희빈을 빗대어 '미나리는 사철이고 장다리는 한철이다'라고 표현하기도 했다.

물이 있는 곳이면 어디에서나 잘 자라는 미나리는, 영어로 'water dropwort' 또는 'water celery', 중국에선 '수영', '수근'으로 불려 이름만으로도 물과 관련이 깊다는 것을 알 수 있다. 실제로 미나리의 주성분은 95%가 수분이다.

미나리는 돌·밭·논미나리 등이 있는데, 돌미나리는 자연산으로 향이 강하고 해독작용이 뛰어나며 단백질, 섬유질, 비타민, 무기질, 철분, 칼슘 등을 풍부하게 함유하고 있는 알칼리성 식품으로 몸속의 노폐물을 제거해주고 이뇨작용이 원활하도록 돕는다. 맛은 약간 떫고 질기다. 인공 재배하는 논·밭미나리는 돌미나리보다 향은 약하지만 식감이 부드러운 편이다.

우리 선조들은 미나리를 삼덕(三德)이 있는 식물이라 여겨 고려 때는 미나리 김치를 종묘 젯상에 올리기도 했다. 첫 번째 덕은 진흙탕이나 수렁에서도 잘 자라는 미나리의 특성에 빗대어 어려운 환경을 이겨내고 바르게 살아가도록 백성에게 교훈을 준다는 것. 실제로 미나리는 물이 있는 곳이라면 어디든지 파랗게 잘 자라날 뿐 아니라 오염된 물을 정화하는 역할도 한다.

두 번째 덕은 햇빛이 잘 들지 않는 음지에서도 자란다는 것. 각종 부정부패와 탐욕 속에서 정의를 지키며 꿋꿋이 살아가야 한다는 뜻이다. 하지만 미나리는 어느 정도의 일조량이 있어야 잘 자라는 채소다.

세 번째 덕은 추운 겨울이나 가뭄에도 잘 자라는 미나리의 특성이다. 다른 수생채소와 달리 호냉성 작물이기 때문에 겨울에도 잘 자라며 지금처럼 비닐하우스가 없었을 때도 사시사철 푸른 채소를 먹게 해준 귀중한 식물인 것. 날이 가물어 산야의 초목과 논밭의 곡식이 누렇게 시들어도 미나리만은 신선하게 살아 있었다. 미나리는 어떤 상황에서도 서민들의 곁에 남아 있는 불굴의 채소였던 셈이다.

조물조물 무쳐 나물로도 먹고 탕에 넣어 특유의 향을 즐길 수 있는 미나리는 맛과 영양은 물론이요, 삶의 교훈까지 선사해준 훌륭한 향채소인 것이다.

06 24 Tue

618.4 Kcal

오늘의 식단

토마토코펜밥

호박잎된장국

훈제오리김치볶음

어묵파프리카볶음

시금치겉절이

깻잎장아찌

참외

오늘의 급식 이야기

아이들에게도 부담 없는 보양식
오리고기

오리고기의 불포화지방산 함량은 다른 육류에 비해 매우 높은 편이다. 오죽하면 "쇠고기는 남이 사주면 먹고, 돼지고기는 있으면 먹고, 닭고기는 내 돈 주고 사먹고, 오리고기는 남이 먹고 있는 것도 뺏어 먹으라"는 얘기가 있을 정도. 오리 '압(鴨)'자 역시 조(鳥)류 가운데 으뜸(甲)이라는 뜻으로 이름에서부터 우수한 영양을 짐작할 수 있다.

다섯 가지 이로운(五利) 오리고기

一利 - 천하일미 : 오리는 예부터 '날개 달린 소'라고 불릴 정도로 맛이나 영양면에서 인정 받은 육류로, 특히 쫄깃하고 탄력적인 육질과 씹을수록 우러나오는 오리고기 특유의 감칠맛이 일품이다.

二利 - 노화 방지 : 오리고기는 육류 중 유일하게 알칼리성을 띠고 있는 식품으로 노화의 원인인 체액 산성화를 막아주며, 오리고기에 함유된 필수아미노산인 리놀렌산이 콜라겐을 공급해 노화 방지에 효과적이다.

三利 - 성인병 예방 : 오리고기의 불포화지방산 함유량은 소의 10배, 닭의 5배, 돼지의 2배 정도로 매우 높아 성인병 예방에 효과적이다.

四利 - 피부 미용 : 오리고기 기름은 타 동물성 기름과 달리 수용성으로 피부 노화 방지와 미용에 효과적이다. 실제로 프랑스에서는 오리기름으로 화장품을 만들고, 청나라 여황제 서태후는 오리고기를 미용식으로 즐겨 먹는 등 오리는 전 세계적으로 미용식으로 사랑받는 식품이다.

五利 - 스태미나 : 삼계탕, 장어와 함께 우리나라 3대 보양식으로 손꼽히는 오리고기는 고단백, 저칼로리에 소화가 잘 된다는 장점이 있어 스태미나 보양식으로 제격이다.

훈제오리김치볶음
육류 중 유일한 **알칼리성 고기!**

재료
슬라이스훈제오리 35g, 배추김치 15g, 양파 5g, 부추 3g, 참기름 2g, 맛술 1g, 매실청 1g, 참깨 0.2g

만드는 법
1. 슬라이스훈제오리는 찜솥에 한 번 쪄 기름을 제거한다.
2. 배추김치는 양념을 털어내고 2cm 길이로 썬다.
3. 손질한 양파는 채 썰고 부추는 3cm 길이로 썬다.
4. 달군 팬에 식용유를 두르고 김치, 양파를 볶다가 익으면 1과 매실청, 맛술, 참기름을 넣어 함께 볶는다.
5. 4에 부추, 참깨를 넣어 마무리한다.

여기서 잠깐! 유황오리에 대한 불편한 진실

국민 드라마였던 〈대장금〉에서 유황오리에 관한 장면이 나온 뒤로 전국에 유황오리 전문점이 부쩍 늘었다. 유황을 먹고 자란 유황오리의 약용 효과가 뛰어나다는 설명 때문이었다. 유황은 사람을 비롯한 동물에게 치명적인 독이지만, 해독력이 강한 오리는 유황을 먹고도 완벽하게 법제(法製, 한약재를 가공 처리하여 치료 효능을 높이는 것)한다는 것.

하지만 방송 프로그램에서 밝힌 바에 의하면 진실은 좀 다르다. 오리가 법제화된 유황 성분을 갖기까지는 최소 6개월에서 2년 정도 유황을 먹어야 하는데, 시중에 판매되는 유황오리는 대부분 대형 농장에서 약 45일 정도 키운 후 출하하는 것. 1년 이상 자란 오리는 고기가 질겨서 식재료로 적당치 않기 때문이며, 약재로 사용해야 한다는 것이다. 그래서 유황오리라고 파는 대부분의 오리는 출하하기 1~2주 전 일반 사료에 1% 정도 유황을 섞어 먹이는 것이 대부분이라니 유황오리의 과장된 효과는 드라마가 만들어낸 환상인 셈이다.

06 25 Wed

654.3 Kcal

오늘의 식단

꽁보리주먹밥

평양냉면

어복쟁반

도라지장아찌

오이무초절임

백김치

배

Today's Recipe

어복쟁반
고기와 채소로 만든 평안도식 전골

재료
쇠고기 우둔살 30g, 배추 10g, 느타리버섯 5g, 양파 5g, 당근 3g, 쑥갓 3g, 대파 2g, 소금 0.1g, 간장 2g
양념 : 파 1g, 마늘 1g, 매실청 1g, 청주 0.3g, 참기름 0.3g, 간장 0.5g, 후춧가루 0.01g
육수 : 다시마 1g, 멸치 1g, 무 3g

만드는 법
1 분량의 육수 재료를 끓이고 건더기는 건진다.
2 배추는 2cm, 양파와 당근은 0.5cm 크기로 썰고 느타리버섯은 찢어서 끓는 물에 데친다.
3 대파는 1cm, 쑥갓은 3cm 길이로 썬다.
4 쇠고기는 가로 2cm, 세로 3cm, 두께 0.7cm로 썰어 양념해 재운다.
5 1의 육수에 4를 넣고 끓이다 단단한 채소 순으로 넣고 간장과 소금으로 간한다

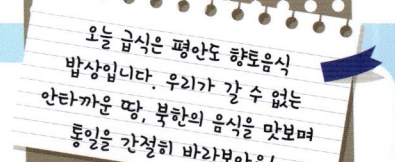

풍성한 음식의 고장, 평안도

평안도는 예로부터 중국과 교류가 많아 음식이 화려하고 풍성한 것이 특징이다. 대표적 주식에는 온밥(장국밥), 김치말이, 닭죽, 평양냉면, 어복쟁반, 강량국수, 꿩장국냉면, 동치미국수, 평양만둣국, 굴만두 등이 있다. 찬류로는 오이토장국, 내포중탕, 더풀장, 똑똑이자반, 무청곰, 당고추장볶음, 돼지고기전, 냉채, 영변김장김치, 가지김치, 꽃게찜, 백김치가 유명하다. 또한 떡류에는 송기떡, 골미떡, 꼬장떡, 뽕떡, 니도래미, 조개송편 등이 있다. 이처럼 평안도는 음식의 종류가 많고 방대하다.

평안도 중에서도 평양 음식이 유명한데, 음식의 간이 심심하고 맵지 않으면서도 특유의 감칠맛으로 사람들의 입맛을 사로잡는다. 대표적인 평양 음식으로는 함흥냉면과 함께 북한의 2대 냉면으로 손꼽히는 평양냉면을 빼놓을 수 없다. 함흥냉면이 감자나 고구마전분으로 만들어 면발이 쫄깃하며 맵고 진한 양념이 특징이라면, 평양냉면은 차가운 동치미 국물에 메밀로 면을 뽑아 쉽게 끊기며 국물이 맵거나 짜지 않고 담백하다. 평양냉면은 함흥냉면에 비해 자극적인 맛이 약하지만 특유의 깊은 맛으로 평양냉면 마니아 층을 두텁게 형성하고 있다. 처음 평양냉면을 맛본 사람들은 보통 "밍밍하다"라고 표현하지만 평양냉면 애호가들은 이 맛에 한 번 빠지면 헤어날 수 없다고 단언한다.

또 다른 평양음식인 어복쟁반은 가운데가 움푹 들어간 놋쟁반 모양이 임금님의 배를 닮았다고 해서 임금 '어' 자에 배 '복' 자를 써서 어복쟁반이라고 불렀다는 이야기와, 소의 뱃살을 의미하는 '우복(牛腹)'이 변한 것이라는 이야기가 전해진다. 이때 소의 뱃살이란 정확하게는 소의 젖가슴살로 옛날 평양시장 상인들이 값싼 이 부위를 놋쟁반에 끓여 먹으면서 이야기를 나누고 그날의 피로를 풀었다고 한다.

06 26 Thu

639.2 Kcal

오늘의 식단

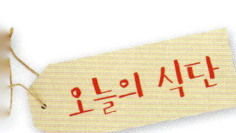
혼합곡밥

쇠고기팽이버섯국

조기찜

고추잎무침

크림치즈떡볶이

배추김치

앵두

오늘의 급식 이야기

새콤달콤 키스를 부르는 맛
앵두

앵두는 '앵두나무 우물가에 동네 처녀 바람났네'라는 유행가처럼 완연한 봄날에 꽃을 피워 봄소식을 알려줄 뿐 아니라 동네 처녀들의 마음을 흔들어 놓는 나무다. 잘 익은 앵두는 속이 들여다 보일 듯 맑고 어여쁜 붉은 색과 보드라운 감촉 때문에 옛사람들은 잘 익은 앵두의 빛깔을 미인의 입술에 비유했고, 앵두 같은 예쁜 입술을 앵순이라 불렀다. 앵두는 생김새가 복숭아와 비슷해 앵도(鶯桃)라고 하다가 앵도(櫻桃)로 바뀌었고 결국 앵두가 되었다. 지금이야 맛있는 과일이 무척 많아 앵두가 특별한 열매로 대접 받지는 않지만 〈조선왕조실록〉에 보면 앵두가 익는 시기에 맞춰 제사 날짜를 정했을 정도로 우리 조상들에겐 중요한 과실이었다. 보기에도 빨갛고 탐스러워 영양이 가득해 보이는 앵두는 비타민 A와 C가 풍부해 피부에 좋고, 특히 앵두즙을 오래 마시면 소화기관이 튼튼해지고 혈색이 좋아져 얼굴에서 빛이 난다는 얘기도 있다. 앵두의 새콤한 맛은 사과산과 구연산 등의 유기산 때문인데, 이 성분은 체내 신진대사를 도우며 피로를 해소하는 효능이 있다. 특히 철분 함량은 과육 100g 당 5.9mg이 들어 있어 헤모글로빈의 재생을 촉진하고 혈액순환을 촉진한다.

앵두는 아이들이 좋아하는 음식으로도 활용 가능한데 그중 하나가 바로 앵두정과다. 앵두정과는 씨를 빼고 물을 부어 끓이다가 물을 따라 내고 꿀을 부어서 조리면 완성된다. 앵두 씨를 뺀 후 체에 걸러 녹말과 꿀을 넣고 약한 불에 조려 엉기게 한 다음 앵두편을 만들 수도 있다. 다가오는 여름엔 앵두 씨를 제거한 후 꿀에 재어두었다가 시원하고 달콤한 앵두화채를 만들어보는 건 어떨까.

여기서 잠깐!
앵두로 父子의 정을 쌓은 세종

조선 초기 성현이 쓴 문집 〈용재총화〉에 보면 세종이 앵두를 무척 좋아했는데 효심이 지극한 문종이 세자 시절 아버지 세종을 위해 경복궁 안에 앵두나무를 직접 재배했다고 한다. 그리고 열매가 열리면 이것을 따다 세종에게 바쳤는데 세종이 맛을 보고 "다른 곳에서 바친 앵두가 아무리 맛있다 하여도 어찌 세자가 손수 기른 것과 같을 수 있겠느냐"며 무척 흐뭇해했다는 훈훈한 이야기가 전해진다. 실제로 경복궁 안에는 앵두나무가 무성했던 것으로 알려졌다. 조선조 임금 중 효심이 가장 컸던 문종과 우리 민족의 역사에서 가장 훌륭한 정치와 찬란한 문화를 이룩한 왕으로 평가받는 세종 부자가 앵두로 인해 더욱 돈독한 정을 쌓았다고 하니 새삼 앵두가 달리 보이는 듯하다.

Today's Recipe

조기찜
담백하고 쫀득한 **일품 생선**

재료
조기살 60g, 부침가루 3g, 청주 1g, 식초 2g, 참기름 1g, 참깨 0.2g, 매실청 1g, 간장 2g, 마늘 1g, 실파 0.5g, 생강 0.3g, 소금 1g, 콩기름 2g, 후춧가루 약간, 물 적당량

만드는 법
1 조기는 식초와 소금을 푼 물에 10분 정도 담갔다 물기를 뺀다.
2 1을 소금, 후춧가루, 콩기름으로 버무린 후 부침가루를 묻힌다.
3 2를 오븐 팬에 가지런히 놓고 오븐에 넣어 애벌구이(건열 190℃ 15분) 한다.
4 조기를 굽는 동안 분량의 물과 간장, 마늘, 생강, 청주를 넣고 살짝 끓인다.
5 4에 실파, 참깨, 참기름, 매실청을 넣고 섞은 뒤 조기에 듬뿍 얹어 오븐에 찐다(스팀 190℃ 5분).

06 27 Fri

632.2 Kcal

오늘의 식단

꽁보리열무비빔밥

숭늉

참나물올방개묵무침

오이깍두기

땅콩고추장

찰보리빵

살구

Today's Recipe

꽁보리열무비빔밥
젓가락으로 솔솔 비벼 먹는 여름철 별미

재료
찰보리 30g, 쌀 40g, 찹쌀 10g, 열무김치 20g, 콩나물 15g, 애느타리 15g, 참기름 0.5g, 참깨 0.3g
땅콩고추장소스 : 고추장 20g, 땅콩 가루 3g, 파인애플 통조림 2g, 다진 파 1g, 다진 마늘 1g, 다시마·멸치 우린 물 3g, 매실청 1g, 참기름 2g, 깨소금 1g

만드는 법
1 찰보리, 쌀, 찹쌀을 섞어 밥을 한다.
2 열무김치는 꼭 짜서 국물을 빼고 참기름과 참깨로 무친다.
3 콩나물은 데치고 찬물에 헹궈 물기를 뺀다.
4 애느타리는 손질해 데치고 참기름과 참깨로 무친다.
5 분량의 땅콩고추장소스를 섞어 비빔양념장을 만든다.

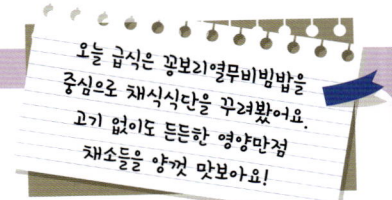

오늘 급식은 꽁보리열무비빔밥을 중심으로 채식식단을 꾸려봤어요. 고기 없이도 든든한 영양만점 채소들을 양껏 맛보아요!

쌀이 부족했던 보릿고개

보릿고개는 쌀이 부족해 보리를 먹어야 했던 힘든 시기에서 비롯된 말로 요즘처럼 경제가 어려울 때 많이 쓰이는 말이다. 농사를 짓던 우리 조상들은 가을에 추수한 곡식이 그해 겨울이면 다 없어지기 때문에 이듬해 봄에는 먹을 것 없이 배고픔을 견뎌야 하는 보릿고개를 지내야만 했다.

봄에 가장 먼저 수확할 수 있는 곡식이 바로 보리인데, 이마저도 5월 중순이 되어서야 수확할 수 있기에 그 전에는 나물을 캐 먹거나 소나무 껍질의 연한 부분을 먹으며 배고픔을 견뎠다. 이 과정에서 변비를 일으키는 소나무 껍질 때문에 항문이 찢어졌다는 얘기까지 나왔다. 소나무 껍질을 생것으로 먹지 않고 오래 끓여 죽으로 만들어 먹더라도 우리 몸에서 잘 소화시킬 수 없기 때문에 소화하고 남은 껍질들은 변으로 나오는데, 껍질이 장을 거치면서 수분을 빼앗겨 돌덩이처럼 딱딱하게 굳어지기 때문이다. 자연스레 변비에 걸릴 수밖에 없고 힘을 주다 보니 항문이 찢어질 수밖에 없었다. 여기서 어려운 시절을 가리키는 말로 "똥구멍이 찢어지게 가난하다"라는 말이 생기게 된 것. 그래서 이 시기를 춘궁기(굶주린 봄 시기) 또는 맥령기(보리가 익는 시기)라고도 일컬었다.

험난한 고개를 넘듯 배고픔을 견디며 보리가 익어가기만을 기다렸고 그 과정에서 굶어 죽는 사람들이 많았던 우리 조상들의 보릿고개. "똥구멍이 찢어졌다"는 얘기를 웃어 넘길 것이 아니라 음식의 소중함을 다시금 느낄 수 있는 좋은 교훈이 되었길 바란다.

오늘의 식단

흑미기장밥

알탕

닭봉조림

호박새우젓볶음

월도프샐러드

깍두기

파인애플

641.3 Kcal

오늘의 급식 이야기

월도프 샐러드의 유래

월도프샐러드
사과, 셀러리, 호두의 고소한 **앙상블!**

재료
사과 25g, 셀러리 10g, 호두 8g, 아몬드 8g, 레몬즙 1g, 마요네즈 7g, 설탕 1g

만드는 법
1 사과는 가로세로 2cm, 셀러리는 가로세로 1cm 크기로 썬다.
2 호두와 아몬드는 깨끗이 손질해 팬에 살짝 볶는다.
3 1, 2에 마요네즈, 레몬즙, 설탕을 넣어 버무린다.

월도프샐러드는 사과와 셀러리, 호두로 만드는 샐러드. 음식과 잘 매치되지 않는 '월도프'라는 이름은 한 남자의 특별한 인생에서 비롯된다.

1891년 비바람이 몰아치던 어느 날 밤, 필라델피아에 도착한 노부부는 그날 묵을 호텔을 찾아다녔다. 그러나 너무 늦었던 시간 탓에 노부부가 찾아가는 호텔마다 만원이라 객실이 없었고 마지막으로 찾아간 호텔마저 객실이 남아 있지 않았다. 노부부는 직원에게 애원했지만 어쩔 도리가 없었다. 하지만 직원은 노부부의 딱한 사정을 그냥 지나치지 못하고 자신의 허름한 방에서 노부부를 재워주게 되었다. 노부부는 청년으로 보이는 그 직원에게 장래 희망을 물었고 그는 호텔을 운영해보는 것이 꿈이라고 대답했다. 그의 말에 노부부는 "언젠가 당신을 위해 그런 호텔을 하나 지어주겠다"는 말을 남기고 떠나게 된다.

그로부터 2년 후, 노부부는 자신들에게 친절히 대해주었던 호텔 직원을 뉴욕으로 초대했는데 그 곳은 바로 노부부 소유의 큰 호텔이었다. 노부부는 그 청년에게 자신들의 호텔에서 일해달라고 부탁했고, 그는 노부부의 요청을 받아들여 그곳에서 일을 시작하게 되었다. 바로 그 호텔이 지금까지 세계 최고로 손꼽히는 월도프 아스토리아 호텔이다.

그 청년은 노부부의 딸과 결혼하고 막대한 재산을 쌓았는데, 안타깝게도 사랑하는 아내가 불치병에 걸리고 말았다. 그는 공기 맑고 경치 좋은 곳에서 아내의 병을 치료하기 위해 세인트로렌스 강의 사우전드 아일랜즈(Thousand Islands, 1000개의 섬) 중 하트섬을 사서 아름다운 성을 짓기 시작했다. 하지만 그의 아내는 완공된 성을 보지 못하고 결국 세상을 뜨고 말았다. 오늘날 그 성은 애틋한 사랑 이야기로 유명해졌고 그의 이름을 따 '볼트성'이라 부르고 있다.

그리고 오늘날 성공한 사람들이 많이 머무르는 호텔로 유명한 월도프 아스토리아 호텔에서 처음 개발한 메뉴가 바로 월도프샐러드다. 이 샐러드는 처음에 마요네즈, 사과, 셀러리만으로 만들었던 것에서 시작해 다진 호두가 더해졌고 이후 양상추를 깔고 그 위에 샐러드를 얹는 형태로 변하며 널리 알려지게 되었다. 이처럼 고소한 호두와 신선한 셀러리와 상큼한 사과가 어우러진 월도프샐러드는 담백하고 깔끔한 맛을 자랑한다.

월요일	화요일	수요일	목요일	금요일
	1 (생일 밥상) 쌀밥 감자옹심이미역국 쇠고기양파구이 미나리어묵잡채 피망전 배추김치 블루베리 생일 케이크 691.1 Kcal / 돌잔치	**2** 전복야채죽 해초국수무침 오이지무침 나박김치 매실주스 수박 꿀떡 601.3 Kcal / 전복	**3** 차수수밥 도토리묵냉국 갈비김치찜 민어전 미역줄기팽이볶음 오이게맛살샐러드 대추방울토마토 632.4 Kcal / 민어	**4** 날치알볶음밥 미소장국 매콤달콤탕수 그린샐러드 배추김치 찐옥수수 자두 645.3 Kcal / 옥수수
7 발아현미밥 숙주쇠고깃국 쥐어포고추장볶음 오이땅콩볶음 삼색달걀말이 총각김치 살구 621.2 Kcal / 식품알레르기	**8** 클로렐라밥 해물탕 안동 찜닭 뽕잎나물무침 감자채볶음 배추김치 삼색대추토마토 631.9 Kcal / 안동 찜닭	**9 (세계음식의 날)** 쌀밥 훠궈 동파육 양장피 짜차이 시훙스차오지단 리치 678.7 Kcal / 중국 음식	**10** 기장밥 콩가루배춧국 장어양념구이 미니새송이엔나물 치커리저염간장무침 깻잎김치 바나나 649.8 Kcal / 장어	**11 (절기음식)** 오곡밥 보리수단 닭고기검은깨무침 삼색밀쌈 김구이 열무김치 참외 증편 629.3 Kcal / 유두절
14 차조밥 순두부버섯들깨탕 꽈리고추찜 우엉어묵볶음 연어살샐러드 깍두기 천도복숭아 620.5 Kcal / 복숭아	**15** 혼합곡밥 김치수제비 매운갈비찜 잔멸치깻잎볶음 가지전 노각무침 키위 651.2 Kcal / 월계수 잎	**16 (향토음식의 날)** 함흥냉면 삶은감자 아바이순대 북어포초무침 수제오이무절임 동치미 단감주 배 665.2 Kcal / 함경도 음식	**17** 보리밥 매운 북엇국 쇠고기겨자무침 쑥갓두부무침 김치치즈전 오이소박이 멜론 637.3 Kcal / 빙수, 아이스크림	**18** 녹두밥 닭다리삼계탕 진미채볶음 더덕양념구이 우묵냉채 배추김치 자두 625.1 Kcal / 복날
21 풋완두콩밥 무토장국 병어조림 두부김무침 고구마순볶음 배추김치 풋사과 618.4 Kcal / 병어	**22** 흑미밥 애호박새우젓찌개 돼지불고기 모듬견과조림 친환경쌈채소 양념된장 보쌈김치 아이스홍시 639.9 Kcal / 견과류	**23** 해물크림스파게티 수제오이피클 와플 딸기잼 비타민발사믹샐러드 과일화채 723.8 Kcal / 와플	**24** 햄버거 빵 함박스테이크/치즈 수제오이피클/양상추 (셀프햄버거) 미숫가루 치킨텐더로인 옥수수요플레샐러드 토마토 683.5 Kcal / 햄버거	**7. 25**
7월 26일 ~ 8월 25일 여름방학	**8. 26 (개학식)**	**27** 쌀밥 단호박카레 새우튀김 양상추머스터드샐러드 배추김치 모듬열대과일 오디주스 672.7 Kcal / 열대과일	**28** 찰옥수수밥 들깨아욱국 장어간장구이 부추참깨소스무침 표고버섯베이컨볶음 배추김치 햇사과 628.9 Kcal / 참깨, 들깨	**29 (채식 식단)** 나물된장비빔밥 콩나물오이냉국 땅콩된장소스 두부탕수 열무김치 절편 포도 624.5 Kcal / 건강 채식법

JULY·AUGUST

방학의 설렘과 여운이 공존하는 한여름.
무더운 날씨에 기운 팍팍 북돋워줄
영양 만점 학교급식으로 더욱 즐거운
학교생활 완성!

07
_
08

07 01 Tue

오늘의 식단

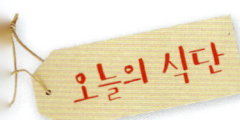
쌀밥

감자옹심이미역국

쇠고기양파구이

미나리어묵잡채

피망전

배추김치

블루베리

생일 케이크

691.1 Kcal

Today's Recipe

감자옹심이미역국
쫀득쫀득 옹심이로 먹는 즐거움 2배!

재료
건미역 1.5g, 감자 20g, 감자전분 3g, 국물용 멸치 2g, 참기름 1g, 국간장 2g, 다진 마늘 0.5g, 맛술 1g

만드는 법
1. 국물용 멸치로 육수를 낸다.
2. 건미역은 물에 불린 후 씻어서 2cm 길이로 썬다.
3. 냄비에 미역, 마늘, 맛술, 참기름을 넣고 볶다가 물을 넣고 푹 끓인다.
4. 감자는 껍질을 벗겨 믹서에 간 후 베 보자기에 부어 꼭 짜내는데, 그 물은 잘 받아서 녹말을 가라앉혀 놓는다.
5. 4의 가라앉은 녹말을 감자전분과 섞어 동글동글 새알심 크기로 만든다.
6. 3에 5를 넣어 감자옹심이가 떠오르면 간을 맞추고 불을 끈다.

첫 번째 생일 축하, 돌잔치

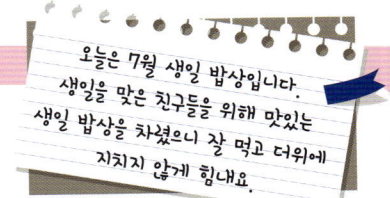

오늘은 7월 생일 밥상입니다. 생일을 맞은 친구들을 위해 맛있는 생일 밥상을 차렸으니 잘 먹고 더위에 지치지 않게 힘내요.

돌은 아이가 태어난 지 1년이 되는 첫 생일로, 예로부터 아이가 무사히 첫 생일을 맞이한 것을 기념하고 장차 잘 자라기를 바라는 뜻에서 잔치를 열었다. 의학이 발달한 지금과 달리 옛날에는 출산 시 신생아 사망률이 매우 높고, 태어나더라도 질병에 잘 걸리고 치료가 쉽지 않아 첫 돌 전에 죽는 경우가 많았다. 그래서 아기가 첫 돌까지 건강하게 살아 있음을 함께 축하했는데 이것이 바로 돌잔치다. 돌잔치는 궁중은 물론 서민에 이르기까지 널리 행해진 풍습 중 하나로, 돌이 된 아이에게 좋은 옷을 입히고 돌상을 차려 음식을 손님들과 나눠먹으며 아기가 건강하고 행복하게 자라나길 기원했다.

이런 즐거운 돌잔치에서 빠지지 않는 것이 돌잡이다. 돌잡이는 돌상 위에 쌀, 실, 연필 등을 올려놓고 아이가 골라잡게 해 아이의 장래를 점치는 것으로 이때 아이가 쌀을 고르면 유복한 재산가가 될 것이고, 실은 무병장수를 상징하며, 책과 연필은 공부를 잘 할 것이라고 생각했다. 최근에는 구체적인 직업을 나타내는 청진기, 판사봉, 골프공, 마이크 등을 놓고 돌잡이를 하기도 한다.

또 아기가 돌을 맞은 집에서는 돌떡을 돌리기도 하는데 가장 많이 준비하는 것이 백설기다. 아무 것도 들어 있지 않은 하얀 백설기는 아이의 온전함과 장수를 뜻한다. 백설기 외에도 떡의 붉은 팥고물이 귀신과 액운을 잡아주는 역할을 한다고 믿어 수수팥떡을 준비하기도 하는데, 이 수수팥떡은 돌잔치 때만이 아니라 아이가 10살이 될 때까지 생일상에 올리면 액운을 막아준다고 믿었다.

한편 돌떡을 받은 사람은 빈 접시로 돌려주어서는 안 되며 답례로 접시에 돈, 쌀, 실타래 등을 넣어 아이의 행복한 미래를 함께 빌어주는 것이 관례였다.

601.3 Kcal

오늘의 식단

전복야채죽

해초국수무침

오이지무침

나박김치

매실주스

수박

꿀떡

오늘의 급식 이야기

진시황의 불로초 전복

전복은 대표적인 저지방 고단백 식품이라 보양식으로 손꼽히는 식재료다. 조선 말기 한약자 정약전의 저서 〈자산어보〉에서는 전복에 대해 "살코기의 맛이 달아서 날로 먹어도 좋고 익혀 먹어도 좋지만 가장 좋은 방법은 말려서 포로 만들어 먹는 방법이다. 내장은 익혀 먹어도 좋고 젓갈을 담아 먹어도 좋으며 종기 치료에도 좋다"라고 설명했다. 또 옛 문헌인 〈탐라지〉에는 전복이 말, 감귤 등과 함께 제주도에서 임금께 진상했던 공물 중 하나로 소개되고 있다. 불로장생을 꿈꾼 중국의 진시황 역시 불로장생의 묘약 중 하나로 전복을 진상 받았다고 전해진다.

전복은 풍부한 영양으로 우리나라를 비롯해 중국과 일본 등에서는 보양식으로 없어서 못 먹는 식품이었지만, 서양에서는 달랐다. 서양에서는 전복 껍데기가 한쪽밖에 없어 전복을 먹으면 사랑에 실패한다는 속설 때문에 즐겨 먹지 않았다고. 하지만 최근엔 전복이 웰빙 식품으로 주목받으면서 소비가 점차 늘고 있다.

전복을 영양적으로 살펴보면, 지방 함량은 1% 미만으로 저지방인 반면 단백질은 13~15% 함유한 고단백 식품이다. 특히 전복 말린 것은 100g 당 단백질이 56g이나 들어 있어 '단백질 창고'라고도 불린다. 전복에는 단백질을 구성하는 아미노산 중 시력 발달에 좋은 타우린과 메티오닌, 그리고 시스테인 등의 황 성분이 있는 함황 아미노산이 들어 있다. 이런 함황 아미노산은 피로 해소와 원기 회복에 유익하고 간의 해독 작용을 돕기 때문에 환자나 허약 체질인 사람 등에게 특히 좋은 식재료다.

그렇다면 전복은 어떤 것을 골라야 할까? 우선 전복 살이 통통하게 찐 것이 상품이다. 또 껍데기의 모양은 타원형으로 짧은 쪽과 긴 쪽의 비율이 2:3 정도인 것이 적당하다. 껍데기의 모양이 원에 가까우면 필리핀 등 위도가 낮은 국가에서 왔을 가능성이 높은데, 이런 전복의 경우 성장 기간이 짧아 맛과 영양이 떨어진다.

전복야채죽
영양 듬뿍 전복죽으로 **힘이 불끈!**

재료
전복 15g, 쌀 8g, 찹쌀 10g, 녹두 10g, 표고버섯 4g, 당근 4g, 부추 3g, 다진 마늘 1g, 참기름 1g, 흑임자 0.2g, 참깨 0.2g, 청주 1g, 매실청 0.5g, 국간장 0.5g, 소금 0.1g

만드는 법
1 쌀, 찹쌀, 녹두는 깨끗하게 씻어서 불린 후 체에 밭쳐 물기를 뺀다.
2 전복은 솔로 깨끗이 문질러 씻은 다음 전복 살을 떼어내고, 내장 반대쪽에 있는 전복 이빨을 제거한다. 전복 살은 모양을 살려 0.3cm 정도로 저며 썰고, 내장은 잘게 다진다.
3 표고버섯은 기둥을 떼고 씻어서 다지고, 당근도 버섯과 같은 크기로 다진다. 부추는 0.3cm 길이로 송송 썬다.
4 달군 솥에 참기름을 두르고 먼저 1을 넣고 잠시 볶다가 전복과 내장, 다진 마늘, 청주, 매실청을 넣고 2분 정도 더 볶는다.
5 4에 물을 붓고 센 불에서 5분 정도 끓이다가 중간 불로 낮춘 후 가끔씩 저으면서 30분 정도 더 끓여 죽이 어우러지면 다진 버섯과 당근을 넣고 국간장과 소금으로 간을 맞추어 2분정도 더 끓인다. 불을 끈 다음 부추, 흑임자, 참깨를 넣고 마무리한다.

> **여기서 잠깐!** **전복과 오분자기가 헷갈려!**
>
> 제주도 특산물인 오분자기는 전복과 모양이 비슷해서 간혹 헷갈리기도 하는데, 오분자기는 전복보다 크기가 작다. 또 전복은 껍데기가 울퉁불퉁하고 구멍이 위쪽으로 돌출되어 있는 반면 오분자기는 껍데기에 난 구멍이 평평해 전복보다 비교적 매끈하다. 껍데기의 구멍 개수 역시 전복은 4~5개, 오분자기는 7~8개다. 전복과 오분자기는 서식하는 곳도 다르다. 전복은 제주도의 특산물로 알려져 있지만 실제로 전복이 주로 잡히는 곳은 완도 일대의 깊은 바다 속이다. 한편 오분자기는 제주도의 얕은 바다에서 주로 잡힌다.
> 또 전복은 양식이 가능하지만, 오분자기는 양식이 불가능해 모두 자연산이라는 점도 전복과 오분자기의 차이점이다.

07 03 Thu

민어전
제철 민어로 특급 복달임!

재 료
냉동 민어살 30g, 부침가루 1.3g, 튀김가루 1.3g, 달걀 8g, 식초 1g, 소금 1g, 식용유 2g

만드는 법
1. 냉동 민어살은 소금과 식초를 넣은 물에 30분 정도 담가 해동한 후 물기를 뺀다.
2. 부침가루와 튀김가루를 섞어 1의 앞뒤에 골고루 묻히고 달걀옷을 입힌다.
3. 달군 팬에 식용유를 두르고 2를 올려 앞뒤로 노릇하게 지져낸다.

632.4 Kcal

오늘의 식단

차수수밥

도토리묵냉국

갈비김치찜

민어전

미역줄기팽이볶음

오이게맛살샐러드

대추방울토마토

귀족 생선
민어(民魚)

민어는 비늘이 두껍고 큰 생선으로 예로부터 잔칫상이나 제사상에 빠지지 않고 올랐던 생선이다. 옛 사대부들은 여름 복달임으로 민어를 즐겼으며 제사에 민어를 올리지 못하면 불효로 여길 정도였다. 하지만 정작 서민들은 먹기 힘들었던 고급 생선이기도 하다.

〈동의보감〉에서는 민어가 맛이 달고 성질이 따뜻해 여름철에 냉해지기 쉬운 오장육부의 기운을 돋우고 뼈를 튼튼하게 해주는 역할을 한다고 설명한다.

특히 복더위에 민어찜은 일품, 도미찜은 이품, 보신탕은 삼품이라는 말이 있을 정도로 더위에 지친 기력을 회복하는 데 민어의 효력이 도미나 보신탕을 능가했음을 알 수 있다. 서울에서는 오늘날까지 삼복더위에 민어국으로 복달임하는 풍습이 전해지고 있다.

민어는 부위별로 버릴 곳이 하나도 없는 생선. 민어회는 쫄깃쫄깃한 식감이 일품이고, 껍질은 뜨거운 물에 살짝 데쳐 찬물에 헹궈 기름장을 찍어 먹는다. 민어회를 더욱 맛있게 먹는 방법은 숙성을 시키는 것이다. 민어는 활어로 먹는 우럭이나 넙치와는 달리 사후강직 이후 맛의 균형이 잡히기까지 시간이 오래 걸린다. 감칠맛의 주성분인 이노신산이 시간이 지날수록 증가하기 때문에 15시간 정도 숙성을 시킨 후에 먹어야 민어회를 더욱 맛있게 즐길 수 있다.

민어 아가미에 붙어 있는 부레도 기름장을 찍어 먹으면 고소한 맛이 좋다. 맛을 아는 사람들은 특히 이 부레를 으뜸으로 친다고. 부레는 먹는 것 외에도 끓여서 풀을 만들어 사용하기도 했다. 어교, 어표교, 민어풀이라고 불린 이것은 교착력이 강해 고급 장롱을 비롯해 문갑 등 가구를 만들거나 합죽선의 부챗살과 갓대를 붙일 때 유용하게 사용했다. '옻칠 간 데 민어 부레 간다'는 속담은 이런 배경에서 비롯된 것이다. 이 외에 파상풍을 치료하는 데도 쓰인 부레는 그야말로 팔방미인이다. 민어 알 역시 인기 식재료다. '봄 숭어알, 여름 민어알'이라는 말이 있을 정도. 특히 민어알젓은 고급 음식으로 여겨진다.

여기서 잠깐! 백성의 생선, 민어?

민어와 조기는 둘다 '농어목 민어과'의 바닷물고기로 사촌쯤 되는 사이다. 생긴 것은 비슷하지만 크기는 다르다. 조기는 다 자란 후에는 40cm 정도 되지만 민어는 1m를 넘기기도 한다. 명나라 말기에 나온 중국어 사전 〈정자통(正字通)〉에는 "'석수어(石首魚)'는 '면(鮸)'이라고 한다"고 기록되어 있는데 이에 따라 조기류 전체를 '면어'라고 불렀음을 짐작할 수 있다. 한편 조선에서는 "면(鮸)은 크고 작은 두 종류가 있는데 큰 것을 민어(民魚)라고 한다"고 적었다. 면어라고 하지 않고 민어라고 한 것은 '면(鮸)'과 '민(民)'의 발음이 비슷하기 때문에 획수가 많고 복잡한 '면'보다는 '민'을 쓰게 된 것으로 여겨진다. 따라서 민어의 '민(民)'은 백성과 아무런 관련이 없다. 그저 표기상의 혼란일 뿐이다.

07 04 Fri

645.3 Kcal

오늘의 식단

날치알볶음밥

미소장국

매콤달콤탕수

그린샐러드

배추김치

찐옥수수

자두

오늘의 급식 이야기

순금의 열매
옥수수

옥수수는 수수에 옥(玉)자가 붙은 것으로 수수와 달리 알맹이가 구슬처럼 빛난다는 뜻에서 붙여진 이름이다. 옥수수는 강냉이라고도 하는데 이는 옥수수가 중국의 양자강 이남을 가리키는 강남에서 건너와 '강남의 수수'라고 부르던 것이 수수가 빠지면서 강냉이로 불리게 된 것으로 추측한다.

이처럼 옥수수가 우리나라에 들어온 것은 중국을 통해서지만 실제 옥수수의 원산지는 남미다. 남미의 고대 마야인과 중미 멕시코 아즈텍 주민에게 옥수수는 주식이었다. 마야인은 옥수수를 신이 환생한 작물이라고 여겼다. 기독교에서 하느님이 진흙으로 아담을 빚은 것처럼, 마야 신화에서는 창조의 신이 옥수수 반죽으로 인간을 만들었다고 믿었다.

또 콜럼버스는 아메리카 대륙을 발견했을 때 옥수수를 보고 '키는 1m가 넘고 잎은 은으로 되어 있으며 순금의 열매가 달린다'고 묘사하기도 했다.

하지만 우리 조상들에게 옥수수는 신의 환생처럼 고귀한 의미보다는 단순히 간식으로 먹는 작물 정도로 여겨졌다. 옥수수가 들어온 시기는 조선 후기로 추정되는데, 숙종 때 중국어 통역서인 〈역어유해〉에 '옥촉'이라는 이름으로 처음 소개되었다. 여기에서 "옥수수는 잎 사이에 뿔처럼 생긴 꾸러미가 달렸는데 그 속에 구슬과 같은 열매가 있고 맛은 달고 먹음직스럽지만 곡식 종류는 아니다"라고 했다. 여기서 곡식 종류가 아니라는 것은 밥 대신 먹을 수 있는 음식이 아님을 의미한다. 곡식이 부족한 지역에서는 식량으로 먹기도 했지만 옥수수는 주로 군것질거리나 배고플 때 어쩔 수 없이 먹는 작물 정도로 여겨졌다.

조선의 명필 추사 김정희는 문집 〈완당집〉에서 일흔 넘은 노인이 옥수수를 먹고 지낸다는 말을 듣고는 망연자실했다고 적었고, 정약용은 곡식의 우선순위를 매기면서 17가지 곡식 중 옥수수를 16번째로 꼽기도 했다.

옥수수는 알 크기와 모양에 따라 종이 나누어진다. 대표적으로 우리가 평소에 찌거나 구워서 먹는 옥수수는 감미종, 팝콘으로 만들어 먹는 옥수수는 폭열종에 속한다. 폭열종은 껍질이 두껍지 않고 수분을 적당히 함유하고 있는 것으로 옥수수 알 속에 있는 수분이 열을 받아 수증기로 변하면 그 힘으로 껍질이 튀겨져 팝콘이 만들어진다.

옥수수는 섬유질이 풍부하고 칼슘, 인, 철분, 비타민A 등을 함유하고 있으나 필수 아미노산이 부족하다는 단점을 가지고 있다. 따라서 옥수수를 먹을 때는 리이신과 여러 아미노산이 풍부하게 들어 있는 우유와 함께 먹으면 영양적으로 완벽하게 즐길 수 있다.

날치알볶음밥
입 안에서 **날치알이 톡톡!**

재료
쌀 45g, 찹쌀 10g, 날치알 레드 8g, 날치알 미색 8g, 쌀햄 15g, 당근 4g, 단무지 25g, 부추 3g, 김가루 0.5g, 참기름 1g, 참깨 0.5g, 매실청 0.5g, 청주 5g, 식초 1g

만드는 법
1 당근과 햄은 사방 0.2cm 크기로 다져서 살짝 볶는다.
2 단무지, 부추는 0.2cm 길이로 다진다.
3 날치알은 청주와 식초를 넣은 물에 넣어 해동한 후 기름기 없는 팬에 살짝 볶아 물기를 제거한다.
4 쌀과 찹쌀로 고슬하게 한 밥에 1, 2, 3과 매실청, 참기름, 참깨, 김가루를 넣고 골고루 섞는다.

621.2 Kcal

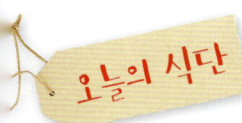 오늘의 식단

발아현미밥

숙주쇠고깃국

쥐어포고추장볶음

오이땅콩볶음

삼색달걀말이

총각김치

살구

오늘의 급식 이야기

치명적 위험
식품 알레르기

식품알레르기란 특정 식품 중의 성분이 항원이 되어 발병하는 알레르기 반응으로 유아 및 어린이에게 자주 발병하는 증세이다. 다만 식품알레르기는 면역학적 반응에 의해서 나타난 경우만을 한정한다. 실제로 일반인을 대상으로 식품알레르기에 대한 발병률을 조사한 연구를 보면 상당히 다양한 결과를 보이는데, 이는 식품을 먹고 일어나는 이상반응을 모두 알레르기라고 오인해서 나타나는 결과이다. 따라서 진단에 의해서 나타나는 식품알레르기 발병률보다 자신이 식품알레르기라고 인식하는 것을 근거로 한 발병률이 2배 정도 높게 나타난다.

또 식품알레르기는 두드러기, 천식, 아나필락시스 등 다양한 증상을 유발하는데 이 중 아나필락시스(특정 물질의 극소량만 접해도 전신에 일어나는 과민반응)는 치명적인 알레르기 반응으로 심각한 경우에는 사망에 이르기까지 한다.

알레르기를 일으키는 식품으로 50가지 이상이 보고되었지만 이 중 우유, 달걀, 땅콩, 대두, 밀, 견과류, 새우나 게 등의 갑각류, 조개류, 생선 등이 원인식품의 90% 이상을 차지한다. 특히 생선은 알레르기를 일으키는 주요 식품으로 알려져 있으나, 생선의 수가 매우 많고 나라마다 섭취하는 생선의 종류가 다르기 때문에 각 나라의 식습관을 고려한 관리가 필요하다.

이 외에도 국내 및 외국의 식품알레르기 주요 원인 식품을 살펴보면 종류는 대부분 비슷하나 우선순위에 차이가 있음을 알 수 있는데, 이것 역시 각 나라 별 식문화가 식품알레르기 발병률에 영향을 미칠 수 있음을 보여주는 증거다. 한 연구결과에 따르면, 미국에서 땅콩은 가장 문제가 되는 알레르기 식품 중 하나인데 반해 비슷한 수준으로 땅콩을 섭취하는 중국은 땅콩알레르기가 큰 문제를 보이지 않는다는 것. 이러한 차이의 원인은 두 나라의 조리법에서 찾을 수 있다. 미국은 땅콩을 주로 기름 없이 볶아서 섭취하는 반면 중국은 주로 튀겨서 먹는데, 땅콩을 볶아서 먹는 경우 알레르기성이 증가하기 때문에 이러한 결과가 나타났다는 것이다.

또 식품알레르기는 연령대별로 알레르기 발병 식품에 차이를 보이는데 달걀과 우유에 대한 식품 알레르기는 주로 영유아기에 나타났다가 나이가 들면서 점차 없어지기도 하는 반면, 견과류는 알레르기 반응이 잘 없어지지 않으며, 새우나 게는 어릴 때는 반응이 없다가 나이가 들면서 생기는 경우가 많기 때문에 항상 주의가 필요하다.

현재 우리나라에서는 가공식품에 함유된 알레르기 유발 식품(달걀, 우유, 대두, 밀, 메밀, 땅콩, 고등어, 게, 새우, 돼지고기, 복숭아, 토마토, 아황산류) 총 13종에 대해서 의무적으로 표시하게 되어 있으며, 단체 급식에서도 각 식단에 대해서 알레르기 표시를 필수로 하고 있다.

Today's Recipe

오이땅콩볶음
아삭한 오이에 고소한 땅콩이 듬뿍!

재료
오이 25g, 볶음 땅콩 1.5g, 다진 마늘 1g, 실파 1g, 참기름 0.5g, 참깨 0.2g, 소금 0.1g, 식용유 0.2g

만드는 법
1 오이는 0.5cm 굵기로 둥글게 썰어 소금에 절인다.
2 볶음 땅콩은 껍질을 벗기고 믹서에 굵게 간다.
3 볶음 팬에 식용유를 두르고 먼저 마늘을 넣고 볶다가 오이를 넣고 볶는다.
4 3에 2의 땅콩을 넣고 오이와 어우러지게 살짝 볶은 후 간을 맞춘다.
5 4에 실파, 참기름, 참깨를 넣고 마무리한다.

 **07 08 Tue**

Today's Recipe

안동 찜닭
닭고기를 가장 푸짐하고 맛있게 먹는 비법!

재료
닭다릿살 60g, 당면 8g, 양파 10g, 표고버섯 5g, 홍고추 1g, 풋고추 1g, 마른 홍고추 0.3g, 마늘 1g, 생강 0.2g, 청주 2g, 참기름 1g, 참깨 0.2g, 후추 0.01g
양념장 : 간장 2g, 굴소스 1g, 청주 1g, 맛술 1g, 흑설탕 1g, 매실청 0.5g, 생강 0.3g, 마늘 1g, 실파 0.5g

만드는 법
1 당면을 미지근한 물에 넣고 불린다.
2 생강, 마늘은 다지고 실파는 1cm 길이로 썬다.
3 표고버섯은 6등분하고, 양파는 표고버섯 크기로 썬다. 홍고추와 풋고추는 어슷썬다.
4 끓는 물에 청주를 넣은 후 닭다릿살을 넣고 데쳐 찬물에 헹군다.
5 달군 팬에 식용유를 두르고 마늘, 생강, 마른 홍고추를 넣고 살짝 볶다가 3을 넣어 볶는다.
6 냄비에 분량의 양념장 재료를 넣고 잘 섞어 끓이다가 4를 넣고 간이 들도록 조린다.
7 6의 닭고기가 익으면 양파, 표고버섯, 불린 당면을 넣고 윤기 나게 조린다.
8 실파, 참기름, 참깨를 넣고 마무리한다.

 **631.9 Kcal**

오늘의 식단

 클로렐라밥

 해물탕

 안동 찜닭

 뽕잎나물무침

 감자채볶음

 배추김치

 삼색대추토마토

오늘의 급식 이야기

지역 대표 닭 요리
안동 찜닭 VS. 춘천 닭갈비

*치킨*부터 삼계탕까지 다양한 요리로 변형이 가능한 닭고기는 많은 사람들이 즐겨 먹는 인기 육류다. 특히 닭고기는 지역에 따라 조리 방법도 가지각색인데 안동 찜닭과 춘천 닭갈비가 대표적이다.

안동 찜닭은 이름 때문에 많은 사람들이 안동 전통음식으로 오해하곤 하는데, 사실 안동 찜닭은 안동의 상인들이 시민의 기호에 맞춰 저렴하면서도 맛있고 푸짐한 요리를 고민하다가 새롭게 만든 음식이다. 안동의 구시장에는 생닭과 튀김통닭을 주로 파는 통닭골목이 있었는데 손님들이 튀김통닭을 식상해 하자 튀김통닭에 다진 마늘을 듬뿍 넣고 버무린 마늘통닭을 개발했다. 그 이후 마늘통닭 외의 새로운 맛을 찾는 사람들이 늘어나자 이에 당면, 채소를 넣은 찜닭을 개발해 많은 사람들에게 인기를 얻은 것. 이에 따라 통닭골목은 찜닭골목으로 변했고, 안동의 대표 음식으로 자리 잡게 되었다.

다른 이야기로는 조선시대 안동의 부촌인 안(內)동네에서 특별한 날 해 먹던 닭찜을 바깥동네 사람들이 보고 '안동네 찜닭'이라 부르기 시작한 데서 유래했다는 이야기가 전해지기도 한다.

한편 춘천의 명물로 자리 잡은 춘천 닭갈비는 1960년대 춘천 명동의 어느 선술집에서 술안주로 팔았던 돼지갈비가 떨어지자, 닭고기를 사다가 토막을 낸 후 양념을 해 돼지갈비처럼 구워 판 것에서 시작되었다고 전해진다. 즉, 춘천 닭갈비는 진짜 닭의 갈비를 요리한 것이 아니라 닭고기를 돼지갈비처럼 요리했다는 뜻이라는 것. 하지만 많은 사람들이 옛날 춘천 닭갈비는 진짜 닭갈비로 요리했다고 증언하기도 한다. 이에 따르면 춘천 닭갈비는 닭고기 중에서도 잘 먹지 않아 값이 특히 저렴한 닭갈비를 가져다 요리해 팔다가 유행한 것인데, 경제가 발전하면서 먹을 것 없는 진짜 닭갈비 대신 지금처럼 가슴살과 다릿살로 대체됐다는 것이다. 또 특히 춘천에서 닭갈비가 발달한 이유는 60~70년대 춘천 지역에 양계장이 많았고 또 닭을 처분하는 도계장이 많았기 때문이라고.

사실 닭의 갈비는 즐겨 먹는 부위는 아니지만 버리기 아까운 부위 중의 하나이다. 닭갈비와 관련된 재미있는 고사도 전해지는데 삼국지에서 조조는 유비와 전략적 요충지인 한중을 놓고 싸움을 벌였다. 세력이 불리한 상황에서 더 이상 싸울 수도 없고 그렇다고 후퇴하기도 어려운 난감한 심정을 조조는 계륵, 즉 닭갈비라고 표현했다. 이것이 지금까지 이어져, 별로 대수로운 것은 아니지만 버릴 수 없는 것이나 취사 선택이 고민되는 상황을 빗대어 계륵이라고 표현하고 있다.

678.7 Kcal

오늘의 식단

쌀밥

훠궈

동파육

양장피

짜차이

시홍스차오지단

리치

Today's Recipe

재료
달걀 25g, 토마토 20g, 허브솔트 0.05g, 청주 1g, 후춧가루 0.01g, 올리브유 1g, 참깨 0.2g

만드는 법
1 달걀을 잘 풀어 청주, 후춧가루, 허브솔트로 간한다.
2 토마토는 6등분하여 속을 빼고 1.5cm 크기로 채 썬다.
3 달군 팬에 올리브유를 둘러 2를 넣고 허브솔트를 뿌려 살짝 볶는다.
4 달군 팬에 올리브유를 두르고 1을 조금씩 부으며 스크램블을 만든다.
5 4에 3을 넣고 참깨를 뿌리고 살살 섞는다.

시홍스차오지단
새콤달콤 토마토와 달걀의 환상궁합!

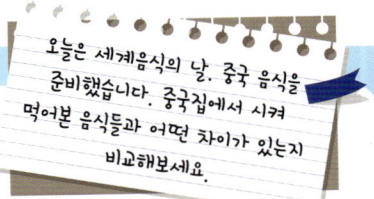

오늘은 세계음식의 날. 중국 음식을 준비했습니다. 중국집에서 시켜 먹어본 음식들과 어떤 차이가 있는지 비교해보세요.

하오 치(Hao Chi)! 중국 음식

중국 음식은 그 종류가 매우 다양하다. 그 종류가 얼마나 다양한지 중국의 식문화와 관련해 '중국 사람들은 땅 위의 네 발 달린 것으로는 탁자를 빼고 다 먹고, 물 속에서 헤엄치는 것 중에서는 잠수함을 빼고 다 먹으며, 하늘을 나는 것으로는 비행기를 빼고 다 먹는다'는 우스갯소리가 있을 정도다.

중국의 음식이 이렇게 다양한 데는 중국이라는 국가의 특성이 강하게 작용했다. 중국은 땅 면적이 넓고, 기후 차이가 뚜렷하게 나타나 지역마다 생산물이 풍부하기 때문에 다양한 음식을 만들어 먹게 된 것이다. 지역마다 맛도 다양하고 음식 종류도 다양한 중국 음식. 그중 학교급식에서 활용해 볼 수 있는 음식을 몇 가지 소개하면 다음과 같다.

먼저 '훠궈'는 몽골의 징기스칸과 병사들이 전쟁 시에 가마솥에 물을 끓여 얇게 썬 고기와 야채들을 살짝 데쳐먹던 것에서 유래된 중국식 샤브샤브다. '동파육'은 시인이자 식도락가로 유명한 북송시대의 소동파가 항주에 태수로 부임하면서 환영하는 백성들에게 답례로 내린 돼지고기 요리로, 서주 4대 보물로 꼽히며 천 년 이상 중국뿐 아니라 세계 곳곳에서 사랑받고 있는 음식이다. '류산슬'은 우리나라 중국집에서도 쉽게 만날 수 있는 메뉴로 육류와 해산물을 가늘게 채썰어 볶은 후 녹말을 넣어 걸쭉하게 만든 것이다.

'시홍스차오지단'은 우리말로 토마토달걀볶음 정도로 표현할 수 있다. '짜차이'는 우리나라의 김치처럼 중국 사람들이 식사 때 항상 먹는 밑반찬이다. 또 양귀비가 좋아해 즐겨먹었다는 과일 리치는 당 현종이 양귀비를 위해 남쪽 지방으로부터 가져오게 했는데, 운송 기간이 길어 과일의 신선도가 떨어지자 직접 리치 열매가 열리는 여지나무를 뽑아와 심었다는 이야기가 전해진다.

07 10 Thu

649.8 Kcal

오늘의 식단

기장밥

콩가루배춧국

장어양념구이

미니새송이엔나볶음

치커리저염간장무침

깻잎김치

바나나

대표 스태미나 음식 장어

장어양념구이
탱탱한 장어 먹고 **원기 회복!**

재료
장어 60g, 생강 0.5g, 마늘 1g, 청주 1g, 식초 1g, 전분 3g, 식용유 1g, 소금 약간
양념장 : 마늘 1g, 생강 0.5g, 물엿 1g, 맛술 1g, 매실청 1g, 청주 1g, 참기름 1g, 간장 2g, 고추장 5g, 고춧가루 2g, 깨 0.2g, 후춧가루 0.02g

만드는 법
1 장어는 오그라들지 않도록 껍질 쪽에 군데군데 칼집을 넣고 30g씩 잘라 소금과 식초를 넣은 물에 씻어 물기를 뺀다.
2 생강, 마늘은 다진다.
3 1에 생강, 마늘, 청주로 밑간을 한 후 전분을 묻혀 식용유에 넣고 튀긴다.
4 분량의 재료를 섞어 양념장을 만들어서 냄비에 넣고 끓인 후 3을 넣어 골고루 버무린다.
5 오븐 팬에 4를 가지런히 담은 후 오븐에 넣고 굽는다 (콤비 120℃ 3분).

장어는 스태미나 음식으로 손꼽히는 식재료로 크게 바닷장어와 민물장어로 나뉜다.

바닷장어는 다시 먹장어, 붕장어, 갯장어 등으로 나뉘는데 먼저 먹장어는 흔히 우리가 꼼장어라고 부르는 것을 말한다. 먹장어는 바다에서도 얕은 바다에 살며 길이가 50~60cm로 바닷장어 중에서는 가장 작다. 한편 '아나고'로 잘 알려진 붕장어는 먹장어가 사는 바다보다는 더 깊고 따뜻한 바다에서 사는데 길이가 1m에 달한다. '바다의 갱'이라고 불릴 정도로 거친 붕장어는 낮에는 모래에 파묻혀 있다가 밤에 주로 활동한다.

개의 이빨을 가진 장어라고 해서 이름 붙여진 갯장어는 바닷장어 중에서도 그 맛이 으뜸으로 참장어라고도 부른다. 또 일본인들은 갯장어가 '아무거나 잘 문다'고 해 '하모'라고 하는데 그만큼 포악한 성질을 가지고 있다.

한편 민물장어인 뱀장어는 뱀과 장어가 합쳐진 이름으로 뱀처럼 긴 물고기라는 뜻이다. 뱀장어는 연어와 반대로 민물에서 자라다가 산란할 때가 되면 바다로 회귀하는데 성어기 대부분을 민물에 살기 때문에 민물장어라고 한다.

뱀장어는 여름철에 새우, 게 등을 잡아먹으며 활발하게 먹이활동을 하다가 수온이 내려가면서 식욕이 줄기 시작해, 수온이 10℃ 이하로 내려가면 거의 먹지 않고 겨울철에는 진흙 속에 묻혀 지낸다. 이렇게 평균 5~7년 간 생활한 뱀장어는 바다로 내려가 산란 후 죽는다. 그리고 태어난 새끼 뱀장어는 다시 강으로 회유한다. 뱀장어 양식은 현재 인공 종묘 생산이 활발히 연구 중에 있지만 아직은 본격화되지 못하고 있는 상황이기 때문에, 양식이라고 해도 강으로 회유하는 실뱀장어를 잡아 키우는 정도이다.

또 뱀장어는 풍천에서 잘 자라는데, 여기서 풍천이란 민물과 바닷물이 만나는 강 하구를 말한다. 따라서 '풍천 장어'란 특별한 지명을 일컫는 것이 아니라 민물과 바닷물이 만나는 곳은 어디든 풍천이고, 그곳의 장어가 바로 풍천 장어이다.

장어는 한국과 일본에서 주로 즐겨먹는데 장어를 먹는 스타일은 전혀 다르다. 일본에서는 7월이 지나면 갯장어가 기름져 맛이 없다고 해 갯장어를 먹지 않는다. 또 뱀장어를 먹을 때도 기름을 쫙 빼서 먹고, 장어 중 기름기가 가장 많은 붕장어는 잘 즐기지 않는다. 이와 달리 우리나라 사람들은 갯장어를 그다지 즐기지 않을 뿐 아니라 기름기가 있는 뱀장어를 더 선호한다.

07 11 Fri

오늘의 식단

오곡밥

보리수단

닭고기검은깨무침

삼색밀쌈

김구이

열무김치

참외

증편

629.3 Kcal

Today's Recipe

보리수단
더위를 이기는 맛있는 보약!

재 료
통보리 8g, 녹말가루 2g, 꿀 3g, 오미자 0.6g, 잣 0.6g, 식용 얼음 적당량

만 드 는 법
1 통보리는 깨끗이 씻어 물에 12시간 이상 불린다.
2 1을 물에 삶아서 박박 문질러 여러 번 찬물에 헹군 후 건져 물기를 뺀다.
3 2에 녹말가루를 묻혀 끓는 물에 넣어 보리가 투명하게 보이면 건져 다시 녹말가루를 묻혀 삶는 작업을 3~4번 반복한 다음 찬물에 헹궈 건진다.
4 오미자는 씻어서 생수에 12시간 정도 우려 분홍색이 나오면 면보에 거른 후 3과 꿀, 설탕시럽을 넣고 잣을 띄운다(국 대용일 때는 달지 않게 하고 음료로 먹을 때는 달게 한다).

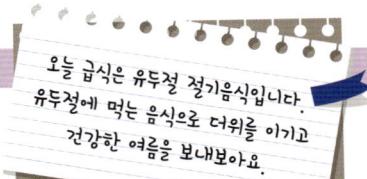

오늘 급식은 유두절 절기음식입니다.
유두절에 먹는 음식으로 더위를 이기고
건강한 여름을 보내보아요.

더위야 물러가라, 유두절 음식

유두절은 음력 6월 15일로 우리나라 고유 풍속이자 명절이다. 농경국가에서 보름달은 농사의 풍요와 관련해 굉장히 중요한 부분이었는데, 이에 따라 우리나라에서는 정월대보름을 시작으로 6월에는 유두, 7월 백중, 8월 추석을 보름 명절로 지내왔다.

신라시대부터 고려와 조선시대까지 이어져 온 유두는 동쪽으로 흐르는 물에 머리를 감는다는 '동류수두목욕(同流水頭沐浴)'의 줄임말로 물과 관련이 깊은 명절이다.

유두절 아침에는 각 가정에서 밀전병과 여러 가지 곡식과 과일을 사당에 차려놓고 고사를 지내는데, 이를 유두천신이라고 한다. 이때 농가에서는 연중 농사를 잘 되게 해달라고 농신에게 고사를 지낸다. 유두날 천둥이 치면 "유두하네비 운다" 하여 천둥소리로 그해 농사를 점쳤다. 유두하네비가 일찍 울면 이른 곡식이 풍년이고, 늦게 울면 늦게 수확하는 곡식이 풍년이라고 생각했다는 것. 또 유두절에는 물맞이라고 해서 맑은 시냇물에 가서 머리를 감고 몸을 씻은 뒤 음식을 먹으면서 서늘하게 하루를 지냈는데 이렇게 하면 여름에 질병을 물리치고 더위를 먹지 않는다고 여겼다.

유두절에 먹는 음식으로는 유두면, 보리수단, 밀쌈, 증편 등이 대표적이다. 유두면은 유두일에 만들어 먹는 국수로 이때 국수를 먹으면 장수한다고 여겼다. 보리수단은 햇보리에 녹말가루를 묻히고 끓는 물에 데쳐 차가운 꿀물이나 오미자국에 띄워 시원하게 먹는 화채다. 국물에 깨를 넣고 갈아 체에 거른 깻국물을 차게 해서 닭고기 살을 찢어 넣고 오이, 버섯, 미나리, 황백지단을 넣어 먹는 임자수탕 또한 대표적인 유두절 음식. 여기서 임자는 깨를 일컫는다.

07 14 Mon

순두부버섯들깨탕
입맛 돋우는 고소한 들깨로 에너지 업!

재료
순두부 70g, 들깨가루 3g, 찹쌀가루 0.5g, 팽이버섯 4g, 느타리버섯 4g, 표고버섯 4g, 실파 1.5g, 다시마 2g, 국물용 멸치 2g, 새우젓 1g, 청주 1g, 국간장 1g

만드는 법
1 물에 국물용 멸치와 다시마를 넣고 끓여 육수를 만든다.
2 팽이버섯은 2cm, 느타리버섯은 3cm, 표고버섯은 2등분해 1cm 두께로 썬다.
3 육수에서 멸치와 다시마를 건져낸 후 손질한 버섯과 새우젓, 청주, 순두부를 넣는다.
4 3에 들깨가루와 물에 푼 찹쌀가루를 넣고 한소끔 끓인다.
5 국간장을 넣어서 간을 맞추고 실파를 넣어 마무리한다.

620.5 Kcal

오늘의 식단

 차조밥

 순두부버섯들깨탕

 꽈리고추찜

 우엉어묵볶음

 연어살샐러드

 깍두기

 천도복숭아

오늘의 급식 이야기

미인의 비결
복숭아

복숭아는 예로부터 우리 민족이 즐겨 먹었던 과일로 대추와 밤과는 달리 '귀신을 내쫓는 힘'이 있다고 하여 제사상에 올리지 않고 공양물로도 쓰지 않았다. 또 집 안에 복숭아나무가 있으면 제사 때 조상들이 들어올 수 없다고 해서 집안에는 복숭아나무를 심지 않았다.

다른 한편으로는 복숭아를 신선들이 먹는 신령스런 과일로 여겼고, 한 품종에는 하늘에서 내려온 과일이라고 하여 '천도복숭아'라는 이름을 붙였다. 또 복숭아를 먹으면 죽지 않는다고 하여 장생(長生)을 상징하는 과일이기도 했다. 이와 관련한 이야기도 전해진다. 옛날 중국의 한무제는 복숭아를 매우 좋아해서 복숭아나무를 심었는데 어느 해 때가 되어도 복숭아가 열리지 않자 그의 신하인 동방삭에게 왜 복숭아가 열리지 않느냐고 물었다. 이에 동방삭이 말하길 "그것은 장차 서왕모가 천도를 가지고 올 징조입니다"라고 대답했다. 그 후 서왕모가 동방삭의 말대로 잘 익은 천도복숭아 30개를 가져왔는데, 이때 동방삭이 그중 3개를 훔쳐 먹고 천 년을 더 살았다는 것이다.

이뿐만 아니라 복숭아는 미인과 연관된 이야기도 많이 전해진다. 그중 하나가 복숭아를 어두운 밤에 불 꺼놓고 먹으면 미인이 된다는 것인데, 이는 아무 것도 보이지 않는 깜깜한 곳에서 먹으면 복숭아를 먹고 자란 복숭아벌레까지 모르고 같이 먹게 되기 때문이라고.

또 '외밭 집 딸은 못난이고 복숭아집 딸은 미인이다'라는 말이 있는가 하면, 서양에서는 미인을 "She is a peach!"라고 표현하기도 한다.

복숭아는 크게 과육이 흰 백도와 과육이 노란 황도로 나뉘며, 천도라 하여 털이 없는 복숭아는 스님의 머리처럼 껍질이 반질반질하다 하여 승도(僧桃)라고도 한다. 황도는 주로 통조림용으로 쓰이는데 백도보다 육질이 치밀하고 부드러우며 과즙이 훨씬 많고 섬유질이 적다.

복숭아 알레르기가 있는 사람의 경우 대부분 원인이 복숭아털에 있기 때문에 껍질을 벗겨 즙을 내거나 통조림으로 먹으면 괜찮은 경우가 많다. 하지만 통조림 복숭아에는 비타민C가 거의 없고 칼로리는 2배나 높아 섭취에 주의가 필요하다.

복숭아를 더 달게 먹으려면 냉장고에서 꺼내 30분 정도 실온에 두었다 먹는 것이 좋다. 또 크기와 맛이 비례하므로 큰 것이 좋으며 모양과 색이 균일하고 전체적으로 불그레하며 잔털이 골고루 퍼져 있는 것이 상품(上品)이다. 꼭지 부근의 껍질 색에 푸른 기가 없어야 잘 익은 복숭아이며, 완전히 익으면 향기가 진해지기 때문에 냄새로도 구별할 수 있다.

07 15 Tue

651.2 Kcal

오늘의 식단

혼합곡밥

김치수제비

매운갈비찜

잔멸치깻잎볶음

가지전

노각무침

키위

승리의 상징
월계수 잎

잔멸치깻잎볶음
짭조름한 멸치와 향긋한 깻잎의 조화!

재료
바라깻잎 40g, 지리멸치 2.5g, 청주 1g,
다진 파 0.5g, 다진 마늘 0.5g, 간장 1g,
참기름 1g, 들기름 1g, 참깨 약간

만드는 법
1 바라깻잎은 끓는 물에 데친 후 찬물에 헹구어 물기를 짠다.
2 달군 팬에 멸치를 넣고 볶다가 청주를 넣고 조금 더 볶는다.
3 물기를 짠 바라깻잎은 마늘, 참기름, 들기름, 간장으로 양념한 후 조리면서 볶는다.
4 3에 2의 멸치를 넣고 잘 어우러지게 섞은 후 다진 파, 다진 마늘을 넣고 한 번 더 볶는다.
5 참깨를 솔솔 뿌려서 마무리한다.

월계수 잎은 지중해 연안과 남부 유럽, 특히 이탈리아에서 많이 생산되며 프랑스, 그리스, 터키, 멕시코를 중심으로 자생한다. 월계수 잎은 주로 생잎을 그대로 건조해 향신료로 사용하는데, 이는 생잎에는 약간 쓴맛이 있지만 건조하면 단맛과 함께 향긋한 향이 나기 때문. 특히 고기 요리를 할 때 월계수 잎을 한두 장 함께 넣어주면 고기 누린내를 잡는 데 매우 효과적이다.

한편 오래전부터 월계수 잎은 고대 그리스인이나 로마인들 사이에서 영광, 축전, 승리의 상징으로 통했다.

그리스 신화에서 태양과 빛, 이성과 예언, 의술과 궁술 등을 관장하는 아폴론에게는 아무리 멀리 있는 것이라도 맞힐 수 있는 활과 화살이 있었다. 하루는 대지를 휩쓸 정도로 큰 홍수가 났고 이와 함께 피토스라는 왕뱀이 탄생했는데, 아폴론이 자신의 화살로 왕뱀을 죽였다. 이 일로 의기양양한 나날을 보내던 아폴론 앞에 어느날 작은 활통과 화살을 멘 사랑의 신 에로스(큐피트)가 나타났다. 아폴론은 자신의 큰 활을 자랑하며 작고 볼품없는 활과 화살을 지닌 에로스를 놀려댔다. 이에 화가 난 에로스는 아폴론을 골탕먹이기로 마음먹었다.

에로스에게는 두 개의 화살이 있었는데 하나는 황금촉으로 된 화살로 이 화살을 맞으면 누구나 처음 보는 상대에게 빠져들게 되고, 다른 하나는 무딘 납촉의 화살로 이것에 맞으면 처음 본 상대를 싫어하게 되는 것이었다. 에로스는 아폴론에게 황금촉 화살을 쐈고, 이때 아폴론 앞에 강의 신 페네이오스의 딸 다프네가 지나갔다. 아폴론은 에로스의 화살에 맞고 처음 본 다프네에게 구애를 했고, 이를 지켜보던 에로스는 나머지 납화살을 다프네에게 쏴 아폴론을 싫어하도록 만들었다. 사랑에 빠진 아폴론이 다프네에게 끈질기게 구애를 하자 다프네는 자신의 아버지에게 자신을 땅속에 숨겨주든지, 아니면 자신의 모습을 바꿔달라고 부탁했다. 그 결과 다프네는 아폴론의 손이 닿는 순간 월계수 나무로 변해 버렸다.

이에 아폴론은 사랑하는 사람이 월계수로 변한 슬픔을 나뭇잎을 떼어내 만든 관을 머리에 쓰는 것으로 달래기로 했고, 이전까지 운동 경기에서 우승했을 때 떡갈나무 잎으로 만든 관을 씌워주던 것을 월계수 잎으로 바꿨다. 그리고 이 전통은 지금까지 이어져 마라톤 우승자에게 월계관을 씌워주고 있다.

07 16 Wed

오늘의 식단

함흥냉면

삶은감자

아바이순대

북어포초무침

수제오이무절임

동치미

단감주

배

665.2 Kcal

Today's Recipe

북어포초무침
새콤달콤 초무침으로 함경도의 맛을 그대로!

재료
북어채 5g, 통깨 0.2g
양념장 : 고추장 5g, 고춧가루 1g, 레몬즙 1g, 식초 0.5g, 매실청 1g, 참기름 1.5g, 마늘 1g, 실파 1g

만드는 법
1 북어채는 3cm 길이로 자르고 물에 살짝 씻어 체에 밭친 후 물기를 꽉 짠다.
2 분량의 재료를 섞어 양념장을 만든 후 1의 북어채를 넣고 골고루 무쳐 통깨를 뿌려 낸다.

> 오늘은 향토음식의 날입니다. 양념은 강해도 맛은 담백한 함경도 향토음식과 친해질 수 있는 기회가 되었으면 합니다.

북한의 맛, 함경도 음식

함경도는 북한의 함경남도와 함경북도를 통칭하는 지명으로 관북지방으로 부르기도 한다. 함경도는 동해에 인접하고 있어 동태를 비롯해 가자미, 오징어가 많이 잡히는데 이 때문에 함경도의 대표 음식인 함흥냉면에는 가자미, 홍어 등 생선회를 넣어 맵게 비벼먹기도 한다. 특히 감자전분으로 만든 함흥냉면은 국숫발이 쇠힘줄보다 질겨 쉽게 끊어지지 않으며 탱글탱글 오돌오돌 씹히는 맛이 일품이다.

또 함경도 음식은 짜지는 않으나 마늘, 고추 등 양념을 강하게 쓰는 것이 특징. 우리가 생활 속에서 흔히 '다데기(표준말은 '다지기')'로 부르는 고춧가루 양념이 바로 함경도에서 만들어진 것이다.

함경도 음식 중 대표적으로 손꼽히는 것이 순대다. 요즘에는 시장이나 마트 등에서도 쉽게 구입해 먹을 수 있는 음식이지만 옛날에는 돼지 잡을 때만 먹을 수 있는 귀한 음식 중 하나였다. 특히 돼지의 대장(큰창자)을 이용해 만든 아바이순대는 돼지 한 마리를 잡았을 때 50cm~1m 정도 밖에 나오지 않아 굉장히 귀한 음식으로 여겨졌다. 그리고 이 귀한 순대는 아버지에게만 드렸기 때문에 함경도 말로 아버지라는 뜻을 가진 '아바이'가 붙어 아바이순대가 되었다고 전해진다.

이뿐 아니라 밭곡식이 발달한 것도 함경도 지방의 특징으로, 특히 감자와 옥수수를 많이 재배한다. 함경도 지방은 개마고원, 장진고원, 부전고원을 끼고 있는데 이 고원들은 모두 감자 농사가 잘된다는 공통점을 가지고 있다. 따라서 함경도 지방에서는 감자를 활용한 음식이 많은데 대표적인 것이 감자오그랑죽이다. 감자오그랑죽은 감자를 갈아 만든 것으로 갓김치와 함께 먹으면 함경도 지방만의 특별식이 완성된다.

오늘의 식단

보리밥

매운 북엇국

쇠고기겨자무침

쑥갓두부무침

김치치즈전

오이소박이

멜론

637.3 Kcal

여름철 단짝 간식 빙수 & 아이스크림

빙수는 기원전 3000년 경 중국에서 눈이나 얼음 위에 꿀과 과일즙을 넣어 먹은 것에서 유래되었다. 13세기 경 마르코폴로가 쓴 〈동방견문록〉에 얼린 우유로 만든 음식 이야기가 언급되기도 했다. 또 서양에서는 기원전 300년 경 알렉산더 대왕이 페르시아 원정 중에 병사들이 더위와 피로에 지쳐 쓰러지자 산 정상에서 눈을 가져다가 우유와 꿀을 넣어 먹게 했다는 이야기도 전해진다.

한편 우리나라는 조선시대에 창덕궁 내에 내빙고와 궁 밖의 동·서빙고를 두고 얼음을 저장했는데, 내빙고의 얼음은 궁중에서 사용했고, 동빙고의 얼음은 종묘사직과 같은 국가행사에, 서빙고는 양반 사대부를 위해 사용했다. 이때 양반가에서는 얼음을 잘게 부수어 제철 과일과 함께 화채를 만들어 먹었다고 전해진다.

지금의 팥빙수 모양을 띤 것은 언제부터일까. 아마도 이는 잘게 부순 얼음 위에 차게 식힌 단팥을 올려 먹는 일본의 '얼음팥'에서 전래된 것으로 일제강점기에 우리나라에 들어온 것으로 추측할 수 있다.

그렇다면 빙수와 함께 여름철 간식으로 빠지지 않는 아이스크림은 언제 어떻게 만들어졌을까? 먼저 아이스크림의 유래는 빙수와 같다. 다만 현대적인 아이스크림 공장은 1851년 미국에 처음 설립되었고, 우리나라에는 1967년 '아이스케키'가 처음 등장해 아이스케키 통을 맨 장수들이 돌아다니며 팔았다.

상표가 등록된 아이스크림이 등장한 것은 1970년 아이스콘인 '브라보콘', 이어서 1972년에는 아이스바 형태의 '아맛나'가 등장해 많은 인기를 끌었다.

참고로 아이스크림은 크게 원뿔형 용기에 담긴 아이스콘과 나무막대에 아이스크림을 얼려 고정시킨 아이스바로 나뉘어진다. 또 이외에도 비닐 튜브에 넣은 빙과류, 전문 아이스크림 가게에서 직접 퍼주는 벌크 아이스크림 등이 있다.

쇠고기겨자무침
코끝 찡해지는 겨자 맛에 젓가락이 절로!

재료
쇠고기 30g, 당근 3g, 피망 2g, 소금 0.1g
쇠고기 육수 : 대파 2g, 월계수 잎 0.03g, 양파 5g, 마늘 1g, 청주 1g
(쇠고기 삶은 물은 육수로 이용)
겨자냉채 소스 : 연겨자 0.5g, 마늘 0.5g, 레몬즙 0.5g, 설탕 1g, 식초 0.5g, 깨소금 0.3g, 검정깨 0.2g

만드는 법
1 냄비에 물과 대파, 월계수 잎, 양파, 마늘, 청주를 넣고 끓으면 쇠고기를 넣고 삶는다.
2 1의 고기를 건져 식힌 후 0.3×1.5×3cm 크기로 썬다.
3 당근은 사방 0.3×1.5×3cm 크기로 썰어 소금 넣은 끓는 물에 넣고 데친다.
4 피망은 사방 0.3×1×3cm 크기로 썬다.
5 2, 3, 4에 분량의 재료를 섞어 만든 겨자냉채 소스를 넣고 살살 버무린 후 검정깨를 솔솔 뿌려 낸다.

여기서 잠깐! 아이스크림 두통 예방법

여름철 더운 날씨에 빙수나 아이스크림을 한 입 크게 베어 물면 머리가 갑자기 띵~해지는 증상을 겪어본 적 있을 것이다. 이러한 증상을 가리켜 아이스크림 두통이라고 하는데 이는 엄연히 국립국어연구원에서 이름 붙인 공식 용어다. 아이스크림 두통이 왜 나타나는지 정확한 원인은 발견되지 않았지만 현재까지는 혈관과 관련되었다는 내용이 가장 설득력이 높다. 이는 찬 음식이 입속 주변의 온도를 낮춰 뇌의 혈관을 급격히 수축하게 하고, 곧바로 수축되었던 혈관이 정상으로 돌아오는 과정에서 생기는 통증이라는 것이다. 이 통증은 뜨거운 날씨의 실외에서 아이스크림 등과의 온도 차이가 클 때 더 심하게 나타나고, 이 외에도 아이스크림을 입 안 뒤쪽에 두었을 때 더 심하다. 따라서 아이스크림 두통을 겪고 싶지 않다면 아이스크림을 실내에서, 입 안 앞쪽에서 천천히 녹여 먹는 것이 좋은 방법이겠다.

07 18 Fri

625.1 Kcal

오늘의 식단

녹두밥

닭다리삼계탕

진미채볶음

더덕양념구이

우묵냉채

배추김치

자두

보양식으로 든든하게 복날 맞이

닭다리삼계탕
쫄깃한 닭다리 뜯고 **기력 보충 완료!**

재료
닭다리 90g, 닭뼈 15g, 닭발 15g, 마늘 1.5g, 생강 0.2g 대파 3g, 양파 3g, 무 10g, 인삼 3g, 대추 3g, 청주 2g, 소금 0.2g, 후춧가루 0.02g

만드는 법
1 끓는 물에 닭뼈, 닭발, 닭다리와 청주를 넣고 데친다.
2 닭다리가 익으면 건지고, 닭뼈와 닭발은 생강, 마늘, 대파, 양파, 무와 물을 넣고 3시간 정도 끓여 육수를 만든다.
3 2의 육수에 닭다리, 인삼, 대추를 넣고 40분 정도 끓인다.
4 3에 소금과 후춧가루로 간을 맞추고 대파는 둥글게 채 썰어 넣는다.

복날은 일 년 중 무더위가 가장 심한 시기로 음력 6월에서 7월 사이에 해당하며 하지 후 3번째 경일(庚日)부터 10일 간격으로 초복, 중복, 말복이 찾아온다(단, 입추가 늦은 해에는 입추가 지난 후로 말복을 정했기 때문에 중복과 말복이 20일 간격인 경우도 있다). 옛사람들은 가을 기운이 땅으로 내려오다가 더위에 잠깐 엎드려 있다고 해서 엎드릴 복(伏) 자를 사용해 복날(伏日)이라고 불렀다. "삼복지간(三伏之間)에는 입술에 붙은 밥알도 무겁다"는 속담은 삼복기간 무더운 날씨에 체력이 얼마나 지치는지 잘 설명해준다.

따라서 복날에는 무더위를 이기기 위해 보양식을 먹는데 우리 조상들은 첫째 음양오행의 조건에 맞춰 더위를 이길 수 있는 음식, 둘째는 귀신을 몰아내 질병을 예방하는 기능이 있는 음식을 조건으로 꼽았다.

이 2가지 조건을 모두 만족하는 음식이 바로 오늘날에도 복날이면 빼놓지 않고 먹는 '연계백숙'이다. 초복, 중복, 말복은 모두 쇠(金)의 기운이 있는 경일(庚日)이라 평온한 흙의 성질을 지닌 닭고기를 먹으면 쇠(金)의 기운을 눌러 더위를 물리치고, 여명을 알리는 닭의 울음소리는 밤새 활동한 귀신을 쫓는다고 여겼기 때문이다. 이뿐 아니라 〈동의보감〉에서는 닭고기에 대해 "황색의 암탉은 오장을 보약하고 정(精)을 보할 뿐만 아니라 양기를 돕고 소장을 따뜻하게 한다"고 설명하고 있다.

연계백숙과 함께 복날 음식으로 인기인 것이 개장국이다. 개장국은 원래 동서양을 막론하고 복날에 즐겨 먹던 음식. 로마 사람들의 경우 가장 밝은 별인 큰개자리의 시리우스가 삼복 기간에 해와 함께 뜨고 지는 것을 보고 이 별과 태양의 열기가 겹쳐 더욱 덥다고 여겼다. 그래서 복날을 '개의 날(dog's day)'이라 하고 이날 개를 잡아 제사 지내며 별을 달랬다. 한편 동양에서는 그 유래를 사마천의 〈사기〉에서 찾아볼 수 있다. 진나라 왕이 삼복 제사를 지냈는데 이때 백성들은 사람을 괴롭히는 벌레들을 물리치기 위한 주술 행위로 개를 잡았고, 이때부터 개장국이 복날 음식이 되었다고 전해진다.

이 외에도 복날에 팥죽을 쑤어 먹으면 더위를 먹지 않고 질병에도 걸리지 않는다고 해서 팥죽을 먹기도 했다. 또 조선시대 궁중에서는 삼복이 되면 벼슬이 높은 이들에게 빙표를 선물로 줬는데 이 빙표를 들고 관의 빙고에 가면 얼음을 탈 수 있었다고 한다.

618.4 Kcal

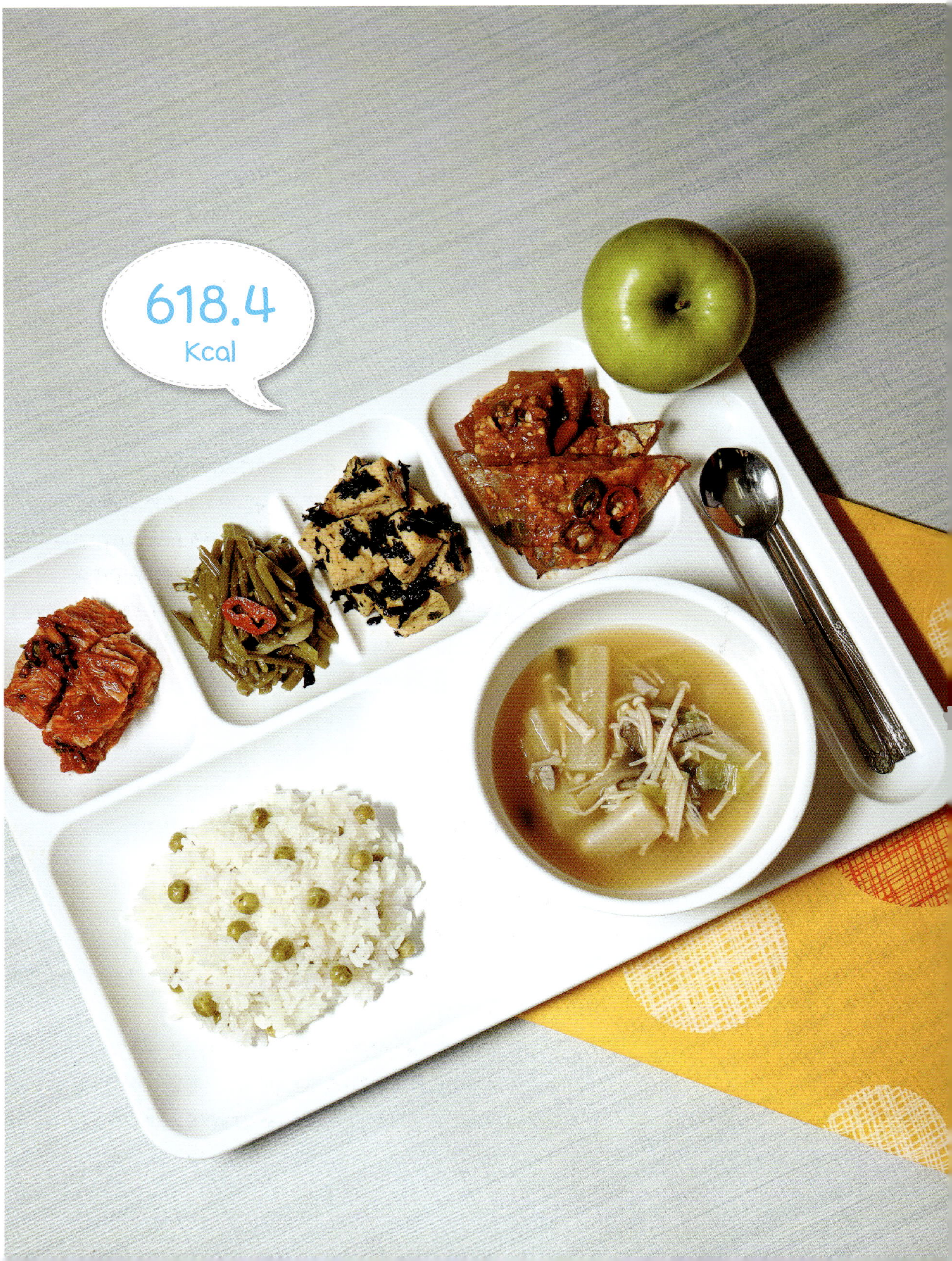

풋완두콩밥

무토장국

병어조림

두부김무침

고구마순볶음

배추김치

풋사과

오늘의 급식 이야기

버터처럼 고소한 맛
병어

병어는 농어목 병어과의 바닷물고기로 몸이 납작하고 마름모꼴로 생겨 수족관의 열대어와 비슷한 모습이다. 몸 빛깔은 청색을 띤 은백색으로 창백하면서 시원한 느낌을 주며 몸체에 비해 입과 눈이 작은 것이 특징이다.

병어는 대구, 복어와 같은 흰살 생선이지만 지방이 붉은살 생선 못지않게 풍부한 것이 특징이다. 병어의 지방 함량은 5g으로 기름진 생선을 대표하는 삼치, 방어의 지방 함유량과 비슷하다. 하지만 붉은살 생선이 지방이 많아 비린 것과 달리 비리지 않고 흰살 생선 고유의 담백한 맛을 지니고 있으며, 함유 지방의 60% 이상이 몸에 좋은 불포화지방산이다. 따라서 서양에서는 하얀 생선살의 고소하고 담백한 맛이 버터와 같다 하여 병어를 '버터 피시'라고 부른다.

또 회를 좋아하는 사람들 사이에선 '봄 도다리, 여름 병어, 가을 전어, 겨울 방어'란 말이 통용되기도 한다. 병어는 5~8월 산란기를 앞두고 몸에 지방을 비축하기 때문에 이때의 병어가 가장 맛이 좋다. 전남 해양수산과학원이 여름철 보양식으로 '남해 보양수산물 5선'을 선정했는데 여기에 갯장어, 전복, 문어, 오징어와 함께 병어가 포함되기도 했다.

난류성 어류인 병어는 여름에 갯벌에서 알을 낳고 초가을에 다시 먼 바다로 향하며 겨울엔 통영 주변 바다에서 월동한다. 따라서 봄과 여름엔 신안, 목포, 인천에서 잡아 올린 병어의 맛이 으뜸이고, 겨울엔 통영산 병어를 제일로 친다. 그중 '명품'으로 손꼽히는 것은 전남 신안 앞바다에서 잡은 것이다.

한편 과거에는 흔하게 먹을 수 있었던 병어가 요즘에는 지구 온난화의 영향으로 해수 온도가 올라가면서 연근해에서 어획량이 크게 줄어 매우 귀한 생선으로 여겨진다.

병어조림
고소하고 담백한 하얀 속살이 사르르~

재료
병어 40g, 무 15g, 대파 1g, 홍고추 0.4g, 풋고추 0.4g, 소금 1g, 식초 1g, 파 1g, 마늘 1g,
양념장 : 간장 5g, 고추장 3g, 고춧가루 1g, 매실청 1g, 청주 1g, 참기름 0.3g, 생강 1g, 후춧가루 0.01g, 참깨 0.2g

만드는 법
1 병어는 40g씩 어슷하게 토막 내 소금과 식초를 넣은 물에 20분 정도 담가 세척한다.
2 무는 1.5×4×3cm 크기로 나박 썰고, 마늘과 생강은 다진다. 고추, 대파는 1cm 길이로 어슷 썬다.
3 분량의 재료를 섞어 양념장을 만든다.
4 조림 솥에 양념장과 무를 넣고 무가 부드러워지도록 조린다.
5 4에 병어를 얹은 후 양념장을 골고루 끼얹으며 조린다.
6 다 조려지면 대파와 홍고추, 풋고추를 올리고 불을 끈다.

여기서 잠깐! 병어 주둥이, 메기 입

우리 속담에 "병어 주둥이, 메기 입"이라는 말이 있는데 이때 병어 주둥이는 입이 작은 사람을, 메기 입은 입이 넓적하게 큰 사람을 나타낸다. 이런 말이 생긴 데는 재미있는 이야기가 숨어 있다. 하루는 멸치가 신기한 꿈을 꾸고 망둥이, 메기, 가자미, 병어를 불러 꿈 풀이를 부탁했다. 서해에서 온 망둥이는 용이 되어 하늘을 나는 꿈이라고 아부를 했고, 옆에 있던 가자미는 낚시에 걸렸다가 불 위에서 구워져 사람에게 먹히는 꿈이라는 상반된 풀이를 했다. 그러자 가자미의 이야기에 화가 난 멸치가 가자미의 뺨을 때렸고, 가자미의 눈이 한쪽으로 돌아갔다. 그리고 옆에 있던 망둥이는 너무 놀라 눈이 툭 튀어나왔고, 이걸 보던 메기는 어찌나 크게 웃었는지 입이 귀까지 찢어졌다. 병어는 입을 틀어막고 웃다가 주둥이가 작고 뾰족해져 지금의 모습과 같아졌다고 한다.

07 22 Tue

Today's Recipe

모듬견과조림
오도독! 오도독! 건강해지는 소리

재료
호두 3g, 생땅콩 2g, 아몬드 2g, 해바라기씨 2g, 호박씨 2g, 참기름 0.4g, 간장 2g, 설탕 0.3g, 참깨 0.2g, 물 5g, 물엿 3g, 마늘 0.3g, 대파 0.5g, 생강 0.1g, 청주 0.3g

만드는 법
1. 끓는 물에 청주와 생땅콩을 넣고 2~3분 정도 끓이다가 호두, 아몬드, 해바라기씨, 호박씨를 넣고 30초 정도 더 데쳐서 찬물에 한 번 헹군 후 체에 밭쳐 물기를 뺀다.
2. 생강, 마늘은 다진다.
3. 분량의 물에 간장, 청주, 설탕, 물엿, 마늘, 생강, 대파를 넣고 끓여 조림장을 만든다.
4. 3에 1을 넣고 뒤섞어가며 윤기가 생길 때까지 조린 후 참기름을 넣어 향을 내고 참깨를 뿌린다.

오늘의 식단

639.9 Kcal

흑미밥

애호박새우젓찌개

돼지불고기

모듬견과조림

친환경쌈채소

양념된장

보쌈김치

아이스홍시

건강한 한 줌 습관 견과류

견과류의 적당한 섭취는 지방, 단백질, 비타민, 미네랄 등 여러 영양소를 간편하게 섭취할 수 있는 좋은 방법이다. 최근 견과류의 이러한 영양과 효능이 알려지면서 하루 권장량을 간편하게 섭취할 수 있도록 만든 한 줌 견과류 제품들이 인기를 끌고 있다. 이뿐만 아니라 학교급식에서도 견과류를 활용한 다양한 급식 메뉴와 함께 후식 메뉴로 한 줌 견과를 제공하는 경우가 증가하고 있는 추세다.

견과류의 대표로 손꼽히는 것 중 하나가 호두다. 호두는 생긴 모양이 뇌 모양을 닮았다고 하여 머리가 좋아지는 '브레인 푸드'로 손꼽히기도 한다. 이는 호두에 든 칼슘과 레시틴 성분이 뇌와 신경을 강화시키기 때문. 또 호두에는 혈관 건강에 이로운 알파리놀렌산(ALA, 오메가-3 지방의 일종), 혈관을 넓혀주는 아미노산인 아르기닌, 항산화 성분이면서 시차 극복을 돕는 멜라토닌이 풍부해 서양에서는 호두를 심장의 보약이라고 부른다.

호두와 함께 견과류에서 빠지지 않는 것이 아몬드. 아몬드는 혈액을 맑게 하는 식품으로, 혈중 콜레스테롤과 심장병 발병 위험을 낮춰주는 효능이 있다. 또 칼슘 함량이 우유의 2배에 달해 뼈, 치아 건강에도 도움이 된다.

비타민 26종과 미네랄이 풍부하게 들어 있어 천연 영양제라고 불리는 땅콩도 대표 견과류. 땅콩에는 일반 콩의 3배에 해당하는 지방과 비타민 B_1이 들어 있으며, 비타민 B와 함께 레시틴, 필수아미노산이 풍부해 머리를 좋아지게 하는 효능도 있어 아이들 건강간식으로 좋다.

딱 벌어진 껍데기 모양이 마치 웃는 얼굴과 닮은 피스타치오는 전체 견과류 중 가장 많은 칼륨 함유량을 자랑한다. 피스타치오는 열량이 100g당 557kcal에 달하지만 피스타치오 몇 알만으로도 금세 포만감을 느끼기 때문에 서양에서는 '날씬한 견과류'로 통한다.

또 사람의 신장 모양과 같은 캐슈넛은 꼭 껍질을 까서 먹어야 하는데 이는 캐슈넛 껍데기 안쪽에 살충제의 원료로 사용하는 독성 물질이 들어 있기 때문이다. 따라서 캐슈넛 껍질은 이로 깨물어서 까거나 손으로 까는 일은 피하는 것이 좋다. 한편 캐슈넛에는 혈관 건강에 이로운 불포화지방산을 포함해 심장병과 암 예방을 돕는 올레산도 풍부하게 들어 있다.

이처럼 견과류에는 우수한 영양소가 풍부하게 함유되어 있지만, 견과류에 대해 알레르기 반응을 보이는 사람이 견과류를 섭취할 경우 건강에 치명적이기 때문에 섭취에 세심한 주의가 필요하다.

07 23 Wed

오늘의 식단

해물크림스파게티

수제오이피클

와플

딸기잼

비타민발사믹샐러드

과일화채

723.8 Kcal

벌집 모양 디저트
와플

해물크림스파게티
부드러운 크림이 입안 가득!

재 료
스파게티 45g, 올리브유 2g, 오징어 5g, 새우 5g, 소라살 5g, 베이컨 10g, 양송이버섯 7g, 소금 1g, 백포도주 3g, 브로콜리 7g, 양파 5g, 파슬리 0.06g, 청양고추 0.3g, 마늘 1g, 버터 4g, 밀가루 4g, 우유 70g, 생크림 20g, 허브솔트 0.5g, 흰 후추 0.01g

만드는 법
1 브로콜리는 송이를 하나씩 떼서 소금물에 데친 후 찬물에 헹궈 물기를 빼고, 양송이버섯은 모양대로 썰어 볶는다.
2 마늘은 편으로 썰고, 청양고추는 다진다. 양파는 0.7×0.7cm 크기로 썬다.
3 베이컨은 폭 1cm 정도로 썰어 팬에 볶은 뒤 기름을 뺀다.
4 오징어는 칼집을 내 3×4cm로 자르고, 소라살은 3×3cm 크기로 자른다. 새우살은 소금물에 헹구어 물기를 뺀다.
5 달군 팬에 올리브유를 두르고 마늘, 양파, 청양고추, 오징어, 소라살, 새우살, 베이컨을 넣고 센 불에서 볶으면서 백포도주를 넣는다.
6 볶음 솥에 밀가루를 넣고 노릇하게 볶은 후 따뜻한 우유를 조금씩 넣어가며 저어 멍울을 풀어준다.
7 스파게티는 소금과 식용유를 넣고 알덴테 상태로 삶아 건져 올리브유를 넣고 붙지 않도록 뒤섞는다.
8 6에 1과5를 넣고 끓이다 허브솔트로 간을 하고, 생크림을 넣어 크림소스가 완성되면 위에 파슬리가루를 뿌려 면과 따로 낸다.

와플이라는 이름은 벌집(honeycomb)이라는 뜻으로 네덜란드어에 뿌리를 두고 있으며 고대 게르만어에서 파생된 단어다.

와플이 처음부터 지금 같은 형태를 한 것은 아니었다. 원래 와플은 팬케이크의 모양으로 전파되었는데 18세기 중반 영국 런던의 한 식당에서 요리사가 스테이크와 와플을 동시에 굽던 중 스테이크를 연하게 만들기 위해 두드린다는 것이 잘못해 와플을 두드려 요철이 생겼다. 잠시 당황한 요리사는 이내 '이렇게 요철이 있으면 파인 부분으로 인해 와플 위의 버터나 크림 등이 흐르지도 않고 더 많은 시럽과 버터를 올릴 수 있겠구나'라고 생각하게 되었고 이렇게 만들어진 와플은 지금까지 많은 사람들에게 인기를 얻고 있다.

와플은 크게 미국식과 벨기에식으로 나뉘는데, 벨기에식은 이스트를 넣어 발효시킨 반죽에 달걀흰자를 넣어 굽는 것으로 빵 자체가 달지 않기 때문에 와플 위에 신선한 과일과 휘핑크림 등을 얹어 먹는다.

벨기에 와플은 다시 브뤼셀 와플과 리에주 와플로 나뉜다. 파르페 와플이라고도 하는 브뤼셀 와플은 케이크 반죽처럼 밀가루, 달걀, 우유 등으로 반죽을 만들어 겉은 바삭하고 속은 부드러운 것이 특징. 한편 리에주 와플은 18세기 벨기에 왕국의 왕자였던 리에주가 주방장에게 달콤한 빵과자를 부탁했는데 그때 주방장이 빵 반죽과 같은 끈기 있는 반죽에 설탕과 바닐라를 첨가해 만든 것이다. 리에주 와플은 만드는 데 손이 많이 가기 때문에 가격이 높다는 것이 특징이다. 요즘 카페에서 바닐라향이 풍기는 빵에 시럽을 뿌려 먹는 와플이 리에주 와플에 해당한다.

반면 미국식 와플은 벨기에식 와플보다 더 쉽게 만들 수 있도록 이스트 대신 베이킹파우더를 사용해 묽게 반죽을 하고, 설탕을 많이 첨가해 만든 다음 시럽을 뿌려 달게 먹는 것이 특징이다. 우리에게 익숙한, 길거리에서 와플 반죽을 구워 사과잼과 크림을 발라서 파는 와플이 바로 미국식 와플에 속한다. 그리고 대부분 와플에는 딸기잼이나 포도잼보다는 사과잼을 발라주는데 이는 딸기나 포도잼은 맛이 강해 와플 빵 맛을 제대로 느끼기 어렵기 때문이다.

이 외에 우리가 흔히 먹는 웨하스 과자도 와플에 속하며, 아이스크림 콘의 과자 부분도 와플을 얇게 말아 만든 것에서 탄생했다고 전해진다.

07 24 Thu

오늘의 식단

햄버거 빵

함박스테이크/치즈

수제오이피클/양상추

(셀프햄버거)

미숫가루

치킨텐더로인

옥수수요플레샐러드

토마토

683.5 Kcal

각 나라의 문화를 담은 햄버거

Today's Recipe

셀프햄버거
내 손으로 직접 만드는 즐거움!

재료
햄버거 빵 50g, 함박스테이크 60g, 양상추 10g, 오이피클 15g, 치즈 12g
오이피클 : 오이 15g, 식초 3g, 설탕 3g, 물 6g, 사이다 3g, 허브솔트 0.5g, 월계수 잎 0.06g
함박스테이크 소스 : 버터 1g, 밀가루 1g, 양파 3g, 사과 5g, 통조림 파인애플 5g, 우스터 소스 6g, 꿀 1g, 사과주스 3g, 월계수 잎 0.03g

오이피클 만드는 법
1 오이는 소독하고 깨끗이 씻어 4등분한 후 길이대로 편 썰기 한다.
2 냄비에 물, 설탕, 식초, 허브솔트, 월계수 잎을 넣고 끓인다.
3 통에 오이를 담고 2를 부어 완전히 식으면 사이다를 넣어 3일간 냉장보관한다.

함박스테이크 소스 만드는 법
1 믹서에 양파, 사과, 통조림 파인애플과 국물을 넣고 간다.
2 달군 팬에 버터를 녹인 후 밀가루를 넣어 갈색이 날 때까지 볶은 다음 1과 월계수 잎 우린 물, 사과주스, 우스터 소스, 꿀을 넣고 끓인다.

햄버거 만드는 법
1 양상추는 소독해 씻은 후 햄버거 빵 크기로 찢는다.
2 오이피클은 물기를 꼭 짠다.
3 함박스테이크는 중탕하여 기름기를 뺀다.
4 3을 함박스테이크 소스에 충분히 잠길 정도로 버무린다.
5 햄버거 빵에 양상추, 오이피클, 치즈, 함박스테이크를 직접 순서대로 올려서 만들어 먹도록 지도한다.

햄버거는 빵 사이에 고기 패티와 양상추, 토마토, 양파, 피클 등을 넣어 먹는 것으로 익숙하지만 그 시작은 스테이크에 더 가까웠다.

중세시대 아시아 초원의 몽골계 유목 민족인 타타르족은 생고기를 얇게 잘라 소금, 후추 등의 양념을 고기 위에 뿌려서 말안장 밑에 넣고 말을 탔다. 사람과 말 사이에서 고기가 짓눌려 연해지면 먹기 위해서였다. 이것이 바로 햄버거의 처음 모습인 '타타르 스테이크'다.

아시아에 왔던 독일 함부르크 상인들이 이 타타르 스테이크를 자신들 나름대로의 방법으로 고안한 것이 지금의 모양과 같이 고기를 잘게 갈아 익혀서 빵 사이에 끼워 먹는 형태였다. 그리고 이후 이것이 미국으로 건너오면서 '함부르크' 지명의 미국식 발음인 '햄버거'라는 이름이 되었다는 이야기가 전해진다.

햄버거에 얽힌 또 다른 이야기는 1904년 미국 세인트루이스에서 열린 만국박람회 식당에서 일하던 한 요리사가 밀려오는 인파로 바쁜 나머지 고기를 둥근 빵에 끼워 판 것이 오늘날 햄버거 빵인 '번(bun)'에 고기인 '패티'를 끼운 햄버거의 원형이라는 것이다.

최근에는 이러한 기본 형태의 햄버거가 다양하게 변신하고 있다. 특히 각 나라의 음식 문화를 반영한 형태의 햄버거가 많은데 인도에서는 감자, 콩, 당근과 인도 고유의 양념을 섞어 튀긴 패티가 들어간 채소버거가 등장했다. 또 종교적인 이유로 쇠고기를 먹지 않기 때문에 치킨버거의 일종인 '골드 마살라'가 인기를 끌고 있다. 필리핀에서는 주식인 판데살 빵에 파인애플소스와 베이컨, 치즈 등을 곁들인 메뉴가 인기다. 일본에서는 빵 없이 고기만 먹는 '함바그스테이크'도 많은 사람들이 찾는 메뉴 중 하나다.

우리나라에서도 빵 대신 밥을 사용한 밥버거가 출시되는가 하면 불고기버거, 김치버거 등 우리 입맛에 맞춘 햄버거가 등장해 눈길을 끌었다.

여기서 잠깐! 햄버거로 경제를 가늠하는 '빅맥' 지수

햄버거 대표 브랜드인 '맥도날드'의 인기 메뉴인 '빅맥'이 세계 경제지표로 활용되고 있다.

빅맥 지수는 세계 각국 통화가치를 보여주는 경제지표를 뜻하는데, 이 지수는 영국의 경제지 〈이코노미스트〉가 1986년 처음 선보인 뒤 매년 발표하고 있다. 햄버거 가격으로 경제 상황을 설명한다고 해서 '햄버거 경제학'이라는 뜻의 '버거노믹스(Burgernomics)'라고도 한다.

맥도날드의 빅맥을 각국 통화지표를 나타내는 대표 상품으로 삼은 것은 '동일 제품의 가치는 세계 어디서나 같다'는 '일물일가(一物一價)'의 경제법칙을 기반으로 하고 있다. 빅맥이 전 세계에서 거의 동일한 품질로 판매되고 있을 뿐만 아니라 원료비, 매장, 운영비, 임금 등 다양한 요인을 바탕으로 단가가 결정되기 때문에 각국의 구매력을 간접적으로 비교하기 적합하다고 평가되기 때문이다.

08 27 Wed

Today's Recipe

단호박카레

개학 첫 날엔 입맛 확 살리는 **맛있는 카레!**

재 료

카레 가루 15g, 물 100g, 돼지고기 15g, 단호박 25g, 감자 15g, 당근 5g, 양파 15g, 양송이버섯 10g, 피망 10g, 체다치즈 3g, 사과주스 3g, 청주 1g, 다진 마늘 0.5g, 후추 0.01g

만드는 법

1 단호박을 포함한 모든 채소는 깨끗이 씻은 다음 사방 1cm 크기로 썬다.
2 돼지고기는 핏물을 뺀 후 채소와 같은 크기로 썰어 다진 마늘, 청주, 후춧가루로 밑간해 30분 정도 재운다.
3 달군 솥에 돼지고기를 넣고 먼저 볶은 후 감자, 당근, 양파, 단호박, 피망, 양송이버섯을 순서대로 넣어 볶다가 물 85g을 붓고 중간 불에서 끓인다.
4 카레 가루에 물 15g과 사과주스를 부어 멍울 없이 푼 후 3에 넣고 저어가며 끓인다.
5 4에 체다치즈를 넣고 한 번 더 저어준 다음 불을 끈다.

오늘의 식단

쌀밥

단호박카레

새우튀김

양상추머스터드샐러드

배추김치

모듬열대과일

오디주스

오늘의 급식 이야기

따뜻한 나라의 달콤한 선물
열대과일

672.7 Kcal

바나나 : 바나나에는 마음을 편하게 해주는 성분이 들어 있어 특히 여름에 더위로 인한 무기력감을 해소하는 데 좋다. 또 식이섬유가 풍부하고, 장 기능을 활발하게 하는 팩틴이 들어 있어 변비 예방에 좋다. 맛있는 바나나를 고르려면 껍질에 갈색 점이 있는 것을 고르는 것이 좋다. 이 갈색 점을 '슈가 스폿'이라고 하는데 바나나의 당도가 높을 때 생기는 반점이다. 또 바나나는 냉장고에 넣지 않고 실온에 매달아 보관하는 것이 좋다.

파인애플 : 파인애플이라는 이름은 솔방울(pine) 모양과 사과(apple)의 맛이 난다고 하여 붙여진 것으로 수분 함량이 90% 이상이어서 갈증 해소에 좋다. 탕수육 소스를 만들 때 설탕 대신 과즙을 사용해도 좋고, 불고기 등 고기를 재울 때 파인애플을 갈아 넣으면 브로멜라인이라는 단백질 분해효소로 인해 육질이 연해진다.

파파야 : 콜럼버스가 처음 맛본 후 '천사의 열매'라고 감탄한 파파야. 맛은 달지만 열량은 100g당 25kcal에 불과할 뿐만 아니라 비타민 A, C, 엽산 등이 풍부해 다이어트 식품으로도 각광받고 있다. 또 동남아시아와 아프리카에서는 예로부터 파파야를 상처와 염증 치료에 사용했고, 독일에서는 목캔디에 파파야 추출물을 첨가해 판매하기도 한다.

망고 : 인도에서 노란 망고는 성스러운 과일로 여겨진다. 망고는 눈에 좋은 비타민 A 함유량이 과일 중 가장 높다. 또 망고는 바나나와 달리 표면에 검은 반점이 없고 매끈하며 깨끗한 것이 맛있는 망고다.

두리안 : 열대과일의 왕이라고 불릴 만큼 최고의 맛을 자랑하는 두리안은 달콤한 맛과 대조되는 독특한 냄새가 특징이다. 두리안의 냄새는 웬만큼 비위가 좋은 사람이 아니면 참기 힘들다고. 하지만 그 맛만큼은 일품이어서 두리안에 빠지면 집도 팔고 마누라까지 판다는 말이 있을 정도로, 한 번 두리안의 맛을 본 사람은 그 맛에 푹 빠진다.

망고스틴 : 두리안이 열대과일의 왕이라면, 망고스틴은 열대과일의 여왕이다. 망고스틴을 살짝 얼려 시원하게 먹으면 새콤달콤한 맛이 배가된다.

용과 : 가지에 열린 열매 모습이 용이 여의주를 물고 있는 것과 닮았다고 하여 붙여진 이름인 용과(Dragon Fruit). 특히 칼륨과 식이섬유 등이 풍부하게 함유되어 있어 영양적으로도 우수한 과일이다.

08 28 Thu

628.9 Kcal

오늘의 식단

찰옥수수밥

들깨아욱국

장어간장구이

부추참깨소스무침

표고버섯베이컨볶음

배추김치

햇사과

고소함 폴폴~ 참깨 & 들깨

참깨는 예로부터 자식보다 더 효자 노릇을 톡톡히 한다고 해서 '효미자'라고 불릴 만큼 건강에 좋은 식품이다. 이는 노인이 깨죽을 꾸준하게 먹으면 늙어서 풍이 안 생기고, 흰머리도 생기지 않을 뿐만 아니라 잔걱정을 덜어준다고 해서 붙여진 별칭으로 참깨에 얼마나 좋은 영양이 듬뿍 들어 있는지를 짐작할 수 있다.

또 전설적인 맨발의 마라토너인 에티오피아의 아베베 비킬라는 1960년 로마 올림픽과 1964년 도쿄 올림픽에서 금메달을 획득했는데 그가 이렇게 할 수 있었던 것은 평소 참깨로 만든 빵을 즐겨 먹었기 때문이라고.

참깨는 그야말로 남녀노소 누구에게나 좋은 식품으로, 여성에게는 속살을 부드럽게 하고 백옥처럼 곱게 하는 데 참깨만큼 좋은 식품이 없다고 해 그야말로 '먹는 화장품'이었다. 한편 남성이 참깨를 먹으면 사타구니의 힘줄을 세게 한다고 해 옛날 후궁들이 임금님과 동침을 하는 별입시에 반드시 깨죽을 진하게 끓여 임금과 후궁이 맛볼 수 있도록 했다. 또 조선시대 처녀들은 한여름에 참깨꽃이 피면 머리에 꽃을 꽂고 다녔는데 이는 참깨가 주렁주렁 열리듯 시집 가서 아들을 많이 낳게 해달라는 기원을 담은 것이었다.

이처럼 예로부터 지금까지 계속 사랑받아 온 참깨지만, 우리나라 사람들이 훨씬 오랜 시간 동안 즐겨 먹은 것은 참깨가 아닌 들깨다. 참깨가 들어오기 전까지 '깨'로서 역할을 묵묵히 전담해온 들깨는 참깨에 밀려 '들(野)' 자가 붙게 되었다는 이야기가 전해지고 있다. 우리에게 친숙한 식재료인 깻잎 역시 들깨의 잎이다.

보신용 음식에 절대 빠지지 않는 들깨는 그 자체로도 보신과 회복을 위한 영양식으로 사랑받아 왔다. 들깨에는 특히 불포화지방산이 풍부해 노화 예방에 좋다.

들깨는 영양이 풍부하게 들어 있어 대부분 요리로 만들어 먹지만, 환경 상태를 측정하는 지표로도 활용이 가능하다. 동물이나 식물을 통해 환경 상태를 측정할 수 있도록 한 지표를 생물지표(生物指標, biological indicator)라고 하는데, 들깨는 이산화황과 만나면 잎 가장자리부터 회색 반점이 나타나기 시작해 점차 잎 전체로 번져가다 마지막에는 흑갈색으로 변하는 특성을 가지고 있어 생물지표로 활용이 가능한 것. 또한 들깨가 오존에 노출됐을 때도 이와 같은 반응이 나타나기 때문에 환경오염 정도를 측정할 때 사용하기도 한다.

한편 일상생활 속에서 재미있고 즐거운 일이 생겼을 때 '깨가 쏟아진다'라고 하는 표현은 다른 곡물과 달리 추수할 때 살짝 털기만 해도 우수수 잘 떨어지는 깨의 특징이 잘 반영된 표현이다.

Today's Recipe

부추참깨소스무침
여름 더위 물리치는 **건강한 맛!**

재료
부추 3g, 배 20g, 붉은 양배추 3g, 양파 3g, 당근 3g
참깨소스 : 참깨 1.5g, 국간장 0.7g, 매실청 1g, 꿀 1g, 레몬즙 1g, 식초 0.5g, 참기름 1g

만드는 법
1. 모든 채소는 소독하여 깨끗이 씻은 후 부추는 3cm 길이로 썰고 붉은 양배추, 당근, 양파는 0.2×3cm 크기로 가늘게 채 썬다.
2. 배는 껍질을 벗기고 0.2×3cm로 가늘게 채 썬다.
3. 참깨는 믹서에 갈아 분량의 재료와 섞어 참깨소스를 만든다.
4. 1, 2, 3을 섞어 살살 잘 버무린다.

08 29 Fri

624.5 Kcal

오늘의 식단

나물된장비빔밥

콩나물오이냉국

땅콩된장소스

두부탕수

열무김치

절편

포도

나물된장비빔밥
고소한 된장과 영양 듬뿍 나물의 *환상 궁합*

재료
근대 6g, 호박잎 6g, 애호박 8g, 상추 8g, 다시마물(다시마 0.3g, 멸치 0.3g, 물 2g)
땅콩된장소스 : 된장 8g, 땅콩 가루 3g, 통조림 파인애플 1.5g, 다진 파 1g, 다진 마늘 1g, 맛술 0.5g, 매실청 1g, 참기름 2g, 깨소금 1g

만드는 법
1 다시마, 멸치를 끓여서 육수를 낸 후 건더기는 건져내고 식힌다.
2 근대, 호박잎은 손질하여 씻은 후 끓는 물에 소금과 함께 넣고 데쳐 물기를 뺀다.
3 2에 참기름과 깨소금을 넣고 무친다.
4 상추는 소독하여 깨끗이 씻은 후 1cm 폭으로 채 썬다.
5 애호박은 채 썰어 소금물에 살짝 절인 다음 물기를 꼭 짜서 살짝 볶는다.
6 땅콩은 믹서에 갈아 작게 조각낸 후 분량의 소스 재료를 섞어 땅콩된장소스를 만든다.

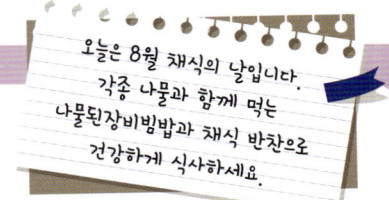

오늘은 8월 채식의 날입니다.
각종 나물과 함께 먹는
나물된장비빔밥과 채식 반찬으로
건강하게 식사하세요.

건강하게 **채식하는 법**

채식에는 여러 단계가 있지만 그중에서도 완전 채식을 지향하는 '비건'은 다른 동물에게서 생산된 것이라면 아무 것도 먹지 않는 철저한 채식주의로 달걀이나 우유, 또는 그것이 들어간 아이스크림 등의 가공식품도 먹지 않는다. 따라서 다른 단계의 채식을 하는 사람들보다 더욱 꼼꼼하게 부족할 수 있는 영양을 챙겨야 한다.

철분과 칼슘의 경우 동물성 단백질을 통해 주로 섭취하는데 비건은 동물성 단백질을 전혀 섭취하지 않기 때문에 보조식품이나 기능식품을 통해 충족하는 것이 좋다.

철분의 경우는 채소에도 풍부하게 함유되어 있지만, 육류의 유기질 철분과 달리 무기질이기 때문에 흡수율이 매우 떨어진다. 따라서 철분제를 따로 챙겨 먹는 것이 좋다. 칼슘 역시 다시마, 미역 등을 통해 충분히 섭취하는 것이 중요하다. 이 외에도 필수아미노산 부족은 콩, 수박, 구기자 등을 챙겨 먹음으로써 채워야 한다. 땅콩, 해바라기씨 등을 통해 아연 결핍도 방지해야 한다.

채식을 하면 많은 비타민을 섭취할 수 있지만 한 가지 부족한 것이 있다. 바로 비타민 B_{12}. 비타민 B_{12}는 채소류에는 거의 함유되어 있지 않기 때문에 따로 섭취해야 하는데, 이때 좋은 것이 발효식품인 된장과 청국장이다. 된장과 청국장은 식물성 단백질로 채식에도 안성맞춤일뿐더러 콩이 발효되면서 미생물이 분비하는 효소에 의해 비타민 B군, 글루탐산 등이 새롭게 만들어지거나 풍부해지기 때문에 채식으로 부족한 영양소를 효과적으로 보충할 수 있다. 특히 된장은 데친 나물을 무쳐 먹을 때 활용하면 좋은데, 이는 나물을 데침으로써 비타민을 보존하고 생채소가 지닌 발암성 물질인 질산염 감소 효과까지 얻을 수 있기 때문이다.

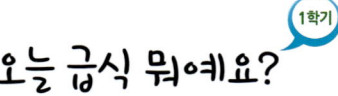

오늘 급식 뭐예요? 1학기

저자 이애경
펴낸 곳 엣지피앤디
발행인 전상만
편집인 한혜원

발행일 2015년 7월 6일

등록번호 2003년 2월 3일 제 16-2935호
주소 서울특별시 강남구 논현로 118길 20(논현동) 백향빌딩 2층
구입 문의 02-517-1205
편집 문의 02-517-0712
팩스 02-517-2516

기획·진행 뉴트리앤 편집부
디자인 엣지피앤디
사진 Yul Studio
식기 협찬 주식회사 HK
인쇄 프린팅프라자

값 18,000원
ISBN 978-89-956528-9-3 14590

· 이 책은 엣지피앤디가 저작권자와의 계약에 따라 발행한 것이므로
  본사의 허락 없이 어떠한 형태나 수단으로도 이용하지 못합니다.
· 저자와의 협의에 따라 인지는 붙이지 않습니다.
· 잘못 만들어진 책은 바꿔드립니다.

홈페이지 www.nutirand.com
블로그 http://blog.naver.com/nutriand
월간 〈뉴트리앤〉은 엣지피앤디가 발행하는 영양·급식 전문 매거진입니다.